证据的脸谱

刑事辩护证据要点实录

【第二版】

柳波/著

ZHENG JU DE LIAN PU

XING SHI BIAN HU
ZHENG JU YAO DIAN SHI LU

中国法制出版社
CHINA LEGAL PUBLISHING HOUSE

图书在版编目 (CIP) 数据

证据的脸谱：刑事辩护证据要点实录 / 柳波著．—2 版．—北京：中国法制出版社，2019.9

ISBN 978-7-5216-0360-6

Ⅰ. ①证… Ⅱ. ①柳… Ⅲ. ①刑事诉讼—辩护制度—证据—研究—中国 Ⅳ. ① D925.213.4

中国版本图书馆 CIP 数据核字（2019）第 144475 号

策划编辑：戴 蕊（dora6322@sina.com）

责任编辑：薛 强（editor_xue@163.com） 封面设计：李 宁

证据的脸谱：刑事辩护证据要点实录

ZHENGJU DE LIANPU : XINGSHI BIANHU ZHENGJU YAODIAN SHILU

著者 / 柳 波

经销 / 新华书店

印刷 / 三河市国英印务有限公司

开本 / 710 毫米 ×1000 毫米 16 开 印张 / 22.75 字数 / 302 千

版次 / 2019 年 9 月第 2 版 2019 年 9 月第 1 次印刷

中国法制出版社出版

书号 ISBN 978-7-5216-0360-6 定价：76.00 元

北京西单横二条 2 号 邮政编码 100031 传真：010-66031119

网址：http://www.zgfzs.com **编辑部电话：010-66054900**

市场营销部电话：010-66017726 **邮购部电话：010-66033288**

（如有印装质量问题，请与本社印务部联系调换。电话：010-66032926）

一切过往，皆为序章

（二版序）

“流光容易把人抛，红了樱桃，绿了芭蕉”。拙作出版至今这三年多的时间里，刑事诉讼的方方面面发生了不小的变化，体制上有中国特色国家监察体制的构建，法律上有《监察法》的公布施行、《刑事诉讼法》的修改，司法解释上有《人民法院办理刑事案件第一审普通程序法庭调查规程（试行）》等三项规程、《关于办理刑事案件严格排除非法证据若干问题的规定》的公布施行，认罪认罚从宽、捕诉一体、刑事辩护全覆盖等制度也应运而生，让人不由得吟诵前述诗句。其间，拙作也受到了广大读者的认可，经常有人问起有无“续集”，让笔者既感鼓舞又更感惶恐。此外，这两年多的时间里，笔者又承办了些案件，对证据制度、证据法也有了新的认识和理解，笔者进一步认识到经验虽然是刑事法律人赖以生存的重要法则，但依赖于经验必然会有所限制，要学会清空、清零，回归“白纸”状态，以接受新理念、新知识，推动自我革新。这让笔者在回顾《证据的脸谱》时，越发惶恐，以致“续集”一直搁浅。

同时，笔者在学习、实践中发现：虽然刑事诉讼的体制、法律、司法解释、制度上有所变化，但“证据是诉讼的灵魂和基石”依然，“证据裁判原则”没变，“法官的目光在事实和规范之间往返穿梭进行法律适用”的基础没变。不仅没变，从体制到法律，再到司法实践，对证据更重视，对证据的要求更严格，对“非法证据”更不容忍，对“证据裁判原则”提出了更高的要求并得到了更好地贯彻。种种在变，“初心不变”，初心仍是“无证据，则无裁判”。

《礼记·学记》有云：“独学而无友，则孤陋而寡闻。”有鉴于此，笔者只好梳理实务的心得，分享自己的经验教训，接受读者的评判，走出“独学”的樊笼，重拾“续集”之笔。但同样为了“不忘初心”，仍然是从辩护的维度着手，而且本书也不是“续集”，它是在原来十八讲的基础上增加到二十讲，并在每讲案例中新增“辩护思路”内容；为了保持原貌、原汁原味，虽然相关法律规定有变化，笔者对案件的认识也较以前有所不同，仍然据实而录，未作任何增删和美化。

学识浅陋，绝非谦辞，管中窥豹，错谬难免，期待本书能够抛砖引玉，则笔者幸甚！此书幸甚！

路漫漫其修远兮。

是为序！

柳　波

2019 年 8 月

证据的脸谱

（一版序）

岁月匆匆，流年似水，不知不觉间从事律师工作已十年。古人诗云“桃李春风一杯酒，江湖夜雨十年灯”，细细算来，我在“律师”江湖的十年间，也办理了形形色色几百起案件，尤其刑事案件更是我的工作重心，自觉有了些心得、体会、感悟，有表达出来的想法，亦有总结的欲望。虽心得、体会、感悟杂多，但其中我感悟最深的是——无论何种性质的案件，民事、刑事，抑或行政；无论复杂还是简单的案件；无论是事实存在争议，还是法律适用存在争议的案件，最终评判的基石都要回归到证据，即无证据则无事实，无事实则无法律适用。故，我把证据作为自我总结的主题，因刑事案件是我工作的重心，证据的范围就限缩为刑案证据。

同时，又因证据虽对刑事案件的解决至关重要，但它又“萌”且“淘气”，有时隐身难以收集，现身时又有不同的“化身”，可谓千案千面、千人千感，就像普罗米修斯的脸，常以不同的“脸谱”出现，让人“横看成岭侧成峰，远近高低各不同”。欲识真相，需读懂读透“证据脸谱”，欲做好指控、辩护、审判工作，还需用好用足“证据脸谱”，此书遂以“证据的脸谱”为名。

证据脸谱几何？按法定来说，呈现为物证，书证，证人证言，被害人陈述，犯罪嫌疑人、被告人供述和辩解，鉴定意见，勘验、检查、辨认、侦查实验等笔录，视听资料、电子数据。按来自何方，可分为控方证据、辩方证据、审方证据。按对犯罪嫌疑人、被告人是否有利，其又表现为无罪、罪轻证据和有罪、罪重证据。按其合法与否，可分为合法证据、非法证据。如此等等，不一而足。

如何透过证据的脸谱认定事实、适用法律，可谓仁者见仁，智者见智，不同的法律人会有不同的见解。但我个人认为，须遵循三大原则。其一，正确理解法律，善意解释法律是基本前提。法律人不应该因指控、辩护、审判立场的不同而曲解法律，只做有利于己方立场的解释。千万不能像我曾"遭遇"的某检察官那样，面对辩方对其"隐匿有利于被告人证据"的质疑，仍铿锵有力地宣称"法律没有规定我们必须把证据全部提交"。其二，客观、理性、全面、综合地分析证据当为第二要义。其三，具体案件具体分析，灵活、综合、全面地运用法律规定和法学理论让证据和后者血肉相融，让法律、法理紧密联系证据，"跳出证据之外看证据"应为第三原则。如此，方可去"不识庐山真面目，只缘身在此山中"之无奈，达"莫畏浮云遮蔽日，只缘身在最高层"之境界。

然原则过于抽象，如何化抽象为具体，透过证据脸谱办理案件，我尝试以案说法，以例说理，以自己承办的案件从辩护的角度诠释三原则，解密证据的脸谱。当然，因水平所限，恐事非所愿，故每一案例不求全面，更不求理论高深，意在厘清某一问题。因此，敬请读者对本书"是其是，非其非"。只要本书有那么一句话对您有所启迪，于我已是欣慰！

是为序！

柳　波

2016 年 3 月

CONTENTS

目录

书证是指用文字、符号或图画所表达的思想内容来证明案件事实的证据，具有思想性、稳定性、多样性。本讲主要围绕司法实践中检方使用生效判决书作为指控证据这一问题展开，同时兼析刑事诉讼中“拆分案件”和“孤证”。

证人证言作为一种常见的证据，在很多案件中不可或缺，甚至被作为定罪的主要依据。但因为证人受自身感知、记忆、情绪、表达、立场、利害关系和作证场景等因素的影响，其所做陈述可能不尽“客观、真实”。刑事诉讼法及司法解释对证人证言的收集、认证、采信作了较为严格的规定，法律工作者对“证人证言”必须保持应有的警惕，必须严格坚守“确实、充分”的证据标准，尤其是在死刑案件中。

证人出庭作证是审判直接原则、言词原则的必然要求。新刑诉法施行之后，证人出庭率依然不高。证人不出庭对各方争议不大的案件影响甚微，但对各方争议极大的案件影响很大。尤其是关键证人不出庭，对控辩存在根本性争议的案件影响更大。那么，对属于证人应当出庭范畴的案件，关键证人不出庭，而且其庭前证言存在根本性的矛盾和反复，对其庭前指控证言应该如何审查，应否采信，法律没有明确答案。对此情况应如何处理，请看本讲内容。

被害人陈述作为法定证据种类之一，系由自称遭受犯罪侵害的主体作出，具体、直接、指向明确，对于查明事实真相具有重要作用。但是，由于被害人身份的特殊性，与案件处理结果的直接利害关系，其所处的立场等因素，又使该类证据具有主观性、易变性、虚构性、怨恨性等偏离，甚至歪曲事实的特性。司法实践中，不仅被害人陈述如此，隶属于被害人（方）的证人证言也是如此，如被害人单位的工作人员的证言、私营企业主员工的证言等，对此不可不察。

犯罪嫌疑人、被告人供述和辩解是指犯罪嫌疑人、被告人就案件事实所作的陈述和自己无罪或罪轻的辩解，简称“口供”。口供是法定证据的种类之一，它虽然不是“证据之王”，但确实是一种很重要的证据，对于某些“二人转”型案件（如现金交易的行受贿案件）不

意见审查的职责陋习，在 2013 年 1 月 1 日后依然存在。如何把更名落实到理念更新是我们必须长期面对的问题。

现场勘验笔录有狭义和广义之分。狭义的现场勘验笔录仅指现场勘验工作记录中的文字部分。广义的现场勘验笔录是指，在现场勘验过程中，记录现场原始状态和勘验情况的文字、照片、图形、录音、录像等。本讲取广义的现场勘验笔录。其具有四大特征：（1）事后性；（2）客观性；（3）证成指控犯罪的间接性；（4）证否指控犯罪的直接性。

辨认笔录可分为被害人辨认笔录、证人辨认笔录、犯罪嫌疑人 / 被告人辨认笔录，是上述人员在对人、物、场所进行辨认时，公安司法人员对该过程制作的记录。在审判实践中如何规范地制作、审查、采信它，尤其是在只有同一人的言词证据、辨认笔录时，能否对被告人定罪，仍是值得关注、商榷的问题。

视听资料指以录像机、录音机、胶卷相机等设备以音频、视频方式录制、存储的数据。它具有多维立体性，动态直观性，可反复再现性，易保存、易修改、可恢复性等特征，与言词证据等相比更为客观、更为全面、证明方式直观、更为真实可信，应特别重视对视听资料收集、审查和运用。在确保视听资料真实、有效的前提下，如其他证据与其冲突，应以视听资料为准。

电子数据（electronic data），是指基于计算机应用、通信和现代管理技术等电子化技术手段形成包括文字、图形符号、数字、字母等的客观资料。它主要包括电子邮件、电子数据交换、网上聊天记录、网络博客、手机短信、电子签名、域名等形式。

非法证据排除，是指违反法定程序，以非法方法获取的证据，不具有证据能力，不能为法庭所采纳。非法证据排除指向的范围极广，物证、书证、言词证据均可成为排除的对象。根据《刑事诉讼法》第54条规定，对于收集方法不符合法定程序的物证、书证，“补正优先、例外排除”；对于言词证据，则绝对排除，即“采用刑讯逼供等非法方法收集的犯罪嫌疑人、被告人供述和采用暴力、威胁等非法方法收集的证人证言、被害人陈述，应当予以排除”。

侦查人员讯问犯罪嫌疑人，除了可能判处无期徒刑、死刑的案件或者其他重大犯罪案件，应当录音或者录像外，对其他案件可以录音或录像；可以只录音或只录像，也可以既录音又录像。同步讯问录音录像可以作为口供排除的依据，它可以提交给司法机关、可以播放，但非“必须”。即它是“可以有”的证据，也“可以无”的物件。这导致司法实践中在录音录像的调取、移送、查阅等方面存在分歧，尤其在同步录音录像和讯问笔录不一致时，以哪一个为准，即谁更强，应该采信何者时观点不一。

法律规定技术侦查涵盖了卧底侦查、乔装侦查、控制下交付、监听等多种方式，也对适用条件、程序、举证质证作了原则性规定，但“存在的都是合理的吗”？关于技术侦查涉及的证据合法性、真实性、潜在风险等争议并没有随着法律规定而终止，相反，它开启了争议的新阶段。关于钓鱼、引诱、诱惑侦查、技术侦查、匿名作证等问题可能会随着司法实践的深入而争鸣不断。

民事诉讼中设置了举证期限、“证据关门”制度，刑事诉讼中是否也应如此，这是个一直让人困扰的问题。司法实践中，一方面，坚决贯彻在惩罚犯罪的目的下，公检法三机关都参与调查取证，在侦查、审查起诉、审判（甚至二审，发回重审后的一审、二审）都可以补充侦查，导致案件久侦不决、久审不决，甚至一个很小的案件，几轮补充侦查下来，已远远超过被告人即便真的构成犯罪所应判处的刑期了。另一方面，虽然理论上表示要保障被告人的合法权利，但又限制辩方的取证权，对辩方举证设置障碍，推行“证据关门”。

刑事诉讼中，被害人提交证据材料的情况比较普遍，提交的材料类型也多种多样，有证言、证明、录音、录像、实物等，其对刑事诉讼的启动、进展、走向、结局有时起着至关重要的作用。诉讼各方因立场不同、心态各异对该材料或全面排斥，或全盘采纳，不一而足。因此，其是否需要转化及如何转化，以及如何对其进行审查和采信，就成为需要研究的课题。

根据《刑事诉讼法》的规定，只有当指控证据达到了"确实、充分"的标准，才能对被告人定罪和处以刑罚。何谓"确实、充分"？《刑事诉讼法》第55条规定，"证据确实、充分，应当符合以下条件：（一）定罪量刑的事实都有证据证明；（二）据以定案的证据均经法定程序查证属实；（三）综合全案证据，对所认定事实已排除合理怀疑"。对于证据"确实、充分"的标准，公安部、最高人民检察院、最高人民法院分别做出了相应规定，但都过于原则，不易把握和理解。本讲试图通过一例无罪案件予以诠释。

涉财类刑事案件中，经常会看到"价格认定结论书"的身影。其由价格认定机构做出，涵盖的范围极广。其在案件中的意义非凡，不仅影响量刑，甚至决定罪与非罪。但是，在司法实践和学界，对其也存在争议，如其属于哪一种证据种类，是书证，还是鉴定意见，抑或其他？仍然意见不一。而且，有的价格认定结论书确实存在不客观、不严谨，走形式，随意性大等问题，如何对其审查、采信也迄需关注和研究。

辩护律师取证难、取证有风险是众所周知的事实。《刑法》第306条更是悬在律师头上的一把剑。因此，有的律师视取证为畏途，不敢取，久而久之，不会调取证据，不知如何调取证据。尽管，被告人不负有自证其罪的义务，指控犯罪是公诉方的义务，辩护人可以不取证，但是有的案件，为了支持辩护人的辩护观点，为了维护当事人的合法权益，为了查明案件事实，辩护人取证确实不可或缺，甚至能达到一证定案的效果。辩方如何取证，就成了辩护律师不得不研究、慎重考虑的问题。取证的方法因案而异、因证据种类而异、因时因地因人而异。本讲结合案例，以辩方调取网络平台信息类电子数据为例，谈谈辩方取证的方式方法。

第一讲

书证的特殊形式——生效的刑事判决书?

——从王某臣被控受贿案分析刑事判决书的预判力

按　语: 书证是指用文字、符号或图画所表达的思想内容来证明案件事实的证据，具有思想性、稳定性、多样性。其作为常见证据，法律、司法解释对它的收集、审查和采信作了很多具体的规定，法学著作对它也有很多的研究。故本篇不对书证的常态问题进行探讨，主要围绕司法实践中检方使用生效判决书作为指控证据这一问题展开，同时兼析刑事诉讼中“拆分案件”和“孤证”。

关键词: 书证　生效判决书　预判力

◆案情简介

1. 王某臣，原系深圳市某看守所所长。2011 年 4 月 14 日因涉嫌受贿被深圳市检察院立案侦查；2012 年 1 月 11 日，被移送汕头市检察院审查起诉；2012 年 7 月中旬，汕头市检察院以王某臣涉嫌受贿 441.5 万元起诉至汕头市中级人民法院；2013 年 1 月 22 日开庭审理。

2. 王某臣涉嫌受贿一案，涉及四组行贿人、介绍贿赂人（受贿人）。分别是唐某凯、王某媛；温某麟、周某根；梁某恩、岑某钦；张某针、毛卫某。按照起诉书的指控，四组模式基本相同，均是行贿人把钱交给后者，由后者自己留下部分受贿款后，再将余款交与王某臣。但前者即行贿人与王某臣无交集。

3. 在 2011 年 4 月 14 日王某臣到案前后，所有的所谓行贿人、介绍贿赂人、受贿人均被深圳市反贪局采取强制措施，所有涉案人员都在同一个办案单位——深圳市反贪局掌控之下。但是，深圳市检察院在将上述 9 人作为一个案件立案，并采取强制措施后，将一案拆分为八案，即 1. 王某媛、唐某凯行贿案；2. 温某麟行贿案；3. 周某根受贿案；4. 梁某恩行贿案；5. 岑某钦受贿案；6. 张某针行贿案；7. 毛卫某受贿、介绍受贿案；8. 王某臣受贿案。并且把除王某臣外的前七个案件下移，移送下辖区检察院审查起诉。

4. 在王某臣受贿案开庭审理前，前述七案、八人均已被作出生效判决，且判决在王某臣未到案受审、未到庭作证的情形下，均认定王某臣收受了部分贿赂款，造成了未审先判，并将刑事判决作为指控王某臣的书证，意图“绑架”汕头市中级人民法院。

5. 针对此种情形，辩护人指出：刑事判决不具有预判力。不能以前案判决来证实本案的成立，而应以本案的证据来证实前案是否成立。否则就是剥夺被告人的辩护权，就是形式审判。

6. 2014 年 1 月 22 日，汕头市中级人民法院作出一审判决：对起诉书涉及温某麟、周某根，梁某恩、岑某钦，张某针、毛卫某六人共计 383.5 万元的指控，不予支持，辩护人的意见予以采纳。认为王某臣收受王某媛、唐某凯 58 万元的指控成立，判处其有期徒刑 12 年。

◆起诉书节录

1. 2004 年 8 月，某区看守所负责采购的民警周某根向王某臣推荐温某麟的食品经销部承接在押人员副食供应。王某臣同意。2004 年 8 月至 2009 年 12 月，王某臣经由周某根之手收受温某麟 174 万元。

2. 1999 年 7 月，梁某恩负责的果菜公司负责某区看守所民警食堂的副食品供应。2006 年 6 月，某区看守所负责民警食堂采购的民警岑某钦向梁某恩提出须每月给 3 万元的回扣，岑某钦和王某臣各 1.5 万元，梁某恩同意。2006 年 7 月至 2009 年 12 月，王某臣经由岑某钦之手收受梁某恩 75 万元。

3. 2003 年年底王某臣任某区看守所所长，指定原看守所民警王某媛担任在押人员小卖部负责人。王某媛选定唐某凯的百货商店作为固定供应商。2006 年到 2011 年，王某臣收受王某媛、唐某凯 58 万元。

4. 2008 年 7 月，王某臣指定毛卫某为在押人员水果供应寻找供应商。毛卫某找到张某针的果菜配送中心。2008 年 8 月到 2011 年 2 月，王某臣经由毛卫某之手收受张某针 134.5 万元。

认定上述事实的证据如下：

1. 书证：同案人温某麟、岑某钦、梁某恩、王某媛、唐某凯、张某针等人的刑事判决书。

……

本院认为，王某臣犯罪事实清楚，证据确实充分，应当以受贿罪追究其法律责任。

◆辩护词节录

第一部分　刑事判决没有预判力

一、侦控机关违反法律规定，人为拆分案件，制造出七份所谓生效判决，意图绑架审判机关，意图以所谓生效判决弥补指控证据的不足，反而暴露了控方证据严重不足的真相

1. 从法律层面分析，行贿和受贿属于对应型犯罪，属于本质的共同犯罪案件，对行受贿犯罪应作为一个案件合并审理。起诉书也是这么认为的。

2. 王某臣涉嫌受贿一案，涉及行贿人、介绍贿赂人唐某凯、王某媛、温某麟、周某根、梁某恩、岑某钦、张某针、毛卫某共八人，共同指向的受贿人为王某臣。无论是从查明案情的现实需要，还是从共同犯罪的刑法规定，或是从刑事诉讼法的规定来说，把王某臣等九人作为一个案件进行审理，是必要的，也是必需的。

3. 在 2011 年 4 月 14 日王某臣到案前后，所有的所谓行贿人、介绍贿赂人、受贿人均被深圳市反贪局采取强制措施，所有涉案人员都在同一个办案单位——深圳市反贪局掌控之下，无一人不在案，且无一人存在不能出庭的客观情况。将行受贿人员一案审理，无任何客观障碍。

4. 但是，深圳市检察院在将上述所有人员作为一个案件立案，并采取强制措施后，将一案拆分为八案，基本上是一人一案，即（1）王某媛、唐某凯行贿案；（2）温某麟行贿案；（3）周某根受贿案；（4）梁某恩行贿案；（5）岑某钦受贿案；（6）张某针行贿案；（7）毛卫某受贿、介绍受贿案；（8）王某臣受贿案。并且，把除王某臣外的前七个案件下移，移送某区检察院审查起诉。某区法院也作为七个案件进行审理，案件已经判决生效。

尤为需要注意的是：七个案件的审理都是在受贿人王某臣可以到庭作证或接受审判的情形下，检察院没有听取其意见，法院没有让其到庭，七个案件的确没有把王某臣作为被告进行指控，法院对行贿事实进行了审理，但是在判决书中却确认了"王某臣收受贿赂"的事实。这是典型的"缺席审理""缺席判决"。

5. 这种拆分案件、缺席审理、缺席判决的做法，严重违反了刑事诉讼法的基本原则，实质上已剥夺了法律赋予王某臣的包括辩护权在内的各项权利，且造成了"未诉已定""未审已定"的客观事实，给汕头市中级人民法院造成了"必须定罪"的压力，有绑架后者的重大嫌疑。我们有理由担忧，也非常担忧汕头市人民检察院和法院能否顶住压力，能否公正、客观地处理本案。

6. 这种做法使我想起了《水浒传》中杨志卖刀的故事，杨志说自己的刀杀人不见血，牛二说，"你用刀来剁一个人我看，没人杀，你杀了我，要是不敢杀我，就是刀不行"。杨志怒，杀了牛二，果然刀不见血，好刀。现在王某臣说自己无罪，但公诉人举出了七份八名同案被告的生效判决，如果王某臣能否定这七份判决，那王某臣就是无罪，否则就是有罪。王某臣确实否定不了七份判决——这个可恶的“牛二”。但好在我们现在是政治昌明、讲究法治的现代国家，我们公诉人、合议庭不会让“牛二”得逞，辩护人坚信，王某臣不会成为现代的“杨志”。

二、刑事案件的判决不具有预判力，这些被“制造”出来的生效判决不属于特殊形式的书证，这些刑事判决书确认的事实不属于“免证事实”

刑事诉讼不同于民事诉讼，它涉及人的自由、生命等重大权利，对其不能照搬民事证据规则，本案指控的犯罪事实属于控方必须举生效判决外的其他证据予以证明的对象，不属于“免证事实”，绝不能以前案判决来证实本案的成立，而应以本案的证据来证实前案是否成立。否则就是剥夺被告人的辩护权，就是形式审判。如果按照公诉人的逻辑，本案的侦查纯属多余，今天的开庭也不需要，开庭也白开了，法院直接拿前案判决定罪不就行了吗？

三、公诉人以“前案判决证实本案”的举证方法，没有法律依据

广东省高级人民法院对此持明确的反对意见。例如，广东省高级人民法院课题组《关于统一全省法院刑事证据采信标准的调研报告》就指出：“对于其他刑事判决确认的事实是否属于免证事实，认识上有争议。外省法院所制定的刑事证据规则中，有的将此规定为免证事实，我们认为是不妥当的。如在共同犯罪中，共同犯罪人甲先归案，先被判决，在甲的刑事判决中，已认定乙与甲共同作案。乙随后归案，法院在对乙审理时，如果直接援引甲的刑事判决中所认定的事实，径行对乙定罪量刑，则剥夺了乙的辩护权，实质上是缺席判决，这和我国刑事诉讼的法律规定及诉讼理念是相悖的。故在拟制定的刑事证据采信标准中，不将其他刑事判决确认的事实规定为免证事实。”

第二部分　孤证不能定罪，公诉机关的指控不能成立

一、公诉机关关于指控王某臣通过周某根收取温某麟贿赂款 174 万元，无确实充分的证据证实，没有事实根据，该项指控不能成立

（一）没有确实充分的证据证实周某根将 174 万元交给了王某臣。

1. 公诉机关指控的关键环节是周某根是否将 174 万元交给了王某臣。公诉机关指控被告人犯罪系由以下环节构成：（1）周某根告知王某臣温某麟愿意支付回扣；（2）温某麟将回扣全部交给了周某根；（3）周某根将自己所收回扣的一部分送给了王某臣；（4）王某臣因为回扣同意温某麟负责的新安广民承接供应。这其中最为关键的环节就是周某根是否将 174 万元交给了王某臣，即谁是 174 万元的最终收取者，是周某根还是王某臣。只要这 174 万元不是王某臣占有了，只要公诉机关的证据不能证实第 3 个环节成立，该项指控就全部不能成立。

2. 控方没有确实、充分的证据证实 174 万元被王某臣占有，即被告人收取 174 万元的事实不存在。所谓周某根将 174 万元送给被告人的证据既不确实，又不充分。

（1）关于此节的证据只有周某根一个人的说法，即只有一个证据，属于孤证，从量上来说，根本谈不上“充分”。从质上来说，周某根与本案存在法律上和经济上的利害关系，其是和温某麟直接接触，直接收取回扣，而且是占有回扣的污点被告人，其口供存在趋利避害、推卸责任的动机和现实需求。尤其是，时间地点不同、讯问人不同、记录人不同的几份口供，在关键情节存在大量一模一样的情形，充分说明口供不“真实”，更谈不上“确实”。而现在被告人对此予以坚决否认，证据上呈现“一对一”，根据孤证不得定罪的原则，不能认定周某根将 174 万元送给了被告人。

（2）可能公诉人会讲“温某麟口供能够印证周某根所说”。辩护人必须指出，这种说法是错误的，是不能成立的。其一，辩护人向法庭提交的九

份温某麟口供，一直稳定地供述“贿赂了周某根”，根本不涉及王某臣，没有只言片语谈到“知道周某根将钱送给了王某臣”。其二，控方提供的温某麟口供，从未说过周某根告诉自己把钱送给了王某臣。虽然隐含有周某根可能再打点别人的意思，但这属于推测和分析，是评价性意见，根据法律规定，这样的内容不能作为定罪证据。何况该内容与辩护人提供的口供矛盾。因此，从关联性上来说，控方口供只能证实其给周某根钱，不能证实周某根给王某臣钱。

因此，关于周某根送给王某臣 174 万元的证据，还是只有周某根一个人的口供，仍然是孤证。而孤证不得定罪。

（二）同样，没有确实充分的证据证实“周某根告知王某臣温某麟愿意支付回扣”。

关于此节的证据只有周某根一个人的说法，即只有一个证据，属于孤证，既不“充分”，也不“确实”。而王某臣对此予以坚决否认，证据上呈现“一对一”，不能认定该部分事实。具体理由同上，不再赘述。

（三）周某根向温某麟提出增加回扣，王某臣根本不知情，此节事实与王某臣无关。

关于王某臣提出增加回扣，控方同样只有周某根口供，又是孤证，证据呈现一对一，依法不能认定。关于这一点，起诉书第 2 点对此描述得很有意味，也没有提及王某臣是否知道。

（四）本案不能排除周某根独吞回扣，栽赃王某臣，或打着王某臣的旗号自己收钱的合理怀疑。

周某根从温某麟处收取涉案的 174 万元是不争的事实，生效判决已经确认周某根另外收取回扣 105 万元，且温某麟从合同签订到支付回扣款从未与王某臣发生联系，都是周某根操作。周某根既然能收取 105 万元，谁能排除身为利害关系人且口供存在大量一模一样之处、犯有受贿罪的同案被告，没有独吞回扣、栽赃王某臣或打着王某臣的旗号自己收钱的合理怀疑呢？根据法律规定，定罪必须排除一切合理怀疑，得出唯一结论。

综上，该节指控无证据支持，无事实根据。

二、公诉机关指控王某臣通过岑某钦收取梁某恩贿赂款 75 万元，无确实充分的证据证实，没有事实根据，该项指控不能成立

（一）没有确实充分的证据证实岑某钦将 75 万元交给了王某臣。

（二）同样，没有确实充分的证据证实“岑某钦告知王某臣梁某恩愿意支付回扣”。

（三）岑某钦向梁某恩提出增加回扣，王某臣根本不知情，此节事实与王某臣无关。关于王某臣提出增加回扣，控方同样只有岑某钦口供，又是孤证，证据呈现一对一，依法不能认定。

（四）本案不能排除岑某钦独吞回扣、栽赃王某臣，或打着王某臣旗号自己收钱的合理怀疑。

因为该项指控与第一项指控逻辑相同、涉案事实高度相似，具体理由与第一项指控基本相同，在此我就不再展开，详细内容参见第一项辩护内容。

（五）特别指出与第一项指控不同的几个问题，请合议庭高度重视。

1. 在 1999 年，岑某钦就负责管理民警食堂，从那时起他就选定了梁某恩。王某臣 2003 年年底到任，只是沿用老人岑某钦管理而已。

2 岑某钦自己都明确认可“梁某恩每月送钱”是“我和梁某恩一起商量的，王某臣事先并不知情”。

3. 一直没有签署书面合同。

综合上述 3 点，岑某钦告知王某臣、并送给王某臣回扣 75 万元的可能性该有多大，必要性何在?

三、公诉机关指控王某臣收受张某针回扣款 134.5 万元，无确实充分的证据证实，没有事实根据，该项指控不能成立

（一）指控王某臣收受 134.5 万元无确实、充分的证据证实。

1. 从控方证据分析，又呈现一对一情形。

（1）控方据以指控的证据无非是同案被告毛卫某、张某针的口供。根据该二人的口供（除去张某针 2011 年 7 月 12 日 10 时 30 分—同日 11 时 20 分口供外），可以清晰地看出，所有的钱款都是张某针交给毛卫某。至于毛卫某是否交给了王某臣，只有毛卫某的口供。王某臣对此坚决否认，从证据的量上来看，又呈现一对一情形，毛卫某的口供属于孤证。

（2）当然，辩护人注意到，张某针 2011 年 7 月 12 日 10 时 30 分—同日 11 时 20 分口供提到“2010 年中秋、春节到王某臣办公室给其 4 万元，每次 2 万元”。但这种说法只有张某针一个人的一次口供，除此没有任何证据印证。这样的证据是不是孤证，我都不想再多作说明。要说明的是，张某针的这种说法和公诉人所举的毛卫某口供也是相互矛盾的。张某针的这种说法无疑不应被采信。

2. 从辩护人提交的证据来看，已经否定了控方的证据。举证阶段，我们已经向法庭提交了毛卫某在侦查阶段（2011 年 9 月 27 日）的口供和毛卫某的庭审笔录。在侦查阶段的口供里，毛卫某坦承没有从张某针那拿钱给王某臣；毛卫某在一审、二审阶段，都再次提出自己的确没有从张某针那拿钱给王某臣。而且毛卫某庭审时解释了自己其他口供的形成是体罚下的产物。毛卫某的这个解释绝非空穴来风，有“到案经过”予以佐证。其 2011 年 4 月 13 日上午到案，我们看到的最早口供是 2011 年 4 月 15 日 20 时 20 分的，这几十个小时的时间，侦查人员对他做了什么，我们不得而知。不过，毛卫某的多次口供大量一模一样、提讯时点违背人的生理规律等现象已经告诉了我们答案，控方所举的毛卫某口供是虚假的，不能作为定罪的证据。

3. 现在，两相对比，控方的证据是孤证，不能证实控方的指控。而辩方证据不但证实控方证据的虚假性，而且说明了事实真相——王某臣根本没有收到 134.5 万元。

（二）指控王某臣通过毛卫某提出提高销售价格，无证据证实。

1. 控方关于这方面的证据也就是毛卫某口供，王某臣予以否认，证据又呈现一对一情形；而且刚才也讲了毛卫某的口供欠缺真实性。因此，此节指控没有证据支持。

2. 在此澄清一点，虽然张某针的口供提到找王某臣审批，“对方提出提高价格”，乍一看感觉“对方”就是指王某臣，但实质上这个对方是毛卫某，不是王某臣，这有控方所举口供证实。侦查人员特意使用“对方”这个词语，不知道是意图掩盖什么，还是意图混淆什么。但事实就是事实，张某针和王某臣没有接触，这是铁的事实。

（三）本案不能排除毛卫某独吞回扣、被迫栽赃王某臣，或打着王某臣旗号自己收钱的合理怀疑。具体理由同前两项指控一样，不再重复。

四、公诉机关指控王某臣收取王某媛、唐某凯58万元无事实根据

（一）无确实、充分的证据证实王某臣收取王某媛38万元。

公诉机关就此所举的证据就是王某媛口供、毛卫某口供、唐某凯口供。三者均存在诸多问题，不能作为定罪证据。

1. 唐某凯口供从关联性上来说，只能证实其给王某媛钱，不能证实王某媛给王某臣钱。

2. 王某媛口供不真实、不合法。举证质证时辩护人已经指出，王某媛全面涉及五次行贿的4次口供本身和2011年5月30日的王某媛审讯录像，已经证实口供是虚假的，不能作为定罪证据。具体理由不再重复。

3. 毛卫某口供不真实、不合法。质证时和前面辩护人已经多次说明，控方所举的口供不真实，具体理由不再重复。

4. 王某媛口供和毛卫某口供无法印证指控事实。辩护人注意到公诉人说该二人的口供可以相互印证。对此，辩护人必须指出证据间印证的前提是证据必须是真实、合法的，否则，谈何印证。如果要谈“印证”，那只能说虚假的王某媛口供、毛卫某口供印证了王某臣没有收取38万元的事实。

5. 强调指出：2008年王某媛拿现金给王某臣又是一对一的情形。

（二）王某媛转账到王某臣账上的20万元是借款，与犯罪无关。

1. 在侦查阶段乃至今天的庭审，王某臣都辩解是借款；王某媛在一审、

二审时也辩解是借款。那到底是不是借款，只有当事人最清楚。这两名当事人的辩解是最直接的证据。试问，我们既不是王某媛，也不是王某臣，我们有什么理由推翻当事人自己的辩解呢?

2. 可能公诉人对此持有异议，会认为有其他旁证足以证实。但要注意，其他旁证绝不是直接证据，而是间接证据。一般来说，直接证据的效力高于间接证据，而且只有在没有直接证据，间接证据能够形成完整的证据链条时，才能定罪。

但是，很遗憾，控方间接证据不能形成指控的证据链条。公诉机关所依据的间接证据主要是李某平侦查阶段的证言，意图用借款的时间晚于王某媛转账的时间，证实不是借款。可是，今天李某平出庭证实：他不止一次向王某臣提出借款 30 万元，从提出借款到王某臣汇给他款大约有十天的时间，而且他是在王某臣的催促下在其办公室还了 20 万元现金；在反贪局人员找他调查时，他被连续询问几个小时，他当时明确说了真记不清楚具体的借款时间了，后来在检察院人员提示是不是二十七八号时，只好说大概是吧。今天的李某平面对庄严的国徽，在控辩审三方在场的情况下自由陈述了事实情况。其庭审证言的效力当然高于在封闭的侦查阶段被提示、被迫所作证言的效力，其侦查证言应被排除。

因此，控方所依据的间接证据——李某平证言已被否定，其间接证据无法形成证据链条。

3. 当然，除了王某媛、王某臣的辩解外，我们从时间、数额、资金走向等方面可以印证是借款。从时间上说李某平借款在前，王某臣向王某媛借款在后；从数额上分析，李某平向王某臣提出借 30 万元，王某臣向王某媛提出借 30 万元，王某臣最终借给李某平也是 30 万元；从钱款的流向来看，王某媛转给王某臣 20 万元，王某臣凑够 30 万元后，转给李某平，李某平随后转出。这个借款脉络非常清晰。

（三）不能排除王某媛自己收钱，根本没有给王某臣的合理怀疑。

1. 王某媛口供一直说得很清楚，唐某凯给自己的 40 万元没有给王某臣，自己留下了，专款没有专用。

2. 签署合同时王某臣都不收钱，王某媛都不送钱，合同签署后还会送钱吗？

3. 请充分重视，指控收受的38万元是合同签署后。20万元转账是2008年1月，晚于2006年合同近两年，早于2008年12月合同十一个多月。

综上，请合议庭依法宣告被告人无罪。

◆控辩交锋

本案控辩双方的交锋其实就聚焦在控方证据是否确实、充分方面。具体而言：1. 同案人的生效判决书是否具有预判力，它认定的事实是否属于免证事实，能否作为本案的书证直接采信。控方认为“可”，辩方予以“否”。2. 一对一的指控证据，即孤证能否定罪。尽管理论上不存争议，但实践中控方以“孤证指控”屡见不鲜。3. 出庭证人的证言与不出庭又具有利害关系的同案人侦查阶段的证言相左时，采信何者？控辩持有不同意见。

◆判决书节录

关于起诉书指控的第1宗犯罪事实。经查，供货商温某麟在取得某区看守所在押人员食堂的供货权后，按照该所负责采购的民警周某根要求，共将回扣款174万元委托周某根转交给王某臣。周某根供述其已将全部款项转送给王某臣，但王某臣一直予以否认，而温某麟并无直接送钱给王某臣，无法证明周某根是否将钱转送给王某臣。故周某根的供述缺乏其他证据印证，起诉书指控王某臣收受温某麟174万元的事实不清，证据不足，不予认定。对辩护人针对上述指控所提出的辩护意见予以采纳。

关于起诉书指控的第2宗犯罪事实。经查，供货商梁某恩在取得某区看守所民警食堂的供货权后，按照其和该所负责采购的干警岑某钦的事先约定，共将回扣款150万元交给岑某钦。岑某钦供述将其中的75万元转送给王某臣，但王某臣一直予以否认，而梁某恩并无直接送钱给王某臣，无法证明岑某钦是否将钱转送给王某臣。故岑某钦的供述缺乏其他证据印证，起诉书指控王某臣收受梁某恩75万元的事实不清，证据不足，不予认定。对辩护人针对上述指控所提出的辩护意见予以采纳。

关于起诉书指控的第4宗犯罪事实。经查，供货商张某针在取得某区看守所的水果供应权后，按照毛卫某的要求，共将回扣等贿赂款134.5万元委托毛卫某转送给王某臣。毛卫某曾供述已将全部款项转送给王某臣，但王某臣一直予以否认，而张某针并无直接送钱给王某臣，无法证明毛卫某是否将钱送给王某臣。故毛卫某的供述缺乏其他证据印证，且其后来也予以翻供。综上，起诉书指控王某臣收受张某针134.5万元的事实不清，证据不足，不予认定。对辩护人针对上述指控所提出的辩护意见予以采纳。

关于被告人王某臣及其辩护人提出没有收受王某媛38万元现金，起诉书指控证据不足的辩解、辩护意见。经查，同案罪犯唐某凯供述其为了和看守所签订合同，先后2次拿出40万元给王某媛疏通关系。王某媛供述从其中拿了38万元分四次送给王某臣，证人毛卫某的证言也能予以印证。综上，本案证据能够相互印证，足以认定王某臣收受38万元的事实。关于王某臣及其辩护人提出王某臣收到王某媛20万元转账款属于借款的辩解、辩护意见。经查，王某臣收款时没有出具借据，本案也没有证据证明案发前三年多的时间内其有归还或者归还的意思表示，可见该款的往来不符合民间借贷的常情，且又是发生在王某媛对王某臣有请托事项的期间。王某媛也供述王某臣虽然有用借的字眼，但她知道是婉转问她要钱，因为王某臣在签订合同时帮过她的忙，理应感谢他，事后王某臣没有表示要归还，她也没有打算追讨。综上所述，该20万元应认定为受贿款，至于王某臣索要该款时是否为了转借给李某平不影响该款性质的认定。故上述辩解、辩护意见理由不成立，不予采纳。

本院认为：……

判决如下：被告人王某臣犯受贿罪，判处有期徒刑十二年，并处没收价值人民币 58 万元的财产。

◆辩护思路

拆分案件在司法实务中虽然常见，但有些拆分既不合法，也不符合常理，存在人为因素。侦控机关拆分案件与否，均有着自己的思路和目的，不会冒天下之大不韪去做一件无益于侦控的事情。本案也是如此。就本案而言，表面上看王某臣涉案金额 441.5 万元，涉及次数多，涉及其他人员多，涉及四组行贿人、中间人共 8 人。但仔细分析指控，除 20 万元系转账给王某臣外，行贿人拿钱给中间人，中间人称从中拿出一部分送给王某臣，这两个环节是孤立进行的，尤其是后一环节的证据是一对一，而且王某臣否认收受钱款。因此，本案指控除 20 万元外，均系孤证定（案）罪，而孤证不得定（案）罪。控方证据不能证实王某臣收受了上述 421.5 万元，这是本案指控证据存在的重大问题。当然，侦控机关对此也注意到了，因此，才出现了在客观上并案审理不存在障碍的情况下，深圳市检察院在将上述 9 人作为一个案件立案，并采取强制措施后，将一案拆分为八案，把除王某臣外的前七个案件下移区检察院起诉，并在七案判决生效后，单独指控王某臣受贿，意图用生效判决作为书证弥补指控证据的缺陷，未审先判，给汕头市中级人民法院施压。梳理清楚侦控思路后，对 441.5 万元中的 421.5 万元，辩护人形成了两大辩护要点：1. 前案刑事判决不具有预判力。2。孤证不得定罪，因此，控方无确实、充分的证据证实被告人收取了 421.5 万元。对 20 万元转账部分，辩护人做了钱款性质上的辩护。

◆结语

一般而言，书证应该是在案发时就已形成的客观存在。当然，不排除案发后形成的文字、图像、符号也可以作为定罪证据。但是，像本案中拆分案件形成的生效判决不能作为指控证据，因为它不符合基本的刑事诉讼原则——直接言词原则，也剥夺了被告人的重大诉讼权利，它是一种实质意义上的“缺席判决”。

尽管《人民检察院刑事诉讼规则》第437条规定了六项“免证事项”：（1）为一般人共同知晓的常识性事实；（2）人民法院生效裁判所确认的并且未依审判监督程序重新审理的事实；（3）法律、法规的内容以及适用等属于审判人员履行职务所应当知晓的事实；（4）在法庭审理中不存在异议的程序事实；（5）法律规定的推定事实；（6）自然规律或者定律。但本案中涉及的七份判决书涉及王某臣的认定事实，不属于该条第（2）项免证事项。因为探究该条第（2）项的设立初衷，其应指不属于本案指控事实的“事实”，不属于本案被告人被控实施的“事实”。“人民法院生效裁判所确认的并且未依审判监督程序重新审理的事实”系指与本案有关联，但不属于“本案指控事实、本案被告人被控实施的事实”。同时也应指出，该条规定既无法律依据，也有违相关法理。

侦控机关拆分案件、用生效判决充当书证的情形并不鲜见，也早就存在，但“存在不等于合理，更不等于合法”。理虽如此，但司法实践中，侦控机关的拆分做法对审判机关是一种巨大压力，对辩方而言也是很难逾越的鸿沟，以致实践中审判机关直接采信者有之，辩护律师因畏难、心怯而放弃质疑者有之，进而导致此种情形日盛。因而，知错必纠、迎难而上、寸权必争、敢于质疑、善于质疑、依法辩争、释理服人就成为辩护律师难以具备而又应该具备的素质。辩护律师应不畏难、不唯权（力），敢于真辩，真的敢辩，要“敢亮剑、能亮剑、善亮剑”，才能使辩护意见得到审判机关的认可、采纳。

刑事案件不同于民事案件，为避免办案机关间的相互“绑架”，为保障被告人的合法权益，建议对于因客观原因不能并案审理的共同犯罪或对应型案件，在前案判决中尽量以“他人”代指未到案的“同案人”，并在立法上明确规定“同案人的生效判决书不具有预判力”。

第二讲 证人证言的特点与采信

——连某强故意杀人死刑复核案

按　语：证人证言作为一种常见的证据，在很多案件中不可或缺，甚至被作为定罪的主要依据。但因为证人受自身感知、记忆、情绪、表达、立场、利害关系和作证场景等因素的影响，其所做陈述可能不尽“客观、真实”。侦办人员又因听、记、听记转化和职责等因素影响，其所记载白纸黑字的“询问笔录”因兼具“传闻”“传来”性质，离“事实”又会较前者“更远”。因此，证人“眼见不一定为实”“耳听不一定为虚”。不同证人受自身因素、外界因素的影响，对同一事实的表述可能会一致，也可能不一致，甚或“大相径庭”，故证人证言“相互印证、一致”不等于“证言真实、可信”，证人证言“相互矛盾”不等于“证言虚假”。“众说纷纭”“众口一词”均是证人证言特性的外在表现。正因如此，刑事诉讼法及司法解释对证人证言的收集、认证、采信作了较为严格的规定，法律工作者对“证人证言”必须保持应有的警惕，必须严格坚守“确实、充分”的证据标准，尤其是在死刑案件中。

关键词：言词证据　易变　立场与真实　选择性陈述

◆案情简介

1. 被告人连某强，男，2006 年 4 月 22 日独自一人在温州某一游戏厅内与该厅十多名工作人员发生纠纷，连某强被打成重伤后当场昏迷。之后，案发现场在警方到场之前已被洗刷，两名游戏厅工作人员被送就医前均神志清醒，随后在医院里一人死亡。2006 年 5 月 24 日连某强因涉嫌故意伤害致人死亡被温州市公安局刑事拘留，2006 年 6 月 30 日被逮捕。2006 年 11 月

27日温州市检察院以被告人连某强构成故意杀人罪，向温州市中级人民法院提起公诉。

2. 2007年12月21日，温州市中级人民法院一审判决被告人连某强构成故意杀人罪，判处死刑立即执行。被告人连某强不服一审判决，以事实不清，定性错误为由向浙江省高级人民法院提起上诉。

3. 2007年3月30日，浙江省高级人民法院经开庭审理后，维持原判，驳回上诉，并将本案报请最高人民法院复核。

4. 2007年4月在本案复核期间，被告人委托辩护人担任其死刑复核阶段的辩护律师。接受委托后，辩护人向最高人民法院递交了委托手续，提出了阅卷要求，在会见了被告人连某强并认真听取了其对案件事实的陈述，详细查阅了案件材料的基础上，于2007年7月13日在最高人民法院向本案承办法官当面详细阐述了辩护意见。本案承办法官和书记员就辩护意见作了详细的笔录。

此后，辩护律师多次向最高人民法院、浙江省高级人民法院、被告人被押看守所了解本案进展，均被告知耐心等待。直到2008年2月临近春节前的一天，被告人家属在电话中哭着告诉辩护人，被告人连某强已于当天被宣判、执行死刑。

◆一审、二审判决书节录

一、浙江省温州市中级人民法院刑事判决书

经审理查明：被告人连某强案发前在浙江省温州市无固定职业，经常到温州市鹿城区沙帽河商城龙虎豹电子游戏室的赌博机上赌钱。2006年4月9日连某强输钱后，向该电子游戏室索要了人民币1000元。2006年4月22日晚9时30分许，被告人连某强持随身携带的匕首捅刺被害人黄某杰、金某胜，黄某杰经抢救无效死亡。经法医鉴定：被害人黄某杰系遭受他人持单

刃锐器捅刺致左肺上叶贯通创，左胸积血，心包破裂，心包腔积血，左心室壁贯通创，终因心脏破裂而死亡；被害人金某胜、被告人连某强的伤势程度均鉴定为重伤。

至于被告人连某强是否在遭受殴打后才持刀反击，鉴于本案目击证人均为被害人一方，证人林某权的证言前后不一，案发现场已遭破坏等情况，对被害人金某胜、证人林某权、吴某敏证言中关于被告人连某强先持刀捅刺两被害人的情节不予认定。

……

判决如下：被告人连某强犯故意杀人罪，判处死刑，剥夺政治权利终身。

二、浙江省高级人民法院（2007）浙刑一终字第24号裁定书

经审理查明，原判认定被告人连某强故意杀人的事实，有被害人金某胜的陈述，林某权、吴某敏、苏某祥、吴某珍、吴某华、李某敏、张某勤、张某豹、贾某权、徐某红、杨某或、刘某花等人的证言，公安机关现场勘验笔录，法医学尸体、活体及DNA检验报告，提取的作案凶器匕首等证据证实。被告人连某强亦供述在案，所供与上述证据证明的情况相符。原判认定的事实清楚，证据充分。

关于上诉及辩护理由。经查：（1）被告人连某强携带凶器，借故前往龙虎豹游戏厅索要钱财，在与被害人发生纠纷过程中，持刀捅刺，造成一死一伤的严重后果，其行为符合故意杀人罪的特征。其与辩护人称本案定性不当，连某强的行为属于正当防卫的理由不能成立，不足采信。（2）被害人金某胜和证人林某权、吴某敏均证实连某强到游戏厅后即索要钱财。张某勤亦证实，龙虎豹游戏室的管理人员并没有纠缠她。故连某强与辩护人称案发当晚，其因游戏厅管理人员纠缠张某勤而去要个说法的辩护意见与事实不符，不足采信。

本院认为，被告人连某强故意非法剥夺他人生命，致一人死亡，一人重伤，其行为已构成故意杀人罪。罪行极其严重，且系累犯，依法应予严惩。

连某强与其辩护人要求从轻改判的理由不足，不予采纳。原判定罪和适用法律正确。量刑适当，审判程序合法。出庭检察员的意见成立，应予采纳。依据《刑事诉讼法》第 189 条第（1）项,《刑法》第 232 条、第 65 条第 1 款、第 57 条第 1 款之规定，裁定如下：

一、驳回被告人连某强的上诉；

二、维持原判。

本裁定依法报请最高人民法院核准。

◆辩护词节录

一、一审、二审判决认定被告人连某强实施了故意杀人行为，认定事实错误

1. 本案事实存在两个“版本”。目前，关于本案的事实存在两个“版本”。第一个版本也就是一审、二审判决认定的事实，即 2006 年 4 月 22 日晚 9 时 30 分许，被告人连某强以女友遭到温州市鹿城区纱帽河商城龙虎豹电子游戏室工作人员纠缠为由，前往龙虎豹电子游戏室索要钱财，并与该游戏室管理人员黄某杰、金某胜等人发生互殴。连某强持随身携带的匕首捅刺黄某杰、金某胜，致黄某杰死亡，金某胜重伤。连某强也构成重伤。

另一个版本主要是连某强供述（供述一直很稳定，且和我们会见其的陈述基本一致）和其他证据描述的事实：龙虎豹电子游戏室因被人举报而被迫停业，经理吴（事发后连某强才知道其名字，之前只认识人）带人找到连某强的女友张某勤，怀疑是他们举报的，并翻看了张某勤的手机，问是否认识某个手机号。2006 年 4 月 22 日晚，连某强独自来到游戏室，找到经理吴某敏理论，欲澄清他们没有举报。吴某敏用本地话打了个电话，过了一两分钟，就来了一个男人揪住连某强的衣领，一拳打在其脸上，连某强的眼镜被打掉了。然后有七八个人用钢管打连某强，并有人用钢管猛捅连

某强腹部，连某强被打得实在受不了了，怕自己被打死，被迫拿出平时随身携带的水果刀自卫，因高度近视，眼镜也被打掉了，所以只能毫无目标地挥动水果刀，碰到谁了，碰成什么样自己当时也不知道。后来自己被打昏，迷迷糊糊中听到一个老板叫人在“110”来之前，赶紧清理现场。后自己受了重伤。自己是正当防卫。

2. 尽管两个“版本”存在本质差异，但也存在一致之处。

（1）游戏室提供赌博业务，连某强曾在那儿赌博。

（2）游戏室处于停业状态。

（3）经理吴某敏带人找过连某强的女友张某勤，并翻了张某勤的手机，张某勤将此情况告诉了连某强。

（4）事发当晚，连某强一人去游戏室找吴某敏交涉。

（5）事发当晚，被告人一人，且是外地来浙人员；对方人数众多，都是本地人。

（6）被告人身受重伤，对方一死一伤。

（7）鉴定结论表明，匕首上没有金某胜血迹。

3. 在存在故意伤害或故意杀人与正当防卫两种事实之争的情况下，不能简单地认为被告人所说的就一定是假的，就一定不真实，被害人方说的就一定真实。这就要分析本案的证据材料，看哪些证据更客观、更真实，且能相互吻合、印证，在此基础上，结合“两个版本的一致之处”才能准确认定事实。

第一，分析一审、二审判决据以定案的证据。一审、二审判决采信的证据很多，但绝大部分或与案件事实无关，或不能直接证明案件事实，其中对案件事实认定起重要作用的证据主要是：吴某敏证言、金某胜陈述、林某权证言、吴某珍证言、苏某祥证言和张某勤证言。

（1）关于吴某敏证言，吴某敏作为游戏室的经理，与事件的起因有重要关系，从属于被害人，与被告人对立，与本案有利害关系，其证言往往真假参半，虚假的可能性大，对其证言必须科学分析、客观认定。但就是处于这种地位的证人，其 2006 年 4 月 23 日 0 时 30 分—同日 1 时 30 分的证言承认以下事实：①吴某敏确实找过被告人的女朋友；②事发当晚，被告人因吴某敏找了自己女友麻烦，才来找的吴某敏；③林某权在场，看见对方想敲诈，就往外走去，过了大概一两分钟，黄某杰进来了，金某胜不一会儿也进来了；④外地男青年的水果刀原先在口袋里，被黄某杰拉了一把后才掏出来的，外面进来了很多人，围住了外地男青年。

（2）关于金某胜陈述，金某胜作为被害人，与案件存在利害关系，往往夸大对方责任，虚假性较大，不一定“确实”。比如，其陈述称“我从背后抱住他，安徽人就反转刀口向后捅了我大腿一刀（鉴定结论证实是右大腿）”，被告人右手持刀，被人从后背抱住，去捅别人的右大腿是无法完成的，所以仅凭被害人陈述不能定罪。同样，即使这样的陈述，其 2006 年 5 月 4 日 13 时 11 分—同日 14 时 53 分的证言证实：①黄某杰称被告人多次去吵闹；②金某胜是在办公室里接到黄某杰“安徽籍男子吵闹”的电话去的游戏室；③黄某杰先出的手；④当时现场有四五个工作人员。

（3）关于林某权证言，其作为游戏厅老板，与案件也有利害关系，尤其 2006 年 4 月 23 日和 5 月 30 日的证言就自己是否在现场的语言截然相反，自相矛盾，这两份证言只能同假，不能同真。根据 2006 年 4 月 23 日证言，如果其不在现场，那证明不了案件事实，如果其在现场，为什么要说假话，目的何在？根据 2006 年 5 月 30 日的证言，先不管其真实性如何，林某权也承认以下事实：①被告人先找的吴某敏，没有针对其他人；②当时己方除了林某权、黄某杰、金某胜和吴某珍四人外，还有三四名男子；③黄某杰先动的手。

（4）关于吴某珍证言，其作为游戏室员工，从属于被害方，真实性可能存在问题。但即使这样，吴某珍的证言也证实了两点：①游戏厅停业；②在公安来之前，两名管理人员都很慌张，看到地上流了很多血，就让她进去把血擦掉了，这和连某强供述一致，事实上现场也确实被清理了。令人费解的是，游戏室的人是被害方，为什么慌张，为什么要在公安来之前清理现场，保护现场是常识啊！难道是为了掩盖什么？

（5）关于苏某祥证言，其是否就是当天在场的赌客，是如何查找到的，不能仅凭其2006年6月22日的证言证实，是不是也应该让别人辨认以确认其是否是当天的赌客。这不能不让人产生合理怀疑。辩护人必须指出的是，苏某祥也说当时游戏室人数众多。

（6）关于张某勤证言，证实不了事发过程，但能证实：2006年4月19日、20日，游戏室的三个人包括吴某敏来到她上班的地方找过她，问她手机号码。

至于，一审、二审判决采信的其他证据，如吴某华、李某敏、张某豹等人证言，充其量只能证实以前被告人连某强的行为，不能证实当晚被告人有敲诈的行为。

综合分析一、二审判决采信的上述证据，既存在虚假性，同时也存在诸如林某权为什么说假话，为什么要在公安来之前清理现场；黄某杰、金某胜等人到游戏室去的真实目的不清；一个外地人对多名当地人明显不利的状况下不可能找事；被告人针对的对象是吴某敏，怎么会涉及其他人；被害人说被告人敲诈，又怎么会无端杀人等不合常理之处，不能达到刑事诉讼“证据确实、充分”的要求，不能排除合理怀疑，无法得出连某强故意杀人的事实认定。

第二，分析连某强正当防卫的事实是否真实。根据上述分析一审、二审采信证据和被告人供述部分吻合的事实，两个版本相一致的事实，一直很稳定的被告人供述，张某勤、吴某珍等人证言，可以清晰地看到：吴某敏曾找过张某勤查看手机号码，被告人去找吴某敏理论合乎常理；被告人自己也身受重伤，辩护人在会见时，也看到了被告人身上的伤痕，有明显的钢管捅痕；黄某杰和金某胜是被告人到后一两分钟后来的，金某胜是接到电话来的，黄某杰先动的手，其有七八个人，这些和被告人所说对方打了电话后，过了一两分钟，来了七八个人，上来就打，自己被迫防卫相印证，相吻合；现场在公安来之前被清洗也和被告人供述一致。所以，被告人连某强的供述更真实，更客观，正当防卫的事实更客观、真实，更能站得住脚。

不过，在此还必须强调的一点是，即使正当防卫的事实不能成立，在一审、二审判决采信的证据既不确实、又不充分的情况下，也不能认定被告人故意杀人事实成立。因为根据无罪推定和刑事诉讼证据规则，必须有确实、充分的证据才能定罪，而不是被告人否定不了犯罪，现有证据不能否定犯罪，正当防卫不成立就认定犯罪。

二、一审、二审判决认定被告人犯故意杀人罪，定性错误

1. 一审、二审判决认定事实错误，导致定性错误。根据本案事实和证据，被告人连某强不构成故意杀人罪。

（1）从事发起因看，被告人只是在女友被吴某敏无端找麻烦情况下，去找其理论，这都无法刺激、诱发被告人的杀人动机。

（2）从动机分析，被告人不存在杀人的动机。事发当晚，被告人去是为了解决问题，怕吴某敏再找女友麻烦，不存在杀人动机。而且，其针对的对象是吴某敏，并不认识黄某杰和金某胜，要是有杀人动机也是针对吴某敏，更何况没有杀人动机。即使根据被害方说法，被告人是敲诈，那也只有求财、索财的动机，没有必要杀人。相反，被害方自称多次被连某强敲诈，如果从动机考虑，那也是被害方有伤害被告人的故意。

（3）从主观故意看，被告人当时是在被打得无法承受的情况下，才拿出随身携带的水果刀自卫，而且是在眼镜被打掉的情况下，毫无目标地挥动水果刀，没有想伤害谁的故意，更没有杀人的故意。

（4）从事发时的力量对比分析，被告人只身一人，而且是外来人员，对方至少七八个人，而且都是温州人，又是在对方的游戏室内，被告人不可能在众目睽睽之下，以弱对强，持刀杀人，这不符合常理和逻辑。

（5）从现场被清洗的事实分析，游戏室为什么要在公安到来前清洗呢，肯定是意图掩盖不利于自己的东西，一个非常合理的猜测是：当时到底谁是被害人对管理人员来说难以确定，当时连某强肯定是被对方攻击，管理人

员以为自己这方没什么大损失，为了掩盖伤害连某强的事实，怕己方被追究责任才清洗现场。

（6）连某强身受重伤的事实最能说明问题，谁伤害的，不言而喻。被害人说是群众，当时游戏室停业，走后门才能进，不是管理人员和熟客根本无法进入，而且也不可能在这么短的时间内聚集；如果真如被害人方所说，被告人用刀捅刺，那么不打倒被告人，不可能顾及送被害人去医院；而且如果是群众，群众见义勇为，做了好事，怎么一个都找不到。所以这种说法不能成立。

2. 从法律上说，刑事审判不能客观归罪，也不能有罪推定。而一审、二审法院恰恰是犯了这两个错误，才导致认定事实错误，定性错误。

三、被告人连某强不属于“罪行极其严重”，不应判处死刑立即执行，一审、二审判决量刑畸重

1. 一审、二审判决认定事实错误，导致定性错误，进而导致量刑畸重。

2. 被告人连某强对国家和社会有重大贡献的行为，却从未被兑现政策，此点在量刑时应予以考虑。

之前，辩护人向法庭寄交的淮南市公安局田家庵分局出具的证明材料、安徽省淮南市中级法院刑事附带民事判决书、安徽省高级法院刑事附带民事判决书、淮南市田家庵区法院刑事判决书证实：2002 年 11 月，连某强曾以举报、配合、指认等方式协助公安机关抓获故意杀人犯朱某有（被判处死缓）、故意杀人犯兰某礼（被判处有期徒刑 15 年），属对国家和社会有重大贡献的重大立功行为，但相关机关从未给被告人兑现过政策。

被告人的行为节省了司法资源，防止了更大危害社会行为的发生，伸张了社会正义，对国家和社会有重大贡献，属于重大立功行为，量刑时应考虑减轻处罚。可能有人认为这不属于立功。其实非也。其一，根据《刑法》第 68 条的规定，并没有把立功的时间点限制在犯罪之后，有关时间限制的说法属于理论上的探讨，在法律没有明确限制性规定的情况下，应该对立

功做有利于被告人的解释。其二，对立功应作广义的解释和理解。根据《刑法》第78条关于减刑的规定，被告人的行为属于该条第（6）项“对国家和社会有其他重大贡献的”情形。其三，从公平的角度考虑，既然累犯应该从重处罚，那么犯罪前的立功行为也应该在量刑时予以考虑，这才是公平的，这点对本案尤其适用。

另外，辩护人在会见时，被告人反映，其曾检举、揭发了他人多起入室抢劫犯罪事实，目前正在核查之中。

3. 从本案的主客观因素综合分析，被告人连某强是正当防卫，不属于犯罪性质极其严重，不属于犯罪手段、犯罪后果极其严重，被告人也不属于主观恶性极深，人身危险性极大的，被告人曾对国家和社会有重大贡献的行为也足以说明其主观恶性不深，人身危险性不大。

四、根据本案事实和我国刑事政策，不应核准被告人连某强死刑

1. 一审、二审判决还存在其他错误。一审、二审判决以所谓连某强曾敲诈游戏室，认定被告人敲诈事实客观真实错误，不管以前的敲诈是否属实，都无法证实被告人事发当晚有敲诈行为。结合本案事实，既然一审、二审判决认定双方互殴，连某强在遭受殴打后持刀伤人，定性也应是故意伤害，而不是故意杀人，而且既然是互殴，被害方的过错在量刑时也应考虑，尤其是被告人的重伤也应由被害方承担刑事责任，但是一审、二审判决让我们很遗憾。二审判决仅仅依据被害方证言就认定被告人到游戏室后即索要钱财，属对证据错误认证、错误采信；不予采信连某强当晚是找游戏室去要个说法的意见，完全背离事实，因为这一点，不但被告人如此供述，吴某敏也证实了这一事实。一审、二审判决认定被告人为索要钱财携带凶器，无证据支持，如果真是这样，为什么不定抢劫罪？

2. 本案在事实和性质上是正当防卫还是犯罪存疑，是故意杀人还是故意伤害存疑，是谁伤害谁上存疑，在是否应该立即执行死刑上存疑，尤其被告人对国家和社会有重大贡献，根据“杀者不疑，疑者不杀”之精神，不

应判处其死刑立即执行。

3. 依据我国一直贯彻的“慎杀、少杀”刑事政策，结合死刑复核统一收归最高人民法院的初衷、目的和形式，从社会效果和法律效果的角度考虑，根据刑法谦益原则和轻刑化趋势，从事实关、证据关、程序关、法律适用关等多角度考虑，不应核准被告人死刑。

综上，根据本案证据和事实，依据法律，结合被告人有协助抓获重大犯罪分子和检举揭发他人犯罪的情节，不应核准被告人死刑。

◆争议焦点

1. 一审、二审判决。因连某强勒索，连某强和被害人方互殴，其间连某强持匕首捅刺被害人黄某杰、金某胜，黄某杰经抢救无效死亡。连某强虽被打成重伤，但不知何人所为。“至于被告人连某强是否在遭受殴打后才持刀反击，鉴于本案目击证人均为被害人一方，证人林某权的证言前后不一，案发现场已遭破坏等情况，对被害人金某胜、证人林某权、吴某敏证言中关于被告人连某强先持刀捅刺两被害人的情节不予认定……”故连某强不是正当防卫，而是故意杀人。至于量刑，判处死刑，剥夺政治权利终身。

2. 辩方思路。因为本案属于死刑复核案件，辩护工作的第一要务就是考虑根据本案事实和证据，如何把被告人从刑法规定的死罪圈、死刑圈中脱离出来，如何阐述和说明对被告人处以死刑立即执行的不当之处。

要想实现上述目的，必须分析二审判决被告人死刑立即执行的判决思路。二审判决的思路为：被告人为勒索财物，持刀行凶，致一人死亡、一人重伤，其行为构成故意杀人罪，罪行极其严重，且属累犯，符合刑法判处死刑立即执行的要件，故判处死刑立即执行。

基于上述考虑，结合案件事实，针对二审判决书的事实认定和法律定性思路，尤其是辩护人了解到被告人在本案事发前曾协助被告人住所地公安机关抓获两名故意杀人犯（后一名被判处死刑缓期执行，一名被判处有期徒刑 15 年），但没有被兑现任何政策，一审、二审因被告人没有提及，判决也没有考虑该情节；事发当时，被告人是只身一人面对人数众多的被害人方，在所谓被害人经营的游戏厅与被害人方发生冲突；且被告人当时亦被打成重伤，当场昏迷，被害人方在警察到来前有意清洗了地面血迹，其中一名被害人是在送到医院后才因失血过多死亡的事实。辩护人重点指出：

（1）因对证据主要是对证人证言的认识不同，导致存在故意伤害或故意杀人与正当防卫两种事实之争。但是由于指控故意伤害或故意杀人的被害人陈述、证人证言存在问题，而正当防卫的证据相对真实，因此，一审、二审判决认定被告人连某强实施了故意杀人行为，认定事实错误。

（2）从事发起因、动机、主观故意、事发时的力量对比、现场被清洗的事实、连某强自身受重伤的事实分析，一审、二审判决认定被告人连某强构成故意杀人罪，定性错误。

（3）现有证据充分证实被告人对国家和社会有重大贡献，属于立功，却从未被兑现政策，此点在量刑时应予以考虑，被告人不属于“罪行极其严重”，不应判处死刑立即执行，一审、二审判决量刑畸重。

（4）在事实和性质上是正当防卫还是犯罪存疑，是故意杀人还是故意伤害存疑，是谁伤害谁上存疑，在是否应该立即执行死刑上存疑，尤其被告人对国家和社会有重大贡献，根据“杀者不疑，疑者不杀”之精神，从事实关、证据关、程序关、法律适用关等多角度考虑，不应核准被告人死刑立即执行。

◆死刑复核裁定书节录

经复核确认：2006 年 4 月 22 日 21 时 30 分许，被告人连某强来到温州市鹿城区沙帽河商城龙虎豹电子游戏室，以其女友遭到该游戏室工作人员纠缠为由，与管理人员黄某杰、金某胜等发生争执继而互殴。在互殴中，连某强持随身携带的匕首捅刺黄某杰、金某胜，致黄某杰左肺上叶贯通创，左胸积血，心包破裂，心包腔积血，因心脏破裂而死亡；致金某胜右腹动静脉破裂，失血性休克，构成重伤。连某强也被殴至重伤。

本院认为，被告人连某强故意非法剥夺他人生命，致一人死亡，一人重伤，其行为已构成故意杀人罪。犯罪情节恶劣，后果严重，且系累犯，应当依法从重处罚。第一审判决、第二审裁定认定的事实清楚，证据确实、充分，定罪准确，量刑适当，审判程序合法。依照《刑事诉讼法》第 199 条和案件发生时仍适用的《最高人民法院关于复核死刑案件若干问题的规定》第 2 条第 1 款的规定，裁定如下：核准浙江省高级人民法院（2007）浙刑一终字第 24 号维持第一审以故意杀人罪判处被告人连某强死刑，剥夺政治权利终身的刑事裁定。

◆辩护思路

1. 本案是死刑复核案件，最直接的辩护目的是最高人民法院不核准死刑。最高人民法院收回死刑复核权的初衷是为了少杀、慎杀，严把事实关、证据关、程序关、法律关。因此，作为辩护人要通过事实、证据、法律将被告人从死刑立即执行范围圈里拉出来，这是总的辩护思路。

2. 通过研究分析所有案卷材料并会见被告人，辩护人发现本案疑点重重：（1）既然作为被害人一方，在报警后，警察到来之前，为何要清洗现场。到底谁是真正的被害人？（2）被告人方仅一人，被害人方十多人，力量对比悬殊，且被告人深受重伤，当场昏迷。本案到底是谁先动手，被告人是故意犯罪还是防卫存疑。（3）公安机关称无法查找致伤被告人的行为人。而且，公安机关刚一开始对被告人立案案由是故意伤害，后期不知何故改为故意杀人。公安办案程序上有失公正。（4）所谓定案证人证言均是被害人一方，或合伙人，或员工，或朋友，定罪证据不足。

3. 通过会见，辩护人发现被告人在事发前不久，即 2002 年 11 月，曾以举报、配合、指认等方式协助公安机关抓获故意杀人犯朱某有（被判处死缓)、故意杀人犯兰某礼(被判处有期徒刑15年),属对国家和社会有重大贡献的重大立功行为,但相关机关从未给被告人兑现过政策。辩护人向最高人民法院寄交了相关判决书等书证。

4. 基于上述考虑,辩护人的辩护意见为:(1)一审、二审判决认定被告人连某强实施了故意杀人行为,认定事实错误。(2)一审、二审判决认定被告人犯故意杀人罪,定性错误。(3)被告人连某强不属于"罪行极其严重",不应被判处死刑立即执行,一审、二审判决量刑畸重。(4)根据本案事实和我国刑事政策,不应核准被告人连某强死刑。

◆结语

1. 证人证言具有言词证据的共性,诸如主观性、不稳定、易变性,以及直接证明性等,如何对其去伪存真、甄别审查,确实是一大难题。笔者以为,审查采信证人证言应关注以下五大关系。

(1)证人与"现场"。以"现场"为标准,将证人划分为在场证人和非在场证人,进而厘清证人证言证明力的有无和强弱。一般而言,在场证人的证言属于原始证据,证明力较强;非在场证人的证言属于传来证据,证明力较弱,如果证言查无来源,则无证明力。

(2)证人与"立场"。以证人与案件有无利害关系为标准,可以将证人划分为被害人阵营的证人、被告人阵营的证人和无阵营的证人。证人立场不同,则动机不同,证言指向不同,内容真假不同,证人选择性的陈述或"无视"就在所难免。一般而言,无阵营证人的证言相对较为客观。因此,分清证人是"谁的朋友""谁的敌人",也是审查判断的第一要义。

(3)证人与"认知表达能力"。证人因个体差异,就同一场景、过程的认知表达能力不可避免地存在差异。在考虑该差异的前提下,对不同证人证言间的差异客观对待,剥缕抽丝,认"同"辨"异",也是一种审查判断方法。

（4）证人与“交叉感染”。证人作证前是否受到影响，证言是否被“污染”，直接影响到证言的真假和证明力的有无。司法实践常见的问题有，证人在作证前相互进行过交流、探讨、统一口径，已经“交叉感染”，尤其在群体性案件更为明显，不同证人相同、雷同的询问笔录常常泄露“天机”。对此正确的应对之策是：对证言进行“消毒恢复”，如不能“消毒恢复”，应弃而不用。

（5）证人与“逻辑”。这要求对证言审查采信过程中，充分考察证人的言行是否符合时空逻辑、事实逻辑、事物发展逻辑、思维逻辑和生活逻辑。一般而言，不符合逻辑的证人言行，往往虚假，不应采信，但也有特例。

2. 就案例而言：一审、二审裁判、死刑复核裁定书主要以从属于被害方的“证人证言”作为认定事实、案件定性和量刑的依据。

证人证言在本案中起了至关重要的作用。虽然审判机关考虑到了“证人证言”的特性，“鉴于本案目击证人均为被害人一方，证人林某权的证言前后不一，案发现场已遭破坏等情况，对被害人金某胜、证人林某权、吴某敏证言中关于被告人连某强先持刀捅刺两被害人的情节不予认定”，但对“连某强是否在遭受殴打后才持刀反击”语焉不详，自相矛盾。根据“二律背反”的逻辑推理，既然不是连某强先“持刀”捅刺，那连某强当属正当防卫性质。审判机关在事件性质存疑的情形下，认定连某强故意杀人，实与“确实、充分”的证据标准不符，亦没有完全坚持死刑案件的证据标准。

第三讲 关键证人证言的审查和采信：不出庭关键证人存在根本性反复的庭前指控证言不应采信

——何某辉被控受贿一审案

按　语：证人出庭作证是审判直接原则、言词原则的必然要求。新刑诉法施行之后，证人出庭率依然不高。如著名的薄熙来案件，在2013年8月22日到8月26日的一审开庭过程中，证人徐明、王正刚、王立军出庭作证，其他证人如唐肖林、谷开来未出庭作证。再如，枣庄某局长受贿案件，该案涉及两名所谓的行贿人，在第一次开庭时，其中一名行贿人自愿到法庭出庭作证，但法庭以"辩护人没有提前五天向法庭提交证人名单"为由，不予准许证人出庭作证。在2013年2月18日，在第三次开庭审理中，另外一名行贿人出庭作证，且该证人自己提前向法庭提出了证人保护要求，但在其于法庭外等候看笔录签字的过程中，在法庭仍在庭审之时，该证人被刑警中队抓走，理由是有司法机关举报该证人作伪证。上述案例虽不具有全面性，但却能直观、感性地告诉我们：尽管新刑诉法对强制出庭、证人出庭补偿和保护等方面作出了新规定，但证人出庭作证的问题并未因此而"风景这边独好"，仍是"涛声依旧"，甚至在某些顽症方面与之前相比是"有过之而无不及"。

证人不出庭的原因可谓多种多样，其中有两大比较突出的宏观原因。1.观念的原因。该原因有两大体现，第一个体现是：侦查中心主义，司法机关总是认为侦查阶段所取的证据更为真实，证人所作的证言更为真实，司法机关宁愿采信证人在侦查阶段的询问笔录，也不愿采信证人的出庭证言。第二个体现是：对证人出庭作证重要性的认识不到位，没有充分认识到其对保证证人证言真实、查明事实真相的重要性，以致公检法机关甚至包括辩护律师不希望、不愿意证人出庭作证，认为证人出庭"多此一举""节外生枝""找别扭"。如果把证人出庭作证比作芭蕉的话，“是谁多事种芭蕉，早也潇潇、晚也潇潇”“种了芭蕉，又怨芭蕉”，正是这种体现的典型写照。2.刑事诉讼制度在实然状态的失灵——应然和实然的人格分裂。刑事诉讼制度的设计是：在应然状态下，公检法机关相互监督制约配合的关系，侦查审查起诉与审判之间的关系亦然，后者对前者起着审核把关过滤的作用，审判“定分止争”，是“公平正义的最后一道防线”。但在实际运转中，公检法机关是配合有余，监督不足，法院承担了过多与其审判职责不符的负担，公检工作的力度、惯性过大，给法院带来了巨大压力，有时甚至是一种“绑架”，使法院成为公检工作成果的被动消化器，审判是“最后一道防线”，但只是“案结事了的最后一道防线”，只是“对公检工作简单肯定的最后一道防线”，是“定罪量刑的最后一道防线”，但不一定是“公平正义的最后一道防线”。刑事诉讼制度出现了实然和应然的人格分裂。人格分裂下的刑事诉讼制度，是要努力避免、也不允许“证人出庭”的，因这可能是导致案件偏离既定轨道的一大变数。

证人不出庭对于各方争议不大的案件影响甚微，但对于各方争议极大的案件影响很大。尤其是关键证人不出庭，对于控辩存在根本性争议的案件影响更大。那么，对于属于证人应当出庭范畴的案件，关键证人不出庭，而且其庭前证言存在根本性的矛盾和反复，对其庭前指控证言应该如何审查，应否采信，法律没有明确答案。对此情况应如何处理，请看本案。

关键词：关键证人　未出庭作证　证据采信

◆案情简介

1.宾馆连续多天讯问，送所发现伤情。

2011年5月26日，××县法院原院长何某辉被汉中市检察院反贪局传唤，并扣留在某宾馆进行讯问。2011年6月3日，汉中市检察院以何某辉涉嫌受贿立案，并将何某辉送至看守所，看守所对何某辉进行了入所体检，发现“何某辉手上有两处1.0×1.0cm大小伤疤，且有少量血液渗出”。其后，在看守所期间，何某辉多次反映牙齿疼痛，后被多次送医，医院检查发现多个牙齿断、裂。

2. 关键证人寄书信，“十万元”不诉到中法。

汉中市检察院反贪局侦查指向为：何某辉收受行贿人何某平10万元，收受伍某彬5.5万元。反贪局以限制人身自由的方式对何某平进行了多次取证，何某平“承认”送给何某辉10万元。但何某平在2011年11月初从外地特快专递信件给反贪局办案人员，声明“如果按你们意思我签了字，现在新刑事诉讼法规定，证人不出庭的可以强制出庭，到时我说不出什么，如果说错了，对不上的话，第一你夹在中间，第二把我自己也害了，所以我非常为难，为了不让你为难，我写份真实的证明材料留给你”。附件“证明”内容为“我没有给何某辉10万元”。何某平同时把附件“证明”快递给了何某辉的家属。后反贪局出具证明称“无法找到何某平进一步询问”。

2012年1月29日，汉中市检察院仅向汉中市中级人民法院起诉何某辉收取伍某彬5.5万元，没有起诉涉及何某平的10万元。

3. 法院审理进行中，侦查机关忙取证。

在汉中市中级人民法院审理期内的2012年2月9日凌晨，反贪局又从外地将何某平带回检察院，连续做了两次询问笔录。在该两份笔录中，何某平表示因为是赌气、冲动写了假证明，说了假话，以前所说属实。

4. 法院业已受理后，异地指控又补诉。

2012年3月26日，陕西省检察院又指定宝鸡市检察院审查起诉本案。2012年6月28日，宝鸡市检察院以何某辉收取伍某彬5.5万元、收取何某平10万元，构成受贿罪，起诉到宝鸡市中级人民法院。

5. 法院通知证人来，证人书信又否控。

2012年9月13日，宝鸡市中级人民法院开庭审理本案，何某辉当庭提出自己在侦查机关遭刑讯逼供，“手被烟头烫伤”“牙被打断、打裂”，以前有罪口供系非法取得。法庭当即休庭，要求检察院在一个月内核实相关情况。2012年11月，法院对何某辉取保候审。

2014 年 5 月和 8 月，法院两次开庭审理，辩方要求关键证人何某平出庭作证。庭前，法院通知何某平出庭作证，何某平答复称自己身体不好，不出庭了，给法院写一份书面证言。2014 年 8 月 25 日何某平在给法庭的信中再次明确否认送钱，并说，“我时常在想，我和他无多大利益关系，我为什么要给他送钱，我真不知道他为什么非要陷害我说我给他送了钱，搞得我现在无法在汉中生活，我心里一直憋着气，我怕见了他就会和他打起来”。

6. 法院一审不采信，指控不成立，检察院未抗诉。

2016 年 6 月上旬，宝鸡市中级人民法院做出一审判决，根据《最高人民法院关于适用〈中华人民共和国刑事诉讼法的解释〉第 205 条规定：“公诉人、当事人或者辩护人、诉讼代理人对证人证言有异议，且该证人证言对定罪量刑有重大影响，或者对鉴定意见有异议，申请法庭通知证人、鉴定人出庭作证，人民法院认为有必要的，应当通知证人、鉴定人出庭；无法通知或者证人、鉴定人拒绝出庭的，应当及时告知申请人。”第 78 条第 3 款规定：“经人民法院通知，证人没有正当理由拒绝出庭或者出庭后拒绝作证，法庭对其证言的真实性无法确认的，该证人证言不得作为定案的根据。”故何某平证言不能作为定案的根据，指控何某辉收受何某平 10 万元事实不清，证据不足，不能认定。宣判后，在法定抗诉期间内，检察院未抗诉。

◆起诉书节录

本院经审理查明：

1.2010 年 1 月的一天，何某辉利用其担任 ×× 县法院院长及兼任 ×× 大道东段区域五条道路建设项目指挥部总指挥的职务之便，帮助伍某彬购买 64.13 余亩土地（编号 2010NZ23），以要请县上相关领导协调送礼为名，收受伍某彬西安世纪商场购物卡两张，一张面值 1 万元，一张面值 5000 元。2010 年 2 月的一天，何某辉又以同样理由收受现金 4 万元。上述现金和购物卡其据为己有。

2. 2010 年七八月的一天，何某平为了托何某辉将其侄子安排到 ×× 县人民法院工作，感谢自己企业在民事案件执行过程中受到了帮助，在何某辉的办公室送给其现金 10 万元，何某辉予以收受。

◆辩护词节录

第一部分　公诉机关关于何某辉收受何某平 10 万元的指控，无事实根据，依法不能成立

一、不存在何某辉收受何某平 10 万元的事实

综观本案证据，控方所谓能够证实该事实的证据就是何某平证言、何某辉口供，舍此而无其他。但是何某平证言也好，何某辉口供也好，正如我们在质证时所说，均存在不真实、不合法之处，不能作为定罪的证据。

（一）关键证人何某平关于“送了 10 万元钱”的证言不真实、不合法，不能作为定罪的证据。

1. 何某平的 10 次证言［2011 年度 5 次，2012 年 2 月 9 日 2 次，加上其寄给易某青的信件、证明，寄给杨某（何某辉的妻子）的证明，写给法庭的信应为 10 次］，与是否送了 10 万元钱存在根本性矛盾：其在 2014 年 8 月 25 日写给法庭的信中写道，“我时常在想，我和他无多大利益关系，我为什么要给他送钱，我真不知道他为什么非要陷害我说我给他送了钱，搞得我现在无法在汉中生活，我心里一直憋着气，我怕见了他就会和他打起来”，明确否认送钱。其寄给易某青的信件和证明、寄给杨某的证明，明确说了没有送给何某辉钱。其他证言在 10 万元款项的来源上（家里、银行）、送钱的原因（为了执行、侄子的安排）等方面又存在自相矛盾之处。

2. 上述矛盾没有得到合理解决和解释，不能排除合理怀疑，不能得出

何某平送了 10 万元钱这唯一结论。

（1）辩护人注意到，侦查机关为了证实何某平寄给易某青的信件和证明不实，特地在 2012 年 2 月 9 日凌晨两次询问了何某平，何某平表示因为其是赌气、冲动写了假证明，说了假话，以前所说属实。辩护人必须指出，何某平“赌气冲动”的说法不真实，也不是他的真实意思表示。

（2）辩护人向法庭出示的证据——何某平在寄给易某青信件的同时寄给何某辉妻子杨某的“证明”，这样的证据和行为事实足以说明何某平写信、写证明，寄信、寄证明是理性的，是经过深思熟虑的，不是赌气、冲动的产物。如果说何某平是和易某青赌气、冲动，那他又怎么会再寄一份给杨某呢？他可没有和杨某赌气、冲动啊！

（3）从信件内容来看，逻辑性极强，也是理性的，不存在任何赌气的成分。比如，在信件中，何某平谈道，“如果按你们意思我签了字，现在新刑事诉讼法规定，证人不出庭的可以强制出庭，到时我说不出什么，如果说错了，对不上的话，第一，你夹在中间，第二，把我自己也害了，所以我非常为难，为了不让你为难，我写份真实的证明材料留给你”。哪有赌气的意思？

从内容上分析，如果何某平以前说的是自己亲身经历的客观事实，怎么会说不出什么，如果他说的是实话，怎么会存在说错了，对不上的情况呢，除非何某平说的不是事实，除非有人给他预设了一个标准答案，才会出现说不出、说错了、对不上的情形。而且其多次谈到“按你们的意思”，你们指谁，你们的意思是什么意思？仅从上述内容分析来看，2012 年 2 月 9 日的何某平证言仍然没有解释、解决送钱与否这一根本矛盾。

（4）另外，辩护人必须指出，2012 年 2 月 9 日之时，案件已经移送到汉中市中级人民法院，侦查机关已经没有侦查权，此时取证是非法的，所取证言不合法。违法取证为哪般？

（5）再者，对何某平 2014 年 8 月 25 日写给法庭的信又如何解释呢？

（6）提请法庭高度重视这样的情节：何某平在人身自由、自愿状况下的证言均是没有送钱；他在被检察院叫去问话所作的证言均是送了钱，但是关于送钱的具体情节又是自相矛盾的。另外，从信件、证明与侦查人员对何某平所取证言比较来看，前者是在非常宽松的环境下，没有任何外力影响下自愿作出，而后者是在检察院讯问室相对封闭的环境下，有的甚至是在凌晨三四点作出的，前者更为真实、更为客观、更为可信。孰真孰假，一目了然。

3. 何某平的证言还存在其他疑点，不能排除合理怀疑，得不出何某平一定送了 10 万元钱这唯一结论。

（1）比如，侦查何某平证言第 5 卷第 15—16 页与第 36—37 页，从“过了四五个月”到“这就是我给何某辉送 10 万元钱的具体经过”，完全一模一样，连标点符号都不差。不同的询问人、记录人，在不同的地点、不同的时间，不可能做出一模一样的笔录。这不符合人类的记忆认知规律。这样的询问笔录只能是“抄来”的，只能是侦查人员自行“炮制”的。笔录可以抄袭，但事实不能“抄袭”。

（2）比如，所谓送钱的动机、理由存疑。何某平证言称是为感谢安排何某平侄子的工作和（或）在民事执行中帮忙。但其侄子何严是临时工，月工资和其他临时工待遇一样，也就几百元。同时，稍具常识的人都知道司法机关“逢进必考”，县法院院长根本无权安排他人成为本院的正式员工。何某平为区区每月 700 元的临时工作去送 10 万元之大礼。为小利送大礼，违背常理。另，所谓何某辉在执行中帮忙的理由，更为荒谬，那可是不折不扣的“帮倒忙”。因为该执行案件中，何某平是被执行方、是被申请人。

（3）比如，何某平送了 10 万元这么大的事，居然从没有给哥哥、嫂子、侄子说过。这不合常理。

（4）又如，10 万元来源不明，10 万元也不是个小数目，何某平一会儿说银行取的，一会儿说家里拿的，到底来自哪里？

（5）再如，检察院为什么要在凌晨三四点询问何某平；为什么案子都到法院了，作为司法机关的检察院违法取证；检察院不是说找不到何某平了，何某平在西安打工，检察机关又是如何找到何某平、又是如何从西安把他带回汉中检察院询问的呢？

现在这些疑点均没有得到合理解释，不能排除何某平送钱的证言是虚假的、是被逼承认的合理怀疑，得不出“其一定送了10万元”这唯一的结论。

4. 其实，2014年8月25日何某平写给法庭的信、何某平寄给易某青的信和证明、寄给杨某的“证明”，已足以说明何某平没有送钱，已足以说明何某平侦查证言不真实。

（二）何某辉的有罪口供不合法、不真实，不能作为定罪的证据。

1. 在法庭调查阶段，何某辉对自己的有罪口供做了明确的解释。关于收了10万元钱的供述是不真实的，那是在刑讯逼供、暴力逼供、非法取供之下不得已做的虚假供述。在侦查结束后，自己就立即向公诉机关反映了这一问题。何某辉详细描述了自己被刑讯的过程，其言也惨，其情也悲，尤其在第一次开庭时其说了一句很形象的话，“羊被剥了扔到锅里煮熟了，还有什么反抗能力”。我想大家都不会忘记，在第一次开庭时何某辉扑通一声倒地，昏迷不醒。客观地说，何某辉被调查前身体也不好，但远没有如此不好，为何会这样？对此，辩护人不想再赘述，也无须再赘述。

2. 何某辉的有罪口供的确存在诸多不合法之处。比如，2011年5月31日纪委才将案件移送给汉中市检察院，但汉中市检察院在2011年5月26日就给何某辉取了供，取供时间不合法。又如，2011年6月3日之前，取供地点是××宾馆8111房间（6月1日），6月3日后，取供地点不是看守所，全部是外提取供，取证地点不合法。再如，公诉人提供不了同步讯问录音录像，取供方式不合法。

这诸多的不合法让人不得不产生合理的怀疑：作为知法、懂法的司法机关和人员，为什么要违法取供呢，为什么甘冒违法的风险，让人费解。

3. 法庭调查时，我们出示了2011年6月3日的“入所体检表”、何某辉多份病例等证据，何某辉也当庭展示了自己右手上的疤痕，证明了其入监时右手背有两处伤疤，有少量血液渗出，牙齿有断、裂。尽管拥有这些充足的证据，辩护人仍不希望存在何某辉所说“刑讯逼供”，但是包括公诉人、法庭、辩护人在内的所有人，谁可以无视何某辉受伤的客观事实，谁又能保证本案一定不存在刑讯逼供、非法取供呢？谁能负得起、谁敢负起这样的法律责任？因此，客观地说，本案的确存在刑讯逼供的客观证据和线索，更排除不了何某辉有罪口供不真实、不合法的合理怀疑。

4. 何某辉有罪口供还存在诸多不合常理的疑点，仅举一例说明。比如，10 万元钱的去向问题，何某辉多次说 2 万元自用了，8 万元丢失了。是怎么丢失的呢，是何某辉基于退还 8 万元的目的，带着 8 万元打车，在下车时丢失在出租车上了。目的是去退钱，怎么会丢了呢？不合常理！何某辉为什么会这么说，因为没有收，必须编出 8 万元的去向。

5. 根据法律的规定，公诉机关对控方证据的真实性、合法性负有举证责任，现在已有证据证实何某辉口供存在问题，公诉方没有证据排除其口供非法、虚假的合理怀疑，因此，何某辉口供不能作为定罪的证据。

（三）综合分析何某辉口供、何某平证言，不能认定何某辉收了 10 万元。

1. 对于受贿案件，最起码也要把涉及的人、财、物的来源和去向证实，必须要有相应证据证实确有其人、确有其物、确有其事、确有其款，否则不能仅凭言词证据定罪。但是本案中，10 万元的来源不明，10 万元的去向不明，没有确实充分的证据证实“确有其款”，证据链是断裂的。

2. 何某辉和何某平侦查阶段都作了送钱、收钱的陈述，二者在这方面出奇地一致；二者在收受的具体时间上，白天还是晚上，上午还是下午，均一句“一天”笼统带过，这也是出奇地一致；之后，两人又都作了否定的陈述，这又是出奇地一致。而其两人均对此作了合理的解释，逼供、逼证的合理怀疑不能排除，现在被告人否认收钱，关键证人否认送钱，所以不能认定何某辉收了 10 万元。

3. 从法律角度分析，行贿和受贿属于对合犯；行贿人和受贿人属广义的被告人，根据法律规定，只有被告人供述，没有其他证据的，不能认定被告有罪。更何况供述存在根本性矛盾。

二、何某辉不存在刑法明确要求的“利用职务便利，为他人谋取利益”的行为

（一）从事实层面分析。

事实胜于雄辩。控方证据不能证明何某辉有为何某平牟利的事实。相反现有证据充分证实，执行案件中何某平的企业是被执行人，××法院是应信用社的要求执行，何某辉是在法院搞地方保护主义，执行人员被围攻，需要院长出面沟通时，参与执行。这是他必须履行的本职行为，不是应何某平要求。况且，何某平是被执行人，后来确实被执行了，清偿了债务，何某辉为他谋取了什么利益？如果说牟利，也是依法履行职责为信用社牟了利。同样，现有证据包括政法委书记的证言、梁某某书记等人的证言都证实，何某辉从没有为何某平侄子转正谋取过利益。

（二）从法律层面分析。

根据《刑法》第385条的规定，“为他人谋取利益”是受贿罪必不可少的客观要件，它体现了受贿罪的本质特征“权钱交易”。谋取利益的事实是对认定收受财物性质正确认定的基础和前提。正因如此，法律对谋取利益这个问题规定得很明确，而且谋取利益的前提还必须是利用职务上的便利。如果不是这样的规定，不这样来严格把握的话，法律完全可以变成利用职务便利收受他人财物就可以构成受贿罪。但是无论是1979年刑法还是1997年刑法，都没有这样规定，而是一再强调利用职务便利为他人谋取利益才能构成受贿罪。公诉人也好，辩护人也好，法庭也好，作为法律人，必须坚持中央提倡的三个至上中的“宪法和法律至上”，必须在本案中严格按照刑法规定处理。在“为他人谋取利益”要件缺失的情况下，就不能认定何某辉构成受贿罪。我们任何人都不能超越刑法的规定。

综上，何某辉既没有收受何某平10万元，也没有实施“利用职务便利，为他人谋取利益”的行为，公诉机关的该起指控不能成立。

第二部分　公诉机关关于何某辉收受伍某彬 5.5 万元（4 万元现金 +5000 元卡 1 张 +1 万元卡 1 张）的指控，无法律依据和事实根据，依法不能成立

一、五个不争的事实

为了对本节指控有个清晰的梳理和准确的定性，必须首先指出五个不容争议的客观事实，这是分析本案的前提和基础。

1. 第一个不争的事实。涉案的 3 号地与 5 条道路不是同一关系，而是不同的地块。

2. 第二个不争的事实。5 条道路的总指挥的职权不涉及 3 号地的出售等事宜，总指挥对 3 号地无任何职权。

3. 第三个不争的事实。何某辉作为法院院长的职权不涉及 3 号地的出售等事宜，对 3 号地无任何职权。

4. 第四个不争的事实。3 号地的出让等事宜是由某某公司、国土资源局等部门和人员主导进行，与何某辉无关。

5. 第五个不争的事实。3 号地在出让时仍然是商业、居住用途，性质没有变更。

上述事实均有控辩双方没有争议的书证予以证实。

二、该起指控没有法律依据

（一）公诉机关在“职务便利”要件缺失的情况下，指控被告构成受贿，于法无据。

根据《刑法》第 385 条的规定，被告人必须利用职务上的便利，方能构成受贿罪。而上文已述，无论是法院院长，还是 5 条道路建设项目总指挥对于 3 号地毫无职权可言。皮之不存，毛将焉附，既无职权，何某辉又何来职务便利，又如何谈得上利用呢？公诉机关指控一个不具有职务便利

的人构成受贿罪，没有法律依据。

（二）在“利用职务便利，为他人谋取利益”要件缺失情况下，指控被告构成受贿，于法无据。

1. 何某辉对 3 号地没有职权，即便按照起诉书的指控存在帮助行为（即谋取利益行为），但该帮助不是利用职务便利的帮助，不符合《刑法》第 385 条的要求。

（1）即便根据本案伍某彬的口供，帮助行为是指：“第一，何某辉向我提供了 ×× 县 ×× 镇 3 号地出让的信息；第二，何某辉帮我联系 ×× 县政府县长陈某，进而又联系到 ×× 县委书记梁某业，最终促成 ×× 县政府决定将 3 号地卖给我；第三，何某辉和康副县长在 2010 年五六月帮我去市规划局催要 3 号地的规划条件，让我能尽快同 ×× 县交易 3 号地。”（见第 4 卷第 9 页）。即便伍某彬所说属实，此帮助行为与职务便利无关，走的是私人途径，绝不是《刑法》第 385 条要求的“利用职务便利，为他人谋取利益”的行为。

（2）即便根据被告人何某辉的有罪口供，他所说的帮助行为和伍某彬所说基本相同，亦不属于《刑法》第 385 条要求的“利用职务便利，为他人谋取利益”的行为。

2. 不存在伍某彬、何某辉、起诉书所指称的“帮助”行为。具体分析详见下文。

三、该起指控没有事实根据

（一）何某辉没有收取伍某彬 4 万元现金和 1.5 万元卡。

1. 正如我们举证证明所言，伍某彬没有对何某辉行贿的动机和需求。商人重利，你对他有用，他才给你利益。但何某辉对于伍某彬来说，土地出让没权力，帮不上忙；土地变更性质也不需要何某辉，早都弄完了。再说了，出让土地等事宜均由其他机关、个人负责，伍某彬也已经找到了相关人员，并进行了利益疏通，没有必要给何某辉送钱。而且按照陈鹏证言，在 2009

年八九月就已经定下将地卖给伍某彬了，他没有必要再找何某辉。

2. 控方据以指控的关键证据——何某辉口供、伍某彬证言在合法性、真实性、关联性上均存在问题，不能作为定罪依据，具体理由不再赘述。

3.4 万元没有来源，伍某彬无钱可送。伍某彬所说借自徐某涛的 5 万元人民币中 4 万元的去向，已经汉中市中级人民法院 2011 汉中刑初字第 56 号生效判决证实——送给了刘某军。一款不能二用。伍某彬手里无钱，难道他能为无米之炊？

4. 何某辉和伍某彬的供证存在矛盾之处，达不到“确实、充分”的证明标准，不能排除是“他人收了伍某彬的钱和卡”的合理怀疑，不能得出“是何某辉收了伍某彬 4 万元和 1.5 万元卡”的唯一结论。

（1）比如，两人对装放 4 万元钱工具的供述存在根本矛盾。伍某彬 2011 年 5 月 31 日、6 月 1 日供述中称是用“黑色塑料袋”装钱（详见第 4 卷第 8、24、36 页）；而何某辉在 2011 年 6 月 2 日、6 月 3 日、6 月 4 日三次供述中均称是用“黄色手提包”装钱（详见第 2 卷第 53、67、73 页）。但是，装钱的工具这一重要物证又没有被提取在案。

（2）比如，两人关于送 4 万元钱之后的情节存在差异。伍某彬在多次供述中说钱给了何某辉以后，自己就走了，没有同何某辉一道去找陈县长。而何某辉在 2011 年 6 月初的供述中称把 4 万元装入自己包里，放在办公桌抽屉。何某辉同年 6 月 17 日的供述称背着包里的钱，当即乘伍某彬的车去找陈县长。

（3）又如，关于收受 1.5 万元购物卡的时间，何某辉多次供述不一，且与实际购卡时间相互矛盾。2011 年 6 月 1 日何某辉供述送卡时间是“2010 年 2 月的一天”，同日又供述称是“2009 年 10 月的一天”（后被更改为 12 月左右）；2011 年 6 月 2 日和 6 月 4 日何某辉供述送卡时间为“2009 年 9 月”（后被更改为 12 月）。而书证证实伍某彬购卡的时间为“2010 年元月 12 日”。

（4）再如，何某辉关于购物卡的使用情况的供述与客观事实相矛盾。何某辉 2011 年 6 月 1 日供述称“2010 年 5 月”使用了 1 万元卡中的 6800

元购买了“茶叶、药品和食品”；而侦查机关查实该卡在“2010年2月12日17时”被用于购买了“尼康镜头、数码相机”。更为蹊跷的是：伍某彬所称分别送给刘某军和何某辉的各5000元的两张卡，竟然在2010年4月10日这一天、在西安同一商场刷卡购买了3706元的夹克和4134.10元的手表。难道是两个受贿人相约同时到西安同一商场搭伙消费？仅从两张5000元卡的消费情况分析，这两张卡应该送给了同一人。现在生效判决已经确认刘某军收卡是事实，而现在何某辉否认收卡。故不能排除是“他人收了伍某彬的卡”的合理怀疑，不能得出“是何某辉收了伍某彬1.5万元购物卡”的唯一结论。

5.4万元和1.5万元购物卡下落不明，说明控方证据不足。“赃款去向”不仅影响量刑，也影响定罪。俗话说得好，“捉贼拿赃”，现在“赃”在哪里？没有赃怎么能证明何某辉“收了赃”？虽然何某辉多次供述其中3万元钱自己花了，1万元放在办公桌抽屉包里。但3万元花到哪去了无证据证实，包里的1万元到哪去了也无证据证实。至于卡的去向，按何某辉的供述，卡在西安丢失，但“丢失”的去向又被1.5万元卡实际消费情况予以否定，控方没有证据证实卡的下落。那么，所谓“赃款”下落不明，最起码说明控方指控的证据不足、事实不清。这直接影响定罪，而非只影响量刑。

综上，指控何某辉收受5.5万元的证据存在严重矛盾和不足：钱款的来源不清且与已有证据矛盾，钱款的去向不明且与客观书证矛盾，收受钱款的过程及对装钱工具的供述相互矛盾，何某辉又坚决否认收受5.5万元。且何某辉有罪口供和伍某彬证言不真实、不合法。因此，现有证据无法证实何某辉收受伍某彬5.5万元。

（二）何某辉没有帮助伍某彬购买3号土地。

按照起诉书指控和控方出示的证据，控方指控的帮助行为无非是帮助改变土地性质，帮助跑规划设计，介绍人给伍某彬认识、提供信息。但是，介绍和提供信息不具有刑事可罚性，与犯罪无关，再说土地信息是公开的信息。而且土地性质没有变更，仍是商业、居住用途。辩护人也注意到，刘某军、李某杰说何某辉为了伍某彬，利用总指挥身份要求他们做事。但质证时我们已经指出，该二人具有利害关系，证言真实性存疑，二人所说无其他证据如市规划局人员的证言印证，不能据此认定。何况控方都没有证据证实何某辉收到过总指挥的任命、行使过总指挥的权力。

（三）即便何某辉收卡，也与职务便利无关。

因为何某辉对 3 号地没有职务便利，不管收没收卡，不管有没有帮助，这一行为缺少职务便利的事实前提。即便何某辉收了 1.5 万元的卡，也不构成受贿罪。

综上，控方的该起指控不能成立。

第三部分　必须指出本案存在的五大问题

一、何某辉有罪口供系非法取得，必须予以排除

（一）现有证据证实有罪口供存在“三大非法”之处。

1. 讯问场所非法。控方出示的何某辉的所有口供均在看守所外形成。关于提讯的地点，最高检和公安部都有明确的规定，讯问必须在看守所进行，个别情况下，法律有特殊规定的，也要在检察院的提讯室进行。可是何某辉在哪被提讯的呢？不是法律规定的地方，而是在宾馆，在检察院提讯室提讯又不属于法律规定的特殊情形。提讯场所明显非法。

2. 提讯方式非法。一是刑讯逼供、暴力逼供，何某辉已向法庭描述了具体过程，在此不再展开。二是以非法拘禁的方式取供。2011 年 6 月 3 日汉中市检察院才对本案立案，但在此之前的 5 月 26 日，侦查机关就已经限制了何某辉的人身自由，属于典型的非法拘禁。

3. 没有录音录像。公诉人讲“不能用新刑事诉讼的规定去要求当时的侦查行为”，那我们来看看当时的法律规定。早在 2005 年《最高人民检察院讯问职务犯罪嫌疑人实行全程同步录音录像的规定（试行）》就已指出，

全国检察机关办理职务犯罪案件讯问犯罪嫌疑人必须实行全程同步录音、录像……对没有严格执行规定，或者在执行中弄虚作假，给办案工作造成不良后果的，要依照有关规定追究主要责任者和其他直接责任人员的责任。该规定第2条指出："人民检察院讯问职务犯罪嫌疑人实行全程同步录音、录像，是指人民检察院办理直接受理侦查的职务犯罪案件，每次讯问犯罪嫌疑人时，应当对讯问全过程实施不间断的录音、录像。"第15条还规定："在案件审查过程中，人民法院、被告人或者辩护人对讯问活动提出异议的，或者被告人翻供的，或者被告人辩解因受到刑讯逼供、威胁、引诱、欺骗等而供述的，公诉人应当提请审判长当庭播放讯问全程同步录音、录像资料，对有关异议或者事实进行质证。"客观地说，不管新旧法律，对于"同步录音、录像"均有明确的规定。同样，对于"不得在看守所外"提讯，新旧法律也均有明确的规定。对于最高人民检察院的明确规定，为什么汉中市检察院竟然明目张胆地违背，不录像或者录了但拒不提供，谁敢说这不违法？这无可争议，就是违法。

（二）控方不能举证证实"取供合法"。

1. 法律规定的非常清楚，排除非法证据的举证责任在于公诉机关。而且法律还规定了控方的证明方式，如提供同步录音录像、相关人员出庭、出具证明等。其中，同步讯问录音录像具有其他方式、证明材料无可比拟的优越性，是证明取供合法性的最佳手段，是非法证据排除最中立、客观，最真实可信，最科学可行的证据。因此，无论从法律的规定还是法理的分析，公诉机关有义务提供同步录音录像。

2. 公诉机关不提供同步录音录像。2013年8月6日，汉中市检察院技术处已出具《说明》，称"无法提供"。质证时我们已指出：（1）该说明内容不真实。其一，2012年10月16日其还给王某军同步录音录像。其二，2010年、2012年7月16日陕西汉中市检察院专项督察办案安全防范和同步录音录像工作，还通过了检察监督，有新闻报道为证。其三，2008年12月到2011年6月只有两年半，就被夸大到使用3年。（2）该说明不合法。技术处有没有权力出这个证明，值得商榷。（3）从关联性上分析，其不能证实取供合法。相反证实“公诉部门证实取供合法已客观不能”，因为同步录像不能播放、无声音，不能提供；相反证实没有依法办案、没有依法同步录音录像。（4）其理由和结论自相矛盾。其理由是“对何某辉讯问过程录制的部分同步录音录像资料光盘播放时无声音及无法正常播放”，但结论是“无法提供同步录音录像光盘”。那不还有部分有声音、可播放的录像吗，为何也不提供了？

3. 对控方所举汉中市检察院 2011 年 8 月 17 日、8 月 23 日何某辉讯问笔录的特别说明。这是建立在非法口供基础之上的笔录，是何某辉在刑讯逼供、心理强制和阴影下形成的重复口供，此时的何某辉仍心有余悸，仍不敢做到完全实事求是，还担心说了实话，会导致更严重的刑讯逼供。因此，对事实的澄清会有所保留，承认受贿的内容亦不属实，也属于被排除的范畴。

4. 一点质疑：侦办机关为何不对何某辉手上的伤情进行司法鉴定，以查明伤情原因？

（三）辩方证据证实刑讯逼供、非法取供客观存在。

本案中，被告人、辩护律师不仅提供了线索，还提供了证据，非法取供的合理怀疑不仅无法排除，甚至已被证实。何某辉手上两处疤痕仍在，牙齿断、裂客观存在。是与非，正与邪，善与恶，在座诸位自有结论。作为辩护律师，我们也真诚希望本案不存在非法取供的情形。敬请合议庭真正把好证据关、程序关、事实关、法律关。

（四）根据法律规定，控方不能证实取供的合法性，或者不能排除取供的非法性怀疑，该口供就必须被排除。

（五）对公诉人观点的回应。

法庭调查时，公诉人称“辩护人排除口供的要求是建立在何某辉自称‘被刑讯’的基础之上，没有综合考虑全案证据”，“应综合考虑全案证据做出结论”。对此，辩护人同意公诉人“应综合考虑全案证据做出结论”的意见，但必须指出：辩护人关于有罪口供的要求、结论绝非建立在何某辉的自我辩解之上，而是建立在何某辉手上两处伤痕、牙齿断、裂的客观事实之上，是建立在侦查机关存在取供三大非法性的事实之上，是建立在控方没有尽到举证责任的基础之上，是综合考虑了本案所有证据得出的客观结论。

二、本案控方据以指控的证据主要是言词证据，无其他书证、物证证实

这些言词证据，在对其进行审查和认定时，一定不能断章取义，有罪推定，不能只看到对被告人不利之处，更要看到对被告人有利之处。尤其是本案中关键证人何某平两次写信明确否定送钱、伍某彬的4万元钱另有去向、1.5万元卡的蹊跷消费，现在被告人否认指控事实，又提出刑讯逼供，行贿人证言存在诸多问题、疑点，控方证据不能排除合理怀疑，应适用无罪推定原则。

三、本案指控不合常理、情理、法理

比如，将何某辉介绍人给伍某彬认识，将伍某彬所说的提供信息等行为认定为受贿；将何某辉所在的法院执行被执行人何某平的事情，指控为替何某平谋取利益；在汉中市检察院已提起控诉、法院已经受理后，依据侦查机关非法取得的、没有排除合理怀疑的何某平2012年2月9日的证言，指控何某辉受贿10万元等，均不合常理、情理和法理。

四、本案指控的关键事实缺失、存疑

如是否收了何某平10万元、有没有利用职务便利帮助伍某彬购买土地、有没有收5.5万元等关键事实缺失、存疑、不清。关键事实缺失、存疑怎么办？根据《中央政法委关于切实防止冤假错案的规定》第7条规定，“严格执行法定的证明标准……对于定罪证据不足的案件，应当坚持疑罪从无原则，依法宣告被告人无罪，不能降格作出‘留有余地’的判决……”；根据

《最高人民法院关于建立健全防范刑事冤假错案工作机制的意见》第 5 条规定："坚持证据裁判原则。认定案件事实，必须以证据为根据。应当依照法定程序审查、认定证据。认定被告人有罪，应当适用证据确实、充分的证明标准。"第 6 条规定，"定罪证据不足的案件，应当坚持疑罪从无原则，依法宣告被告人无罪，不得降格作出'留有余地'的判决"，证据不足都要宣告无罪。那么举重以明轻，没有证据、指控事实缺失，更应该宣告何某辉无罪。

◆控辩交锋

控辩交锋的焦点为：1. 关键证人何某平虽不出庭作证，但其自由状态下分别写给检察院、法院的两封信件均否定送钱，那么，其非自由状态下的证言是否真实、合法，能否采信？ 2. 何某辉提出了被刑讯逼供，有罪口供非法，并提供了线索和证据，其有罪口供应否排除。3. 伍某彬的证言与购物卡实际消费情况矛盾，且有生效判决确认 4 万元送给了他人，其证言应否采信。控辩双方的态度截然相反。

◆判决书节录

公诉机关针对指控何某辉收受何某平 10 万元的事实，提供了证人何某平、何某、张某某、梁某某、张某某、陈某证言、何某聘用合同、某法院《关于请求成立机关事务所的报告》、何某平民事案件的相关书证，何某辉侦查阶段的供述等证据。经查，何某辉现不承认收受何某辉 10 万元的事实；何某平的前后证言反复，根据《最高人民法院关于适用〈中华人民共和国刑事诉讼法〉的解释》第 205 条规定，"公诉人、当事人或者辩护人、诉讼代理人对证人证言有异议，且该证人证言对定罪量刑有重大影响，或者对鉴定意见有异议，申请法庭通知证人、鉴定人出庭作证，人民法院认为有必要的，应当通知证人、鉴定人出庭"。第 78 条第 3 款规定，"经人民法院通知，证人没有正当理由拒绝出庭或者出庭后拒绝作证，法庭对其证言的真实性无法确认的，该证人证言不得作为定案的根据”，我院根据辩护人的书面申请，何某平作为本案的关键证人，经法庭通知无正当理由拒绝出庭，法庭对其证言的真实性无法确认，故何某平证言不能作为定案的根据，该宗指控何某辉收受何某平10万元事实不清，证据不足，不能认定。

◆辩护思路

因本案指控发生在2012年，根据当时的司法解释，受贿10万元的量刑起点为10年有期徒刑，这是一个量刑的门槛，虽然全案涉及金额15.5万元，但这10万元是量刑的基础。而且，本案指控受贿犯罪的一个基本特点是，行贿受贿均不是通过银行转账方式进行，而是现金交易，且无第三方在场。因此，指控受贿的关键证据比较类型化，即被告人口供、行贿人证言。通过仔细阅卷和会见，辩护人发现：1. 关键证人何某平的证言存在根本性反复，其原先证实行贿的证言均在被检察院控制人身自由期间形成，其人身获得自由后，立即向检察院寄送了信件，说明自己并未行贿何某辉，否定了之前的指控证言，而且将同样的信件寄送给何某辉家属；基于此，汉中市检察院没有向汉中市中级人民法院起诉何某辉收受何某平10万元；但在汉中市中级人民法院审理期间，汉中市检察院反贪局又将何某平从外地带回，再次限制人身自由，并在深夜连续给其做了两次询问笔录，何某平表示因为是赌气、冲动写了假证明，说了假话。2. 被告人何某辉反映其被侦查机关刑讯逼供，并提供了线索和证据，否定了之前的有罪口供。3. 综合何某平的作证背景、作证自由与否、有无行贿动机等角度，比较分析何某平指控证言和何某辉有罪口供的异同，何某平否认行贿的证言更具有真实性，何某平指控证言和何某辉有罪口供不能作为定罪依据。因此，辩护人以关键证人何某平证言反复、何某辉口供系非法口供为突破点，将该笔10万元指控作为辩护的重点，并作无罪辩护。

◆结语

1. 证人证言属于言词证据，与被害人陈述、被告人供述辩解一样，具有较强的主观性，容易含有虚假成分，错证、伪证时有发生，但其在刑事司法中仍具有不可替代的作用，不能因噎废食。

2. 因伪证、错证时有发生，就要求在对证人证言进行审查判断时，警惕其主观性，重点审查真实性、合法性。其实，合法性、真实性互为交叉，违法取证易导致证言虚假，虚假的证言不能被依法采信。判断证言的真实性、合法性可以从以下方面进行审查判断：证言的提取时间、提取场所、提取方式；证言的自愿性；内容在重要节点上是否存在反复，如果有反复，是否有合理解释；内容是否有其他证据尤其是客观证据印证；证人与案件处理结果、当事人的关系等。

3. 严格来说，所有的证人证言都会对案件的审查认定有所影响，但是，根据对定罪量刑有无重大影响可将证人证言划分为关键证人证言和非关键证人证言。对关键证人证言的审查判断更应严格把握，除遵循前2点所述外，通过“出庭作证”方式也是必要、重要的审查手段，尤其是存在反复的关键证人证言。这是贯彻直接言词原则，实现刑事诉讼庭审模式变革的必然要求。

4. 关键证人不出庭的证言处理。更新观念，摈弃侦查证据中心主义，要有“种得芭蕉听雨声”的正确观念，根据关键证人从属的阵营做出不同的处理。如属于控方关键证人，其证言属于指控证据，证人有能力出庭作证，但无正当理由拒不出庭作证的，如果以前证言又存在根本性反复，对该证人的庭前证言应无条件排除，应由控方承担举证不能的法律责任。如属于辩方关键证人，证人有能力出庭作证，但无正当理由拒不出庭作证的，即便以前证言存在根本性反复，但本着疑罪从无和刑事诉讼法“排除一切合理怀疑”的证据标准，可采信对被告人有利的证言部分。

5. 具体到本案，关键证人何某平庭前证言存在根本性反复，侦查机关取证时间、地点、方式、阶段均存违法之处，其没有出庭作证，控方未尽到举证责任，且其证言和被告人庭前口供、庭审口供能够印证，因此，其证言应作为非法证据予以排除，不能作为定罪依据。

第四讲 被害人（方）陈述的立场与证据采信

——赵某某被控职务侵占案

按　语：除了受贿、毒品类、组织卖淫类等“无被害人”的案件外，大多数刑事案件中都有被害人陈述的身影。被害人陈述作为法定证据种类之一，系由自称遭受犯罪侵害的主体作出，具体、直接、指向明确，对于查明事实真相具有重要作用。但是，由于被害人身份的特殊性，与案件处理结果的直接利害关系，其所处的立场等因素，又使该类证据具有主观性、易变性、虚构性、怨恨性等偏离，甚至歪曲事实的特性。司法实践中，不仅被害人陈述如此，隶属于被害人（方）的证人证言也是如此，如被害人单位的工作人员的证言、私营企业主员工的证言等，我们对此不可不察。

关键词：被害人（方）陈述　利害关系　证据采信

◆案情简介

1. 核审无误辞职去。

2008 年 1 月 18 日到 2010 年 2 月 11 日，赵某某担任河北某某肉类公司的出纳。其在 2010 年 2 月 11 日离职前，先后于 2010 年 1 月 6 日、2 月 11 日和老板李某某、老板之子李某增、会计李某柱进行了两次对账，账目无误，并先后于 1 月 6 日将部分老板支款条等原始单据、2 月 11 日将全部账册、原始单据等交给老板李某某、老板之子李某增。之后，老板李某某安排总会计郭某某进行审计，账目亦无误。赵某某外出打工。

2. 事隔多月刑祸来。

事隔几个月之后，老板李某某报案称，赵某某、会计李某柱通过收现金投资款不记现金账的方式侵占公司钱款27万元。2010年6月28日赵某某被刑事拘留，8月6日被逮捕。2010年9月17日移送检察院审查起诉。2011年1月7日起诉至法院。检察院指控认为：2009年2月3日到2010年2月11日期间，赵某某利用出纳的职务便利，四次采取少列收入、多列支出的形式侵占公司钱款52.79万元。

3. 一审驳控又认控。

辩护人于2010年8月侦查期间，接受赵某某委托，担任辩护人，参与了之后的全过程。结合证据、事实和法律，辩护人提出了全案无罪的辩护意见。法院经三次开庭审理，被害单位乔某永出庭作证。其间检察院补充证据一次，法院调取证据一次，于2011年6月30日作出一审判决，支持公诉方关于赵某某侵占两笔各10万元，总计20万元的指控；对另两笔14万元、18.79万元，共计32.79万元的指控不予支持。辩护律师的辩护取得阶段性成功。

4. 二审发回再重审。

一审宣判后，被告人不服提出上诉。二审时被告人、辩护人坚持无罪的意见。二审经过书面审理，以“事实不清、证据不足”为由发回重审。

5. 一审维持原判决。

原一审法院重新组成合议庭，经过两次开庭审理。被害单位的老板李某某作为被害单位的诉讼代理人参加诉讼。辩护人指出：李某某作为本案的报案人、单位的老板，是关键证人，证人的身份具有不可替代性，“证人不能旁听案件的审理”，其不宜作为诉讼代理人。如允许其作为诉讼代理人，则法庭之后无法对其及其员工证言进行审核。但法院没有采纳辩护人的意见，仍然允许李某某作为诉讼代理人出庭。庭审中，李某某为证实自己证言属实，向法庭出示了账册、交接账册手续的原件，但辩护人发现原件与控方提交的“与李某某提交原件一致”的复印件不一致，原件比后者多加了一些内容。对此，李某某解释是检察官搞的，他不知道怎么回事。而且，此种现象发生多次。面对辩护人的质疑，李某某多次以需上厕所、抽烟等理由搪塞。2012 年 2 月 14 日，一审法院作出一审判决，认定事实、罪名、量刑均与原一审判决一致。

6. 二审再减半年刑。

一审宣判后，被告人不服提出上诉。二审时被告人、辩护人坚持无罪的意见。二审经过书面审理，认为："一审判决认定上诉人赵某某于 2009 年 4 月 3 日将李某某投入公司的 10 万元投资款占为己有的事实，足以认定。但一审判决认定上诉人赵某某于 2010 年 1 月 29 日将李某增交给某某肉类有限公司的 10 万元现金占为己有的事实，上诉人赵某某收到款后给李某增出具了借条，该借条上只有借款人赵某某的个人签名，无会计李某柱的签字，也没有某某肉类有限公司的印章，现有证据能够证实上诉人赵某某与李某增之间存在借款关系，而不能证实该笔借款系李某增向某某肉类有限公司的投资款。因此，不能据此认定上诉人赵某某利用职务便利侵占此款。公诉机关指控上诉人赵某某利用职务之便侵占该笔钱款证据不足，不能成立，应予纠正。"改判赵某某有期徒刑 5 年。

◆起诉书节录

经依法审查查明：

2009 年 2 月 3 日到 2010 年 2 月 11 日期间，赵某某利用出纳的职务便利，采取少列收入、多列支出的形式侵占公司钱款 52.79 万元。具体分别为：

1. 2009 年 4 月 3 日，赵某某收取李某某现金投资款 10 万元未入现金账，并将该款予以藏匿；

2. 2010 年 1 月 5 日，李某增（李某某之子）从赵某某处支取现金 14 万元，赵某某将该 14 万元在现金账中列支，同年 1 月 7 日，李某某将 14 万元现金还给赵某某，但赵某某未入现金账，并将该款予以藏匿；

3. 2010 年 1 月 29 日，赵某某收取李某增 10 万元现金未入现金账，并将该款予以藏匿；

4. 2010 年 2 月 7 日，被告人赵某某将李某某支付给韩某某的 18.79 万元在公司现金账中列支，自己将 18.79 万元藏匿。

本院认为，赵某某利用职务上的便利，将本单位财物非法占为己有，且数额巨大，应当以职务侵占罪追究刑事责任。

◆辩护词节录（发回重审一审）

一、针对起诉书的纠正和说明——四个客观事实

为了对本案指控有个清晰的梳理和准确的定性，首先必须指出四个不容争议的客观事实，这是分析本案的前提和基础。

1. 第一个客观事实。2010 年 1 月 6 日，河北三河市某某肉类公司老板之子李某增与会计李某柱、出纳赵某某就该公司 2009 年 2 月 3 日到 2010 年 1 月 6 日的账册进行了核对、核查，账目无误，李某增没有提出任何异议。2010 年 1 月 7 日建新账。

2. 第二个客观事实。本案指控的案涉 14 万元的支款条，赵某某在 2010 年 1 月 6 日连同 2009 年张某支款 1 万元的条一起交给了老板李某某。赵某某和李某柱分别在现金日记账、老板投资账上均有记载。且该记载经过了李某增的核对，李某增亦没有对此提出异议。

3. 第三个客观事实。2010 年 2 月 11 日，河北三河市某某肉类公司的老板李某某与会计李某柱、出纳赵某某等就该公司 2010 年 1 月 7 日到 2010 年 2 月 11 日的账册进行了核对、核查，就 2009 年 2 月 3 日到 2010 年 1 月 6 日的账册再次进行了核对、核查，并进行了所有账册、单据的交接，账目无误，李某某没有提出任何异议。

4. 第四个客观事实。对于两次交账、对账，李某某安排会计郭某某进行了审计，没有发现不符。

二、起诉书指控的犯罪事实不清，证据不足，指控罪名不能成立

（一）指控赵某某藏匿李某某2010年1月7日交还的14万元现金的事实不清，证据不足。

1. 2010年1月6日14万元条已交，李某某没有必要还。如前所述，赵某某在2010年1月6日连同2009年张某支款1万元的条一起交给了老板李某某，之后对账数额无误，账已平了。李某某不存在1月7日还款的动机和必要了。

2. 2010年1月7日李某某交还赵某某14万元现金，事实不清，证据不足。

（1）控方证据不能证实李某某1月7日交还14万元。

首先，控方证据主要是侦查阶段李某某、张某、李某增、李某柱、乔某永、刘某军等人证言，相互矛盾，在谁交还、何时交还方面事实不清，证据不足，不能证实李某某1月7日交还14万元。

其一，从证言而言，自相矛盾，相互矛盾。李某某侦查证言说是张某还的钱，而张某说是李某某自己还的钱，而且是下午在李某某的办公室还的。而李某增、李某柱、乔某永、刘某军又说是李某某上午还的，相互矛盾。原一审时，乔某永对此记不清。尤其李某增的证言不合常理，其说李某某拿回条后打电话给自己核实，如果核实也应该是换条前或换条后核实，而且没有通话记录佐证，这个情节也就是他一个人在说而已。至于李某柱证言，除了询问笔录名字不一致外，在李某某还没还钱、对账时自己有没有看到支款条方面，李某柱有“不清楚还没还、没看到支款条作废的字样”到“肯定还了”的变化过程。这种变化不符合人的记忆规律，不可能时间越久记得越清楚。而且，李某柱所谓李某某还了的证言是推测，根据法律规定，推测不能作为定罪的依据。并且，其推测的根据（概括为“2010年1月7日早晨，公司高某霞等人外出购买生猪，剩余现金只有17.54万元，所以1月7日老板还了14万元和2009年11月27日张某给老板从大地支的现金1万元还了赵某某，这还不够购猪款，后来猪下货回款6.1341万元，总共支

付购猪款 37.0993 万元”）不成立，因为 1 月 7 日当天还收回了几十万元款，足以支付购猪款。李某柱后来说八个人找老板要账时自己在场，那既然在场为何又说不知道还没还呢？到底哪个说法为真？在此必须指出，如果这些人证言属实，保险柜里的现金应该是库存 17.54 万元（根据现金日记账）加 14 万元等于 31.54 万元现金，但是乔某永等人说得很明确，保险柜里就 18 万元左右现金，这怎么解释？这只能说明李某某没还 14 万元，况且 1 月 7 日还有进账。

其二，从证人的身份、立场而言，其关于指证被告人犯罪的证言存在不真实的极大可能性。李某某是所谓被害单位的实际控制人、老板；李某增是李某某的儿子；张某是李某某的司机，李某柱、乔某永、刘某军现在仍是被害单位的员工，仍在李某某管辖下工作，饭碗系于李某某喜怒之间。总的来说，他们均依附于被害方，属于广义的“被害人陈述”。他们的身份决定了立场，决定了与本案在经济上、法律上具有紧密的利害关系，尤其是李某某、李某增、张某表现得最为明显。他们的证言存在不真实的极大可能，在其证言没有其他证据印证、补正的情形下，不能作为定罪的依据。

其三，从有无他证印证而言，不仅没有，相反还被证伪。前述四大不争的客观事实，已经清晰说明了事实真相——账目清晰、交接无误、各方认可，不存在指控事实，已经将事隔多月后的案发后的证言证伪。

其四，李某某当庭证言和其以前证言、张某证言自相矛盾、相互矛盾。李某某在上午开庭时明确说是下午自己还的，是自己从北京或石家庄回来后还的，还款时就自己和赵某某在场。但下午开庭又说自己中午给的，先给钱后去的北京，张某又在场了。对于这种证言上的前后矛盾，审判长、合议庭包括书记员都注意到了，是的的确确客观存在的。如果说时间长了，说法有出入可以理解，但上午和下午仅隔了 3 个小时都不到，其证言的可信度为零。

对于李某某以前的口供“张某还钱给赵某某，把条撤回来了”和其当庭证言以及张某证言的矛盾，公诉人和诉讼代理人认为，虽然细节有出入，但综合证据分析可以证实李某某还了 14 万元。这种说法不能成立。综合证据分析的前提是每个证据都是确实和真实的，否则谈不上综合，绝不可能把一堆虚假的证据放在一起综合出真实的结论。况且，谁还的钱、什么地点还的、有谁在场等情节不是一般的细节，它属于关键性细节，对此必须查清。在上述问题上证据间的矛盾属于根本性矛盾，不排除这些矛盾，就不能得出“李某某还钱”这唯一的结论。另外，辩护人还注意到，对于李某某侦查口供，李某某本人没有提出意见和解释，倒是诉讼代理人对此进行了解释，认为原来的记录没有展开，笼统记述，包含了李某某还钱的意思。对此必须强调指出：其一，诉讼代理人不是李某某，无权对此进行解释；其二，这种解释无任何根据。

最后，李某某当庭提交的交接单原件与其以前提供给侦查机关的复印件不一致，结账记录说明原件与其提供的复印件不一致，提交公安后又出现了改动，书证还会变，原件会改动，又怎么解释？除了说明有人在作伪证，除了再次佐证李某某所说“还了 14 万元”是在说假话，得不出其他结论。

因此，综合来说，控方证据不能证实李某某 2010 年 1 月 7 日交还了 14 万元。

（2）李某某自写此条作废，不合常理，欲盖弥彰，恰恰说明事实真相——没还 14 万元。按一般逻辑来说，如果说李某某还了 14 万元，赵某某把支款条交给李某某，李某某把条子拿走即可，因为赵某某没有证据证明李某某取走 14 万元，根本不需要再加注“作废”的字样。如果要加注作废，也得是赵某某加注，不应该是李某某，李某某加注不具有任何效力。但问题恰恰是，李某某不应该加注却加注了，是意图证明什么还是掩盖什么？何况，此条在 1 月 6 日已交给李某某了。

（3）其他疑点：按乔某永、刘某军二人所说，有八人在场，那为何没有其他人的证言呢？客观地讲，公安机关、检察院的工作做得很细致，不应该有此疏漏。那是没向这些人取证，还是取了证没向法庭提供，不得而知。

3. 无赃款在案，无赃款去向，赵某某藏匿的事实不清。

（二）指控赵某某 2009 年 4 月 3 日藏匿 10 万元事实不清，证据不足。

1.2010 年 1 月 6 日、2 月 11 日两次交账对账，李某某均无异议。2010 年春节前，郭某某审计亦无问题。

2. 李某柱签字表明收到了 10 万元，但其和出纳两人都没有记账，存在以下几种可能：（1）收了未记账，李某柱和赵某某共同侵占 10 万元。（2）李某柱根本没收到 10 万元。（3）李某柱收到了 10 万元，后来抵账了。（4）李某柱收到 10 万元后记入别的日期。（5）如赵某某所说，只是一个白条，作废了。那么，现在看李某柱是个证人，没有侵占 10 万元，所以共同犯罪的可能就被排除掉了。再结合两次对账李某某等均没有提出任何异议的事实，足以说明其他几种合理怀疑均无法排除，得不出赵某某隐匿 10 万元这唯一结论。

3. 提请法庭注意：司法鉴定结论所说关于此起事实的原始手续“见侦查卷宗”是一句假话，因侦查卷宗的手续等既不是原件，也不完整，这样的鉴定结论不能作为定罪的证据。

（三）指控赵某某 2010 年 1 月 29 日藏匿 10 万元事实不清，证据不足。

1. 赵某某对 2010 年 1 月 29 日的收据有一种解释：2010 年 1 月 27 日其只打了一张给李某增了，在 2010 年 1 月 29 日，为了做账需要，自己补打了一张条，因为补条日期是 29 日，所以落款为 29 日。其这种解释也有先例证实，如 2009 年 7 月 3 日、4 日两张 7 万元收款条实为同一笔款，也和当庭查明的“1 月 27 日借条的确没用复写纸拓写的”事实印证。

2. 揭开谜团很简单，我们只要看看 1 月 27 日的 10 万元有无两张借条即可，如无，则赵某某所说真实。

3. 按李某某所说，此条一直在其处，但为何两次对账交接时、审计时李某某也没有提及。此疑点怎么解释？

（四）指控赵某某 2010 年 2 月 7 日藏匿 18.79 万元，事实不清，证据不足。

1. 谁付款事实不清。目前，存在两种版本：一种是赵某某支付，同时附有购猪单等原始凭证；另一种是李某某支付，有收条。但李某某的收条来源不明，其付款不合常理。原一审开庭时，乔某永出庭明确说了老板怎么办的手续不清楚，自己不知道。这又怎么解释？

2. 李某某付款的证据不足，存在诸多无法解释的疑点。第一，收条在李某某处，两次对账从没有提及，审计没有涉及。第二，一直到移送审查起诉没有涉及。第三，起诉意见书中涉及的专项财务审计报告没有提到过。第四，按李某某的说法，此收条早就在他那儿，怎么会一直忍而不提呢？公诉人解释说李某某不是专业人员，条子在自己手里拿出来对账只需要常识，不需要专业知识。李某某解释说是退补后才找到的，这么重要的材料，会随便放吗？

3. 会计下账，支持赵某某付款的合理解释。会计李某柱明确说了，其作（支出）账要核原始凭证的，不是说不核。既然会计核完账后也下账了，说明 18.79 万元不是李某某付的。

4. 案件来源不明。报案、侦查发现还是什么不清楚。公诉人当庭解释说是公诉人根据证人证言发现遗漏罪行，建议补侦追诉的。这种说法不成立。因为退回补充侦查后才有的证人证言，而不是先有证人证言才退补。所有有关该笔款项的证人证言均产生在公安机关 2010 年 9 月移送起诉后的 11 月和 12 月。即审查起诉时，公诉人所说的证人证言还没产生呢。任何人都不可能未卜先知。

5. 疑点：一笔现金 18.79 万元，韩某军却打了两张收条原件，韩某军自己还写了个完整的借条，怎么解释？又怎么解释“韩某军不会写大写数字”的证言呢？当庭李某某解释说后来补了个指纹，和韩某军一起的另一个人写的，他们两个合伙，当时就有异议等。但为什么其两次报案不提呢？为什么到退补时才找到收条呢？收条到底何时形成存在重大疑点。非常蹊跷。

三、必须指出的五个问题

（一）此案指控不合常理、情理、法理。

根据审理情况来看，控方指控的犯罪经过、前因后果、细节不符合常理、情理和法理。比如，李某某和李某增自己手里一直持有被告人手写的借条等直接证据，但对账时一概不拿出来，不符合常理；赃款去向不明，尤其是2010年1月7日到2010年2月11日短短的36天时间里，52.79万元去向不明，也不合情理。两次对账，李某某、李某增二人均无异议，审计也没问题，但在被告人将所有账册原始单据全部交完几个月后，再拿着被告人签字的借条等举报，前后截然相反的态度不合情理。现在李某某手里有全部的账册等书证，但就是不提供，控方也不要求他提供，反而一而再再而三地违法补充侦查，去调取所谓的证人证言，意图证实犯罪的存在，不合法理。一个不合常理、情理、法理的指控不可能做到案件事实清楚、证据确实、充分，这样的指控也不应被支持。

（二）关于证据——不能只看到对被告人不利之处，更要看到对被告人有利之处。

对于被告人口供不是讯问情况、内容的真实记载；证人证言大多属利害关系人，证言不真实；书证不是原件，支离破碎；原件还会变化等证据方面存在的问题，辩护人不再重复。必须强调，无论控方、辩方还是审判人员，不能只看到对被告人不利之处，更要看到对被告人有利之处。同时，对证据的采信不能采取双重标准。辩护人注意到，诉讼代理人发问第四笔指控时，特地问被告人上午还是下午、大概几点、10万元一捆还是如何等，但对于李某某的证言，其又说一年多了记不清楚很正常，可以理解。一定不能对同等性质的问题采取不同的判断标准，尤其是在定罪时不能采取双重标准。

在此也指出一点，赵某某当庭供述的态度没有避重就轻，没有刻意地去规避对自己不利的事实，在说真话。不能因为记账上的瑕疵就认定为犯罪。

（三）司法会计检验报告的真实目的：弥补证据缺失，化事实问题为专业问题，以“科学证据”形式支持指控，施压于司法审判。

1. 存在的问题质证时已说了，不重复。

2. 不需要做却做了，为何？

（四）查明本案事实简便易行的方式：对大账。

正像被害方诉讼代理人所说，公司管理不规范，记账带有随意性。现在本案涉及的所有会计凭证、账册，甚至赵某某的草稿等全由李某某控制。本案到底有无存在职务侵占，只需李某某将所有的材料一一出示，投资多少，支出多少，事实也就一目了然了。这是非常简便易行的方式，也是很简单的道理。

（五）本案的处理原则。

对于本案，一定不能因证据否定不了犯罪，被告人否定不了犯罪，就认定为有罪。这属于典型的有罪推定，是法律明确禁止的。而应严格贯彻无罪推定原则，坚决坚持疑罪从无。只要对指控负举证责任的控方提供的证据，没有达到“确实、充分”的法定要求，只要不能排除合理怀疑，那被告人就是无罪。

四、针对公诉人、诉讼代理人二轮意见的回应

（一）关于公诉人的二轮意见，简要回应如下。

1. 指控要靠证据，不能靠推测。公诉人所谓对账时就有异议，得靠证据证实，不能推测。

2. 至于公诉人所说“标注36号的14万元支款条不在交接单2—77之内”，这个很好理解。它确实不在2—77之列，因为2010年1月6日在老板未还款的情形下，在对账前就已交给李某某了。

3. 关于公诉人所说“应以书证为准”，这个原则在一般案件中适用，但在本案不能简单套用。因为本案的书证原件还会变化，白纸黑字的书证存在重大问题。我们一定要透过白纸黑字、不断变化的书证，看到其背后的隐情，查找真正的事实。

（二）关于诉讼代理人的二轮意见，简要回应如下。

1. 诉讼代理人认可了书证原件在提交公安机关后发生变化这一事实。难道这个变化符合常理?

2. 诉讼代理人关于“李某某提出异议、找中间人调解、调解不成、报

案符合常理、情理、法理”的说法，无任何事实根据。所谓有异议、调解等只是李某某一个人的说法而已。

3. 本案的关键问题是赵某某有没有收到钱、支出谁付的款，这些属于事实问题，也是法庭审查重点，不属于会计专业问题。有无记现金账看看账就一目了然了，也不需要会计专业知识。

4. 控方说被告人认罪态度不好等说法不能成立。辩解是法律赋予被告人的合法权益，不能以被告人没按照指控思路回答控方想要的答案，就认为其认罪态度不好。再说了，被告人罪名是否成立尚无定论，何来“认罪”态度之说。这种说法是以先入为主地认为赵某某构成犯罪为前提。如果按照这个逻辑，赵某某可不可以说“你们诬告陷害，态度恶劣”呢？

公诉人、代理人的其他意见要么是原意见的再次重复，要么涉及对证据的理解等，没有新的实质性内容，辩护人不再一一回应。

◆控辩交锋

1. 控辩争论的焦点从证据而言：被害单位的报案、被害方证人在案发的证言、提供的书证是否真实有效。被告人和单位经过多次核对、审计无误的事实在本案中应如何考量。

2. 控辩争论的焦点从具体事实而言：被告人赵某某是否于2009年4月3日、2010年1月5日、2010年1月29日分别收到了10万元、14万元、10万元。18.79万元的生猪款到底是赵某某还是李某某付的。

控方认为：有赵某某签字的投资款条证实收款的事实；有证人证言、收条可以证实李某某付生猪款的事实。

辩方认为：两次对账、审计账目无误，李某某和李某增均未提出任何意见；在被告人将所有账册、原始单据移交几个月之后，李某某才提出异议，因为如按李某某所称，赵某某职务侵占是显而易见的事实，只需把李某某手中持有的投资款条、收条拿出来一对，就昭然若揭了，为何需要几个月后呢？而且李某某自己在赵某某手写的李某某借款 14 万元的借条上，自行书写“用现金换条，此条作废”，不合逻辑。18.79 万元在检察院审查起诉前从未涉及，此项指控来源存疑，没证据证明李某某付了生猪款。

◆判决书节录

一、第一次一审判决书

2008 年 1 月 18 日至 2010 年 2 月 11 日，赵某某担任某肉类公司出纳一职，其间利用职务便利，侵占公司钱款 20 万元。具体事实如下：

1. 2009 年 4 月 3 日，被告人赵某某收取李某某现金投资款 10 万元未入现金账。

2. 2010 年 1 月 29 日，被告人赵某某收取李某某之子李某增 10 万元现金未入现金账。

……

关于公诉机关指控被告人赵某某未将李某某于 2010 年 1 月 7 日还回李某增于 2010 年 1 月 5 日的 14 万元借款记入现金账的事实，公诉机关当庭出示的证据，经当庭质证，本院认为，证据之间矛盾，不能形成完整的证据链条。其中，关于还款时间矛盾，用“现金换条，作废”是否为李某某在赵某某交账前书写，证据不足。故公诉机关指控赵某某侵占 14 万元的事实，本院不予认定。

……

关于公诉机关指控赵某某于 2010 年 2 月 7 日将李某某支付给韩某军的 18.79 万元生猪款在公司现金账中列支，自己将 18.79 万元藏匿的事实，公诉机关当庭出示证据……经当庭质证，本院认为，公诉机关指控此起犯罪，证据不足，不能形成完整的证据链条。被告人赵某某供述此款交给了乔某永，其对欠还猪款分户本记载的 2 月 7 日欠 18.79 万元不予认可。因该记载无笔迹鉴定，又没有其他证据印证赵某某确实没有付款给乔某永，故公诉机关指控赵某某侵占18.79万元的事实，本院不予认可。

……

判决如下：

被告人赵某某犯职务侵占罪，判处有期徒刑五年六个月，剥夺政治权利一年。

二、第一次二审判决书

本院认为，原审判决认定事实不清，证据不足。裁定如下：

1. 撤销某市刑事判决书。

2. 发回某市人民法院重新审理。

三、第二次一审判决书

经审理查明：

2008年1月18日至2010年2月11日，被告人赵某某在三河市某某肉类有限公司担任出纳一职，该公司法定代表人李某某。上述事实，公诉机关提供的证据有：

1. 企业法人营业执照记载，三河市某某肉类有限公司系有限责任公司，法定代表人为李某某。

2. 三河市某某肉类有限公司出具的证明记载了赵某某任该公司出纳的起止时间。

3. 三河市某某肉类有限公司法定代表人李某某证言、会计李某柱的证言和被告人赵某某的供述均证实了赵某某的职务。

上述证据，经当庭质证，被告人赵某某及其辩护人均无异议，本院予以确认。

2009年4月3日、2010年1月29日，被告人赵某某利用其在三河市某某肉类有限公司任出纳的职务之便，采用收到的投资款不入账的方式，侵占该公司钱款 20 万元。具体事实如下：

1. 2009 年 4 月 3 日，被告人赵某某收取三河市某某肉类有限公司法定代表人李某某现金投资款 10 万元未记入现金账，该 10 万元被其占为己有。上述事实，公诉机关提供的证据有：

……

2. 2010 年 1 月 29 日，被告人赵某某收取三河市某某肉类有限公司法定代表人李某某之子李某增 10 万元现金未记入现金账，该 10 万元被其占为己有。上述事实，公诉机关提供的证据有：

……

四、第二次二审判决书

经二审审理查明，一审判决认定上诉人赵某某于 2009 年 4 月 3 日将李某某投入公司的 10 万元投资款占为己有的事实，有当日收款条和公司法定代表人李某某的陈述、公司会计李某柱证言以及司法会计检验报告等证据予以证实，证据充分，足以认定。

针对一审判决认定上诉人赵某某于 2010 年 1 月 29 日将李某增交给某某肉类有限公司的 10 万元现金占为己有的事实，本院经审理认为：上诉人赵某某收到款后给李某增出具了借条，该借条上只有借款人赵某某的个人签名，无会计李某柱的签字，也没有某某肉类有限公司的印章，现有证据能够证实上诉人赵某某与李某增之间存在借款关系，而不能证实该笔借款系李某增向某某肉类有限公司的投资款。因此，不能据此认定上诉人赵某某利用职务便利侵占此款。公诉机关指控上诉人赵某某利用职务之便侵占该笔钱款证据不足，不能成立。

◆辩护思路

本案具有两大特殊之处，一是从证据而言，本案涉及职务侵占罪，被告人的身份是出纳，判定侵占与否最客观可信的证据就是案发前形成的书证——财务资料。它对案件的证明力远远大于案发后形成的属于被害方的证人证言。二是从背景而言，被告人辞职之前，进行了离任审计，其所记载的项目经公司老板李某某、会计李某柱、会计郭某、老板之子李某增等人的多次审计、核对，各方均无异议后交接，财务资料交给老板李某某，由其控制。之后，李某某提出一些多次审计时并未提出的异议，提交了一些交接时没有的书证，直接导致本案的启动。这属于典型的找后账。找后账不是不可以，关键是找后账有无客观真实的证据，如证据不真实、不客观，则属于定罪不实，另有文章。

鉴于此，辩护人的辩护重点之一：对案发背景进行说明，指出被告人辞职前进行多次离任审计，查无问题的四大客观事实，对起诉书进行澄清和勘误，以得到合议庭对该背景的高度重视，进而将审查重点放在被告人辞职后，新出现的证据材料是否真实、客观、合理，老板李某某有无合理解释方面。

辩护人的辩护重点之二：根据每笔指控的具体情况进行具体分析，通过分述四笔指控每一笔均事实不清，证据不足，进而说明整体指控犯罪事实不清，证据不足，不能成立。

1. 关于赵某某藏匿李某某 2010 年 1 月 7 日交还的 14 万元现金的指控：因赵某某在 2010 年 1 月 6 日连同 2009 年张某支款 1 万元的条一起交给了老板李某某，之后对账数额无误，账已平了。李某某不存在 1 月 7 日还款的动机和必要，而且 2010 年 1 月 7 日李某某交还赵某某 14 万元现金的控方证据方面，李某某、张某、李某增、李某柱、乔某永、刘某军等人证言，该等证人均隶属、依附于被害方，属于广义的“被害人陈述”，身份决定立场，与本案在经济上、法律上具有紧密的利害关系，证言存在不真实的极大可能，相互矛盾，在谁交还、何时交还方面事实不清，证据不足，不能证实李某某 1 月 7 日交还 14 万元。

2. 关于赵某某 2009 年 4 月 3 日藏匿 10 万元的指控：会计李某柱签字表

明收到了 10 万元，但其和被告人两人都没有记账，而李某柱是个证人，没有侵占 10 万元，不存在共同犯罪，辞职审计也未发现问题，控方证据得不出赵某某隐匿 10 万元的唯一结论。

3. 关于赵某某 2010 年 1 月 29 日藏匿 10 万元的指控：赵某某对 2010 年 1 月 29 日的收据有合理解释：2010 年 1 月 27 日其只打了一张给李某增了，在 2010 年 1 月 29 日，为了做账需要，自己补打了一张条，因为补条日期是 29 日，所以落款为 29 日。其这种解释也有先例证实，如“2009 年 7 月 3 日、4 日两张 7 万元收款条实为同一笔款的”事实印证。而且，按李某某所说，此条一直在其处，但为何两次对账交接时、审计时李某某均没有提及。此疑点怎么解释？

4. 关于赵某某 2010 年 2 月 7 日藏匿 18.79 万元的指控：这笔购猪款是被告人还是李某某付款，事实不清。李某某付款的证据不足，存在诸多无法解释的疑点；相反会计下账，支持赵某某付款的合理解释。

辩护人的辩护重点之三：为了和辩护重点一呼应，强化辩护重点二并对其拾遗补漏，对此案指控不合常理、情理、法理；对证据不能只看到对被告人不利之处，更要看到对被告人有利之处；不需要做而作的司法会计检验报告的真实目的——施压于司法审判；查明本案事实简便易行的方式——对大账；以及本案的处理原则等五大要点，进行分析和说明，让合议庭对本案所存问题有所感知、有所警惕、有所裁量。

◆结语

被害人同被告人一样，是案件的当事人，与案件处理结果不仅在法律上具有直接利害关系，有时还存在经济上的直接利害关系，其立场不是中立的，如诈骗、职务侵占等类案件。因此，被害人存在强烈追究被告人责任的急迫心理，设有使被告人“进去”受到刑事处罚的诉求目标，易有夸大对方责任、夸大事实情节、隐瞒自身责任的主观想法，受此影响，被害人陈述既具主观性、易变性、虚构性、怨恨性、夸大偏离歪曲性，又具有直接性、明确指向性、不可或缺性，具有两面性。我们既要充分发挥被害人陈述对证明案件事实的积极作用，又要慎防其消极作用，排除不当干扰。

笔者以为，审查采信该类证据还应秉持以下原则。

1. 同等性质问题同等对待，“只有被害人陈述，没有其他证据的，不能认定被告人有罪和处以刑罚”。

根据《刑事诉讼法》第 55 条“只有被告人供述，没有其他证据的，不能认定被告人有罪和处以刑罚；没有被告人供述，证据确实、充分的，可以认定被告人有罪和处以刑罚”的规定，同理，“只有被害人陈述，没有其他证据的，不能认定被告人有罪和处以刑罚；没有被害人陈述的，证据确实、充分的，可以认定被告人有罪和处以刑罚”。

2. 被害单位负责人、经办人等所作的陈述，不是证人证言，是实质意义上的被害人陈述。因单位不是自然人，其意志、行为、诉求需要通过自然人来实现和完成，此自然人代表、体现单位的意志和利益，其身份具有隶属性、重合性、利害性。单位负责人、经办人在刑事诉讼中所作的陈述同样如此，已不再是单纯意义上的“证人证言”，而是“实质意义上的被害人陈述”。对该类陈述应按被害人陈述的标准进行审查判断。

3. 严格区分被害人陈述和被害人分析判断、诉求。刑事诉讼中，被害人所作的陈述并非均是“被害人陈述”，因其立场、利害关系的原因，其陈述的内容既包括可以证明案件事实的部分，还包括诉求和对事实的分析、判断、评价。只有证明案件事实的内容属于“被害人陈述”，其他内容不是。

4. 收集齐全被害人在不同阶段（如事发前、事发后，案发前、案发后）、对不同办案机关所作的所有陈述，甄别背景、分析异同，看有无矛盾点。同时，还要分析被害人陈述同其他证据尤其客观性较强的物证、书证等是否存在矛盾。如被害人陈述间、陈述与其他证据间出现根本性矛盾，又无其他证据补正和合理解释矛盾的原因，对陈述应坚决排除，不予采信。当然，有利于被告人的陈述除外。比如，本案尽管在案发后被害方坚称“被告人侵吞钱款”，但是如果将其陈述放到“两次对账、对账后又进行了审计，李某某均无异议；被告人手中所有单据、账册全部移交了李某某，李某某完全控制单据、账册”的大背景下分析，就会发现疑点重重，就会发现其与对账的相关书证存在根本矛盾。尤其是李某某将自己的借条作废，不合常理，欲盖弥彰。这再次说明了被害人陈述的复杂性、利益性、非中立性，采信与否必须考量立场。

第五讲 慎信口供：被告人“于己不利”的供述？

——杜某“贪污”变“职务侵占”案[①]

按　语：犯罪嫌疑人、被告人供述和辩解是指犯罪嫌疑人、被告人就案件事实所作的陈述和自己无罪或罪轻的辩解，简称“口供”。口供是法定证据的种类之一，它虽然不是“证据之王”，但确实是一种很重要的证据，对于某些“二人转”型案件（如现金交易的行受贿案件）不可或缺。可是，口供又具有直接证明性、利害关系性、真实虚假并存性、反复易变性。在具体案件中如何审查、采信它，是司法实践绕不开的常见难题。

关键词：口供　直接证明　利害关系　证据采信

◆案情简介

杜某原系北京西郊宾馆财务部出纳员，2009年12月被北京市某区检察院以犯贪污罪起诉至法院。被告人对检察机关对其“国家工作人员”身份的认定没有异议，也供称自己是“国家工作人员”，且供述稳定。

但辩护律师经过阅卷、调查取证发现：1. 北京西郊宾馆有五个股东，且五个股东并非全属“全资国有公司”，虽然非国有股所占比例极小。2. 杜某从事的是服务性活动，是从事劳务的人员，其工作不具有组织、领导、监督、管理的性质。3. 杜某既有把钱款提出自己使用的行为，也有归还部分款项的行为。因此，开庭审理时，辩护律师指出：“第一，北京西郊宾馆

---

① 陈波著：《反贪瑕疵案件实战分析与破解》，中国检察出版社2011年版，第61页。本章案件曾在该书中作为分析案例。

不是国有公司，起诉书对此认定无法律依据。第二，被告人杜某不是国家工作人员，不符合贪污罪的主体要件。第三，涉案款项不属于《刑法》第382条第1款的公共财物。第四，被告人只有挪用的想法，没有非法占有的目的。辩护人不否认被告人的行为构成犯罪，但仅构成挪用资金罪，不是贪污罪。”

某区法院经审理后认为，杜某从事收取、付出、点钞等事务性工作，不能算作“准国家工作人员”，而是非国家工作人员，不宜以贪污罪定罪。某区检察院撤回贪污罪的起诉，2010年4月变更起诉书，指控杜某构成职务侵占罪。

2010年5月，某区法院作出判决，对杜某以职务侵占罪定罪量刑。

◆起诉书节录

一、2009年12月起诉书节录

经依法审查查明：2003年年初至2009年2月，被告人杜某利用担任北京西郊宾馆有限责任公司（国有公司）财务部支出出纳员的职务便利，以使用单位现金支票提取现金不入账的方式侵吞单位财物，用于个人购买股票、彩票；并通过撕毁现金支票票根、制作虚假的银行对账单、修改单位余额调节表等方式掩盖犯罪行为。经查被告人杜某共提取现金52笔共计人民币2375075.72元未记入单位日记账，其中人民币814369.23元通过未实际提取现金的支票入账的方式分25笔用于单位的正常开支。因此，被告人杜某贪污人民币1560706.49元。

本院认为，被告人杜某身为国家工作人员，利用职务上的便利，侵吞公共财物，其行为触犯《刑法》第382条第1款、第383条第1款第（1）项之规定，犯罪事实清楚，证据确实、充分，应当以贪污罪追究其刑事责任。根据《刑事诉讼法》第172条之规定，提起公诉，请依法判处。

二、2010 年 4 月，某区检察院变更后的起诉书节录

经依法审查查明：2003 年年初至 2009 年 2 月，被告人杜某利用担任北京西郊宾馆有限责任公司财务部支出出纳员的职务便利，以使用单位现金支票提取现金不入账的方式侵吞单位财物，用于个人购买股票、彩票；并通过撕毁现金支票票根、制作虚假的银行对账单、修改单位余额调节表等方式掩盖犯罪行为。经查被告人杜某共提取现金 52 笔共计人民币 2375075.72 元未记入单位日记账，其中人民币 814369.23 元通过未实际提取现金的支票入账的方式分 25 笔用于单位的正常开支。因此，被告人杜某侵吞数额共计人民币 1560706.49 元。

本院认为，被告人杜某身为公司人员，利用职务上的便利，将本单位财物非法占为己有，其行为触犯《刑法》第 271 条第 1 款之规定，犯罪事实清楚，证据确实、充分，应当以职务侵占罪追究其刑事责任。根据《刑事诉讼法》第 172 条之规定，提起公诉，请依法判处。

◆一审辩护词节录

一、起诉书指控被告人杜某构成贪污罪不能成立

首先说明的是，我们对杜某利用职务便利，提取现金不入账，涉案款项已被被告人及其家属退还的事实不持异议。但是，根据法律规定，结合本案事实，起诉书指控被告人杜某构成贪污罪不能成立。

（一）北京西郊宾馆不是国有公司，起诉书对此认定无法律依据。

根据本案证据来看，北京西郊宾馆是有限责任公司，是国有参股公司，但其中含有非国有成分，不是国有独资公司，也不是劳动群众集体所有公司。但国有参股也好，控股哪怕是绝对控股也好，绝不等于国有公司。目前，从刑法意义上讲，没有国有控股公司就是国有公司的法律规定。而指控一

个人构成犯罪，其法律依据只能是刑法规定。那么在相应法律依据缺失的情况下，根据罪刑法定原则和刑法的谦抑性原则，从有利于被告人的角度，起诉书认定北京西郊宾馆为国有公司因无法律依据，不能成立。

（二）被告人杜某不是国家工作人员，不符合贪污罪的主体要件。

1. 北京西郊宾馆是有限责任公司，不是国家机关，被告人杜某不属于国家机关中从事公务的人员。

2. 前面已述，北京西郊宾馆不是国有公司，当然被告人杜某不属于国有公司中从事公务的人员。

3. 从本案证据看，没有证据证明被告人属于国家机关、国有公司、企事业单位委派到非国有公司从事公务的人员。同时，被告人也不属于其他依照法律从事公务的人员。

4. 在此必须说明的是，尽管在侦查、审查起诉，包括今天庭审，杜某对侦控机关对其身份的认定予以认可，没提任何异议，但不等于公诉机关关于其国家工作人员身份的指控成立。杜某口供中对身份的认可，只是对具体工作身份的认可，不能扩大到对其身份法律定性上的认可。因为后者严格讲已不属于对事实的供述，而属于法律评价。另外，即便其口供作了对己不利的供述，法庭对此不能顺水推舟，不能直接采信，仍负有审查判断的义务，应实事求是地对口供慎采或不采。

（三）涉案款项不属于《刑法》第 382 条第 1 款的公共财物。

因北京西郊宾馆不是国有公司，涉案款项不属于《刑法》第 91 条规定的公共财产，不属于《刑法》第 382 条第 1 款的公共财物。本案中不存在贪污罪的行为对象。

（四）被告人只有挪用的想法，没有非法占有的目的。

被告人在自首前确实只归还了 20 万元，也实施了撕毁票根、制作虚假对账单、修改余额调节表的行为，这是事实。但这些客观事实的存在并不等于被告人就是有侵吞的目的。如果这样的话，既有客观归罪之嫌，也有违主客观相统一的刑法原则。被告人主观上到底是挪用，还是非法占有，必须结合全案事实进行分析。本案不可否认的事实是，被告人的所有口供都说自己只是想挪用，一直想还，只是因为一直赚不到钱的客观原因在案发前没有还清；而且被告人在自首前还给宾馆领导写了信，表明自己卖房子、借钱也要把钱还上，甚至在看守所里也仍然要求家里一定要卖房子来还钱。这既有被告人口供，也有亲笔写给领导的信可以证实，而且口供一直都很稳定。当然，辩护人也注意到，这些口供和信都是来源于被告人本人，但是，分析被告人的主观心理如何，不从被告人处着手，又从哪儿分析呢？更何况，被告人不只是说想还，她还做了，她还亲自还了 20 万元钱。还有家属应她要求卖房还款的事实佐证。

同时，在此澄清一点，撕毁票根、制作虚假对账单、修改余额调节表等行为是被告人为了掩盖挪用的事实，不是为了非法占为己有，因为不这么做，被告人根本就无法从单位拿出钱来，就无法挪用，这些行为的实质只是挪用的客观行为。它不体现、也不证实非法占有目的存在。

（五）辩护人不否认被告人行为构成犯罪，但仅构成挪用资金罪，而非贪污罪。

二、被告人杜某有自首这一法定减轻、从轻的量刑情节

本案证据充分显示，被告人自动投案，主动交代犯罪事实，愿意接受法院的审判，其符合自首的要件。其对行为性质的辩解不影响自首的成立。无论被告人构成何种犯罪，都应对被告人减轻或从轻处罚。

三、被告人及其家属已全额退还赃款，被害单位没有实际的经济损失，社会危害性已被降至最低，应对其酌予从轻处罚。另外，被告人无前科劣迹，平时表现很好

综上，请合议庭根据本案事实、证据和法律，判决被告人杜某构成挪用资金罪，并减轻处罚。

◆控辩交锋

控辩双方争议的焦点集中在案件的定性上，而定性方面又有两处根本分歧。其一，是杜某的主体身份，这涉及此罪和彼罪、重罪和轻罪的问题。检察院指控她为《刑法》第 382 条第 1 款的“国家工作人员”。而辩方认为，判断一个人的主体身份，既要看他所在的单位性质，还要看其从事的业务性质。就本案而言，杜某的单位有五名股东，从投资比例看，其单位不是“国有单位”，行为对象也不是“公共财物”，她不符合贪污罪的主体要件。其二，是挪用还是侵吞。控方认为，杜某撕毁票根、制作虚假对账单、修改余额调节表掩盖犯罪行为，是占为己有的侵吞。而辩方认为，撕毁票根、制作虚假对账单、修改余额调节表，只是被告人挪用的手段，不是为了掩盖挪用的事实，不是为了非法占为己有，因为不这么做，被告人根本就无法从单位拿出钱来，就无法挪用，这些行为的实质只是挪用的客观行为。它不体现、也不证实非法占有目的存在，不能把手段行为等同于目的行为。

◆判决书节录

经审理查明：

2003 年年初至 2009 年 2 月，被告人杜某利用担任北京西郊宾馆有限责任公司（安监总局服务中心出资占全部出资的 66.6%，属于国有控股公司）财务部支出出纳员的职务便利，以使用单位现金支票提取现金不入账的方式侵吞单位财物，用于个人购买股票、彩票；并通过撕毁现金支票票根、制作虚假的银行对账单、修改单位余额调节表等方式掩盖犯罪行为。经查被告人杜某共提取现金 52 笔共计人民币 2375075.72 元未记入单位日记账，其中人民币 814369.23 元通过未实际提取现金的支票入账的方式分 25 笔用于单位的正常开支。因此，被告人杜某实际侵吞公款数额共计人民币 1560706.49 元。

……

本院认为，被告人杜某身为有限责任公司的出纳员，利用职务之便利，将本单位钱款非法占为己有，数额巨大，其行为已构成职务侵占罪，应予惩处。判决如下：

被告人杜某犯职务侵占罪，判处有期徒刑七年。

◆辩护思路

1. 辩护第一重点：被告人杜某的身份问题，其不是准国家工作人员，不符合贪污罪的主体要件。

贪污罪属于身份犯，对被告人的主体资格有特殊要求。被告人的身份直接决定着此罪和彼罪、罪与非罪，辩护实务应将主体要件作为潜在的主要辩点进行考量。辩护人经过阅卷、会见后，发现杜某利用职务便利，提取现金不入账，将其自用，确属事实。但是辩护人经过调取北京西郊宾馆的工商登记材料，发现其有五个股东，且五个股东并非全属“全资国有公司”，即北京西部宾馆不属于国有公司。因此，不管被告人杜某从事的是否是公务活动，其既不属于《刑法》第93条第2款规定的“国有公司中从事公务的人员，或国有公司委派到非国有公司从事公务的人员”，即不能以国家工作人员论；也不属于《刑法》第382条第2款规定的“受国有公司委托管理、经营国有财产的人”，即便其有侵吞、窃取、骗取单位财物的行为，也不能以“贪污论”。

当然，辩护人之所以将主体作为第一辩护重点，还有其他层面的考虑，因为北京西郊宾馆的性质，决定着涉案财物是否是贪污罪的行为对象——公共财物或国有财物，也决定着贪污罪成立与否。此外，如果被告人不具有非法占有的目的，仅有挪用的故意，被告人的主体资格还决定着是挪用公款罪，还是挪用资金罪，而两者的量刑又存在很大差距。首先从主体要件入手，可以为下一辩点打下基础。

2. 辩护第二重点：挪用还是非法占有，被告人只有挪用的想法，没有非法占有的目的。如构成犯罪，也应是挪用资金罪。

本案的特殊性在于，被告人确实实施了撕毁票根、制作虚假对账单、修改余额调节表的行为，但这是将钱款提出的必要前提，否则，根本就无法从单位拿出钱来，而且，被告人曾经还了部分款项的事实、口供、要求家属卖房还款的行为事实、给领导写的信等，能够证实被告人仅有挪用的故意。撕毁票根、制作虚假对账单、修改余额调节表是为了掩盖挪用的事实，不是为了非法占为己有，不能客观归罪。

3. 辩护第三重点：被告人具有自首等法定、酌定量刑情节。因为被告人杜某的行为客观上确实构成犯罪，不管其成立何种罪名，作为辩护人必须对定罪和量刑做全面辩护，不能毕其功于“定罪”一役，否则就“浪费了量刑情节”，也不是负责的辩护人。

◆结语

口供的直接证明性、利害关系性、真实虚假并存性、反复易变性，要求对其审查和采信应做到遵循一个原则，作两种区分，三个确保，兼听“翻供”，慎信口供。

1. 一个原则。不轻信口供，不依赖口供，不对“有罪口供”顺水推舟；但又重视口供、慎信口供。

2. 两种区分。犯罪嫌疑人、被告人的供述和辩解含有“供”“述”“辩”“解”，常会涉及两大部分内容，一是关于案件事实部分，二是关于对自己行为或事实的法律评价部分，如自己是立功、正当防卫、自首等。作为犯罪嫌疑人、被告人应主要陈述事实，但进行法律评价也是他的权利，只是前者属于“供述”，后者属于“辩解”，对于两部分应采取不同的审采方式。

3. 三大确保。确保口供的合法性、自愿性、真实性。合法性包括程序合法、内容合法、主体合法等多方面，实践中常见的不合法情形包括非法取供、刑讯逼供、一人讯问、非法定场所取供、讯问笔录和提讯证词不对应、不同时段的讯问笔录内容完全一致、同一侦查人员在同一时段分身讯问、多页笔录只有最后一页有被讯问人签名或指纹等。排除非法口供，合理补全瑕疵口供是确保口供合法性的应有之义。至于自愿性，又和合法性相生共存，互相影响，但要注意这二者不能等同，不合法并不一定带来不自愿，不自愿不等于仅指刑讯逼供。真实性既以合法性、自愿性为基础，它需和其他证据比对、印证，还必须经过法庭质证，方能确信，这是个复杂的过程。

4. 兼听“翻供”。翻供是犯罪嫌疑人、被告人的合法权利，是辩护权的组成部分，不能“闻翻则怒”“闻翻漠然”，必须兼听翻供，翻供不可怕，司法人员对所谓稳定的口供缺少必要的警惕性、缺乏怀疑精神才可怕，翻供只会让司法工作人员兼听则明，让司法人员多问几个为什么，对案件的处理并无坏处。只要翻供合理，无论以前口供多么稳定、一致，对后者也应不采。

5. 慎信口供。尤其慎信犯罪嫌疑人、被告人供述的对己不利的口供，尤其慎信其供述对己不利的法律评价部分的口供。

回到本案，在职务犯罪案件中，被告人的主体身份直接决定罪与非罪、此罪与彼罪、重罪与轻罪，它是应该查明的重要事实，也是控辩审三方应该关注的重点。但在实践中，控辩审三方对之重视程度有所不够，尤其是辩方表现得更为明显。在不少案件中，有的辩方直接放弃对主体的“阻击”，有的即便“阻击”，但“火力不够”“效果不佳”。况且，本案被告人就身份作了对己不利的供述，但是辩护律师没有轻信依赖口供，而是基于对主体身份的重视，不局限于控方的主体证据，并主动调取了涉案单位的股东、股东的工商登记资料，通过对主体身份“细节”地认真审视、把握，提出了中肯客观的辩护意见并被采纳，才使“重罪变轻罪”“贪污变职务侵占”，实现了有效阻击。这也是对慎信口供带来的客观效果。

第六讲

书证和言词证据之比较

——梁某省涉嫌合同诈骗无罪案

按　语：书证和言词证据均属刑事诉讼法明文规定的证据种类。当然，后者的范围较大，它包含被告人供述和辩解、被害人陈述、证人证言等。顾名思义，二者各有特殊的表现形式，书证以“书”为本，言词证据用“言”立身。因关于二者的特点、区别的论著可谓汗牛充栋，笔者无意再予“饶舌”，以一具体案例谈谈书证和言词证据在证据能力、证明力方面的区别。

关键词：书证　言词证据　证明力

◆案情简介

1. 签署煤矿转让合同。

2010 年 1 月到 8 月间，杨某航多次通过梁某省的大哥梁某卿主动找到梁某省，要求购买梁某省的腾升煤矿。2010 年 8 月 21 日，双方达成协议，口头约定腾升煤矿、两个一三煤矿手续（腾升和缸沟二矿）共计人民币 3.5 亿元，其中煤矿 3 亿元、两个手续 5000 万元。因梁某省要求净得款 3.5 亿元，所有税费包括其个人所得税等也由杨某航承担。杨某航为了少交税，提出书面合同的转让款写为 9000 万元，梁某省同意。同日，双方签署了书面的《煤矿股份转让协议》，价款 9000 万元，同时约定“两个一三煤矿甲方负责把手续办完后交给乙方所有，乙方按约定付款”“乙方于 2010 年 11 月 20 日前总款全部付清”。2010 年 8 月 23 日，杨某航向梁某省出具了一张 3.5 亿元的欠条。

2. 合同的履行。

2010 年 8 月 21 日，即双方签署书面协议的当天，梁某省将煤矿实际移交杨某航，到矿上宣布煤矿归杨某航所有，杨某航全面接手煤矿、进行生产经营。截至2010年11月24日，杨某航支付了2.1亿余元。对于支付的该2.1亿余元，杨某航的会计王某阳在写好“时间、款项性质、数额”等关键内容的收条上，让梁某省方面的陈某辉签名确认。之后不再付款。梁某省多次打电话、见面催要余款，杨某航均答复说没钱了。

3.报案登封，不予立案。

2011年5月13日，杨某航向登封市（郑州市下辖的县级市）公安局报案，以“梁某省写错身份证号码、没有经股东刘某萍同意就转让、没有经股东郑煤集团同意就转让”为由，举报梁某省构成诈骗罪。此举报受到了河南省政法委、郑州市委、郑州市公安局等部门以及各部门领导的关注和批示。2011年8月12日登封市公安局在进行了调查取证、请示上级的基础上，认为属于典型的经济纠纷，作出了“不予立案”的决定。杨某航对此决定不服，申请公安局复议、申请检察院复核，公安机关与检察院均维持此决定。在此期间，登封市有关部门多次组织双方调解，未果。

4.以涉黑为名再次举报，省公安厅打黑队立案、侦办。

2011年10月9日，杨某航以梁某省组织领导黑社会性质组织为由向河南省公安厅局反映梁某省诈骗，同日省公安厅受理。2011年11月15日，杨某航又向河南省公安厅书面举报梁某省诈骗2.11亿元。2011年12月15日，河南省公安厅立案侦查，由刑侦总队打黑队办理。2012年2月6日，省公安厅指定此案由焦作市公安局管辖。2012年9月12日指定由许昌市公安局管辖，但实际仍由公安厅打黑队侦办。但是，杨某航举报、打黑办侦查事项仅涉及煤矿买卖合同一事。2011年12月15日，河南省公安厅局作出拘留梁某省的决定，2012年1月10日传唤梁某省，并将其羁押。2012年1月20日起，辩护律师数十次前往河南，要求会见，公安厅等机关答复“涉及打黑，无可奉告”；直到2012年5月底，律师经过不断努力，才第一次会见到梁某省。

5. 侦办"追赃"，不遗余力。

公安厅打黑队不仅查封、冻结、扣押了梁某省、刘某萍夫妻名下的所有财产，甚至对毫不相关的案外人，如刘某萍妹妹家的房屋也采取了上述措施。2012 年 4 月 11 日，在公安厅打黑队的主持下，梁某省、杨某航、梁某峰签署了《腾升煤矿股权转让协议》《补充协议》《授权委托书》，约定梁某省、刘某萍 2010 年 8 月 21 日签署的转让协议无效，梁某省将煤矿以 5000 万元的价格转让给梁某峰，梁某峰将转让款转给梁某省指定的代理人（何某超，同案嫌疑人）后，再支付杨某航。同日，梁某省、杨某航、梁某峰又签署了《河南省登封少林啤酒饮料有限公司出资转让协议》《授权委托书》，2012 年 5 月 1 日签署《补充协议》等，约定以 3000 万元价格转让给梁某峰，款项由代理人何某超收取。上述协议均约定，由梁某峰代梁某省接收河南省公安厅退还的啤酒厂、腾升煤矿、三元东煤矿、登封市实验中学（后二者没有转让给梁某峰）的所有证件、文件、资料。

2012 年 10 月 29 日，在公安厅打黑队的主持下，梁某省、梁某峰签署了《补充协议》，约定腾升煤矿、啤酒厂转让协议发生的争议由郑州市仲裁委员会仲裁，同意放弃仲裁程序中放弃答辩期、举证期，选定仲裁员期间，开庭通知期间等有关期限和具体程序的限制，同意指定仲裁员、审理期限不受规则限制，仲裁庭采取书面方式审理等。

6. 起诉，一审二审宣告无罪。

2012 年 9 月 14 日，案件由许昌市公安局南关分局移送魏都区检察院，魏都区检察院两次退回补充侦查；2013 年 3 月底，魏都区检察院将案件移送许昌市检察院。2013 年，许昌市检察院以梁某省涉嫌合同诈骗罪起诉到许昌市中级人民法院，2013 年 9 月 10 日至 9 月 11 日，许昌市中级人民法院开庭审理此案。2014 年 12 月 3 日，许昌市中级人民法院作出一审判决：排除有罪口供，认定为合同纠纷，宣告梁某省等人无罪。许昌市检察院不服一审判决，提出抗诉。后河南省检察院认为不符合抗诉条件，申请撤回抗诉，

2015 年 9 月河南省高级人民法院作出二审裁定“准许撤诉，一审无罪判决发生法律效力”。

◆起诉书节录

经本院查明：2010 年 8 月，被告人梁某省、陈某辉、何某超在与被害人杨某航协商腾升煤矿股权转让过程中，隐瞒缸沟二矿已被吊销营业执照、腾升煤矿申请扩层开采采矿许可证尚未进入实质性申办程序的真相，虚构缸沟二矿具有一三煤采矿许可证、腾升煤矿一三煤采矿许可证很快就能办下来的事实，欺骗杨某航购买缸沟二矿和腾升煤矿一三煤采矿许可证。2010 年 8 月 21 日，被告人梁某省与杨某航签订煤矿股份转让协议，约定腾升煤矿以及缸沟二矿和腾升煤矿两个一三煤采矿手续共计 3.5 亿元，其中腾升煤矿价值人民币 9000 万元，杨某航以总价 3.5 亿元向梁某省出具欠条。后杨某航接手腾升煤矿并陆续向梁某省付款，到发现被骗时已累计支付款项共计 2.10464492 亿元。

被告人梁某省、陈某辉、何某超以非法占有为目的，在签订、履行合同过程中，虚构事实、隐瞒事实，诈骗被害人财产 2.6 亿元（其中既遂 1.204644492 亿元），数额特别巨大，其行为已构成合同诈骗罪。在共同犯罪中，被告人梁某省、陈某辉起主要作用，均属主犯，被告人何某超起次要作用，系从犯。

◆一审辩护词节录

第一部分　八个客观事实

为了对本案指控有个清晰的梳理和准确的定性，必须首先指出八个不容争议的客观事实，这是分析本案的前提和基础。

一、第一个不争的事实

三张收条是王某阳先行手写好数额、钱款性质备注等内容，陈某辉仅是签名而已。王某阳手写的备注等内容是：今收到杨某航现金壹仟万元整（系杨某航付梁某省购矿款），2011 年 1 月 13 日；今收到杨某航现金 3000 万元整（系付杨某航购梁某省郑煤集团腾升煤矿买矿款），2010 年 11 月 24 日；今收到杨某航现金壹亿柒仟零肆拾陆万肆仟肆佰玖拾贰元（系付杨某航购梁某省腾升煤矿款），2010 年 11 月 12 日。

二、第二个不争的事实

《煤矿股份转让协议》第 1 条约定：两个一三煤矿甲方负责把手续办完后交给乙方所有，乙方按约定付款（即交付才付款），即腾升煤矿和两个一三煤矿手续是分开表述的。第 3 条约定：本协议签字生效时，乙方于 2010 年 11 月 20 日前总款全部付清（甲方收款后，以梁某省开具的收据为准）。第 8 条约定：煤矿转让产生的各种税费均由乙方全部承担。

三、第三个不争的事实

在《煤矿股份转让协议》约定付款的 2010 年 11 月 20 日之前，杨某航已经至少付了 1.70464490 亿元，远远大于 9000 万元。

四、第四个不争的事实

根据 2011 年 8 月登封市公安局《不予立案通知》《结案报告》、省政法委查办通知等，在河南省公安厅介入本案前，登封市公安局已在中央政法委、省政法委、郑州市领导关注下查办本案，结论是属于经济纠纷，不属于公安管辖，作出了不立案决定。且这些结论至今有效。

五、第五个不争的事实

2011 年 10 月 9 日 14 时 30 分，杨某航在河南省公安厅刑侦总队一支队办公室接受冯某海询问时，是以梁某省涉黑为由反映情况，但在之后的问话中，没有任何公安人员就梁某省涉黑展开询问、调查；杨某航也没有反映涉黑的具体事实。直到今日为止，侦办涉及的仅是煤矿转让事宜，丝毫不涉及黑社会性质犯罪组织。

六、第六个不争的事实

2012 年 2 月 6 日、2012 年 9 月 12 日河南省公安厅虽然先后指定焦作市公安局、许昌市公安局管辖本案，但案件实际仍由省公安厅有组织犯罪大队，也就是俗称的打黑队实际办理。

七、第七个不争的事实

梁某省身体不好，心脏搭有十个支架，还有抑郁症、高血压三期等，其爱人刘某萍于 2012 年 2 月 24 日起多次被反复监视居住、拘留、逮捕。

八、第八个不争的事实

河南省公安厅一直将梁某省化名为赵宏亮、李战国关押。辩护律师是 2012 年 5 月底才第一次见到梁某省。而在 2012 年 4 月 11 日，梁某省人在看守所，却和案外人梁某峰、被害人杨某航签署了多份协议，处分了登封啤酒厂、本案涉案标的腾升煤矿、三元东煤矿等多处股权和土地，总价 1.5 亿元（腾升煤矿 5000 万元，啤酒厂 3000 万元，三元东煤矿 7000 万元），但梁某省一分钱没有拿到。

第二部分　公诉机关的指控无事实根据、法律依据，依法不能成立

一、必须厘清一个问题——腾升煤矿的真实价格

在 2010 年 8 月 21 日双方达成协议时，腾升煤矿价格到底是多少，这

是我们分析本案无论如何都无法回避的问题。同样分析双方主观想法，也需要解决这个问题。

辩护人注意到，对于案涉合同涉及的腾升煤矿、两个一三煤手续，总价是 3.5 亿元，各方没有异议。但是对于腾升煤矿价格、一三煤手续价格各自多少，双方存在争议。客观地讲，杨某航（乙方）也好、梁某省（甲方）也好，因为存在利益问题，双方的言词证据都可能不真实。但相比较而言，书证更为客观、真实、可信。因为这些书证从时间上看，均形成于事发时，而非案发后；从形式来看，这是书证，一旦形成，内容是稳定的、不变的，不像言词证据易变和易受外界影响，今天一个说法，明天一个说法；从证明力上来说，一般书证大于言词证据，尤其大于案发后侦办人员带有特定目标收集的利害关系人的言词证据。一言以蔽之，书证比言词证据更真实，更能还原真相。因此，辩护人建议暂时把言词证据放在一边，先看看书证证明了什么。

（一）本案书证。

1. 关于《煤矿股份转让协议》。第 1 条约定：两个一三煤矿甲方负责把手续办完后交给乙方所有，乙方按约定付款，即一三煤价款先不支付，等到过户给杨某航后，其才付款。第 3 条约定：本协议签字生效时，乙方于 2010 年 11 月 20 日前总款全部付清（甲方收款后，以梁某省开具的收据为准），意思就是在 2010 年 11 月 20 日前，杨某航只需要把腾升煤矿款支付完毕，不需要支付其他任何款项。第 8 条约定：煤矿转让产生的各种税费均由乙方全部承担。故价格写低、避税对杨某航有利，其是受益方。

2. 关于三张收条。三张收条，清清楚楚地写道：系杨某航付梁某省购矿款，系付杨某航购梁某省郑煤集团腾升煤矿买矿款，系付杨某航购梁某省腾升煤矿款。这充分证实杨某航支付的所有款项都是腾升煤矿款，不涉及其他。众所周知，这个收条备注等内容是王某阳自己书写的，尤其按杨某航和王某阳的说法，王某阳知道腾升煤矿只是其中一个标的，且占总额比例极少。当庭陈某辉也明确说了，“王某阳做事比较细，所以他写，他写好，我核对了总数就签了字，他没有任何意见，高兴着呢”。作为一个做事细致，又知道腾升煤矿只是 9000 万元，长期从事财务工作的王某阳绝不会随意书写备注，其所写备注必然符合客观事实。

当然辩护人注意到，公诉人宣读的王某阳证言称，收条是应陈某辉要求打的，还说陈某辉不想给自己打收条，自己多次催等。这个说法不能成立。其一，这只是王某阳一个人的说法，无任何证据印证，属于孤证，不应被采信、认定。其二，这个说法与三张客观存在的收条矛盾，陈某辉不愿意打条，那又怎么会有三张收条呢？其三，无论王某阳怎么解释，数额、款项性质、备注等内容是王某阳自己写的，内容怎么写是王某阳自己决定的。

3. 关于本案付款明细、单据等。这些书证清楚显示在 2010 年 11 月 20 日前，杨某航付了近 2 亿元。但根据双方协议，这个阶段杨某航只需支付腾升煤矿款，不支付其他任何款项。

综上，书证——《煤矿股份转让协议》、三张收条、付款明细单据，可以清楚证实腾升煤矿的真实价格肯定不止 9000 万元，它最起码高于杨某航已付的 2.1 亿余元。

（二）控方提供的存在问题的何某超侦查口供的一个细节披露了真相——腾升煤矿至少价值 2.9 亿元。

在第 4 卷第 38 页何某超 2012 年 6 月 26 日的口供第 4 页倒数第 10 行到第 9 行："梁某省问陈某辉这两个手续值多少钱，陈某辉说一个 3000 万元，两个 6000 万元。接着梁某省问杨某航要不要，杨某航也想要。"后达成共识：腾升煤矿 9000 万元，两个一三煤手续 2.6 亿元，总价 3.5 亿元。当着杨某航的面，陈某辉就两个一三煤矿手续报价才 6000 万元，杨某航只可能同意低于 6000 万元的价格，不可能同意高于 6000 万元的价格。总价是 3.5 亿元，3.5 亿元减去 6000 万元，腾升煤矿的价格最少 2.9 亿元。公安人员所作的这份笔录可谓是百密一疏，不小心泄露了真相，也应了那句老话"真作假时假亦真，假作真时真亦假"。

（三）梁某省等人在自愿状态下所作的登封市公安局调查笔录、河南省公安厅的询问笔录，充分证实腾升煤矿价款是 3 亿元。这也和上述分析印证。

（四）《煤矿股份转让协议》第 2 条标注的 9000 万元，不是腾升煤矿的真实价格。

为什么标注 9000 万元，梁某省等对此有合理的解释，且这个合理解释又有书证印证。梁某省多次说了，之所以标注 9000 万元，是为了避税，而且这是杨某航提出来的，因为所有税费均由杨某航承担。这个辩解既有书证证实，也符合交易现实，又符合生活经验逻辑，具有合理性。比如，北京、上海、广州等地二手房房地产交易就是如此，所有的税费均由买方承担，为了避税，合同上就房屋的交易价格标注得远远低于真实价格，只要达到政府指导价就行。

（五）杨某航关于价值 9000 万元的陈述，以及梁某省等被告人口供在合法性、真实性等方面存在问题，不能作为认定依据。

具体理由不重复。但无论这些言词证据怎么说、怎么变，都无法解释王某阳收条上的备注，都无法解释杨某航在 2010 年 11 月 20 日前，在没有拿到任何许可手续的情况下频频付款，且付款金额远远高于 9000 万元的客观事实。

在此特别提请法庭注意，杨某航存在虚假的陈述也说明煤矿的价格远远高于手续的价格。笔录中杨某航称"梁某省于 8 月 19 日找我协商，想欺骗我……这次，梁某省说其还拥有许可证等手续，可以一并随合同低价转让给我……"这说明两个手续是附带的，不是主要的，手续与煤矿相比，属于"添头"；煤矿值钱多，手续值钱少；煤矿是大头，两个手续是小头。那又怎么可能手续 2.6 亿元，煤矿仅 9000 万元呢？另外，按照杨某航自己的说法，实实在在以实物形态存在、价值仅 9000 万元的腾升煤矿他都考察了几个月，而对于 3 亿元的手续自己在没看到的情形下，分分钟就拍板决定，达成协议了，这不符合生活逻辑，不符合常理、常识、常情。

（六）控方所出示的评估报告等不能作为腾升煤矿价格 9000 万元的依据。

辩护人注意到，控方出示了评估报告等作为佐证腾升煤矿价值 9000 万元的依据。但正如我质证时所说，评估报告与本案不具有关联性，双方交易就价格方面当时主要考虑的是预期收益，不是评估值，更不是事后的评估值。在法庭调查阶段，我们已向法庭出示了六份增值税专用发票，证实在2010年6—8月，煤炭的价格（不含税）是585元到612元之间，再按照评估报告所认定的储量157万吨计算，不含税的预期收入也达到近10亿元，3亿元的价格完全合理。再者，我们向法庭出示的证据——郭某英提供的电子账单显示，在2010年1月腾升煤矿的资产累计1.2亿余元。而且，根据杨某航等提供上报郑煤集团2010年8月到2011年4月的产量，腾升煤矿开采煤矿14358吨，不含税收入近9000万元。不到8个月就创收9000万元的腾升煤矿，怎么去算，交易价格也不可能只是9000万元。况且杨某航上报的数字只可能比实际储量低，因为上报一吨，就得给郑煤集团上交50元钱。

至于控方提到的梁某省买矿价格等证据同样不能作为认定依据。我仍然打个比方来说明：如京广沪二手房交易，前手房主买的时候价格很低，但他在转手卖出时价格远远高于买入价，因为交易环境各方面都发生了巨大的变化。二手房交易的评估值也不会很高，但实际交易的价格远远高于评估值。因此，控方的评估报告不适用于本案，其如果作为主张协议无效的民事证据尚可考虑，但不是出现在今天的刑事审判庭上。

综合上述分析，真相就是：腾升煤矿价格3亿元，在2010年11月20日前付清；两个手续5000万元，办完交付后才付款。

二、梁某省自己不具备合同诈骗罪的直接故意

（一）从梁某省的认识要素分析，不具备合同诈骗罪的认识要素。

无论是在合同的协商、签订，还是履行过程中，梁某省均认为自己对腾升煤矿3亿元的合同具备完全的履约能力、条件、基础，完全能够履行，那是手拿把攥；对于两个一三煤手续，认为可能办成，也可能办不成，具有或然性。客观地讲，梁某省对于一三煤手续的具体办理流程并不清楚，说白了，他是个甩手掌柜。这有相应的证人证言等可以证实。

（二）从梁某省的意志要素来分析，始终希望通过合同的履行，自己获得应得的价款，始终没有以合同为道具骗取杨某航财物的期望和想法。

这既有双方签署《煤矿股份转让协议》予以证实，其第1条约定："两个一三煤矿甲方负责把手续办完后交给乙方所有，乙方按约定付款。"这个付款是附条件的，条件成就付款，条件不成就不付款，办成给钱，办不成不收钱。这个意志是很清楚的。这还可以从梁某省的具体客观行为上得到体现，如签署协议后，杨某航还没有付款，梁某省立即就把六证齐全的煤矿交付杨某航经营。这说明梁某省根本没有非法占有他人财物的意志要素。

（三）梁某省没有潜逃、隐匿、失踪等行为。

不仅没有，相反，他始终没有回避问题，无论是在登封市公安局调查期间，还是河南省公安厅调查时，都是自己主动去的。其主动配合调查的行为也表明，其坦坦荡荡，心里无鬼，没有合同诈骗的想法。否则，逃还来不及呢，还敢自投罗网送上门去？

三、梁某省没有和陈某辉、何某超非法占有他人财物的共谋

对此，各被告人当庭表述得非常清楚，我不重复。请法庭注意，本案指控的是共同犯罪，必须要有共同犯罪故意的形成，但即便根据控方提供的所有证据（先把它存在的问题放在一边），杨某航与梁某省协商的过程极其简单、短暂，控方的证据也无法说清、无法证实三被告人之间如何商议、预谋、分工的。要知道，本案指控诈骗2.6亿元，但是证据缺失。

四、梁某省既有履约的诚意，又有履约的能力，实施了履约的客观行为，不具备合同诈骗罪的客观方面

（一）梁某省对于腾升煤矿既有履约的诚意，又有履约的能力，实施了履约的客观行为。

如上分析，协议达成当天，在杨某航没有支付一分钱的情况下，梁某省就把六证齐全的腾升煤矿交付杨某航生产经营，杨某航不到8个整月，获

利（税后）近 9000 万元。对于 3 亿元标的的腾升煤矿，梁某省完全完成了履约义务。

（二）公诉机关关于被告人隐瞒、虚构，进而欺骗杨某航的指控无事实根据。

1. 先抛开是否有隐瞒、虚构不谈，辩护人先说说杨某航对于两个一三煤许可证是否产生了错误认识，该认识是否导致他做出错误决定。辩护人必须客观地指出，杨某航对此没有错误认识，更没有做出错误决定。简言之，杨某航没有上当受骗。前面也阐述了，人会说假话，书证相对客观些。因此，辩护人重点谈书证。《煤矿股份转让协议》第 1 条明确约定："两个一三煤矿甲方把手续办完后交给乙方所有，乙方才付款。"从这个约定可以看出来，签署协议时，两个一三煤手续没有办好，双方是很清楚的，否则不会出现"办完后交给乙方"的字样。既然没办好，能不能办好，双方都认识到有两种可能：办成或办不成，否则也不会出现"办完后交给乙方"的字样。这充分说明，杨某航对许可证尚未办好、办理的两种可能性完全知晓，没有陷入"许可证肯定能够办理"的错误认识。

此外，现有证据充分证实，杨某航购买一三煤矿手续是个附条件的协议。何谓附条件的协议？附条件的协议就是指在合同中指明一定条件，把条件的成就（发生或出现）作为合同效力的发生或终止的根据。具体到本案而言，许可证办好并给杨某航所有后，双方关于许可证相关的约定（协议）才生效，杨某航该付款付款。在此之前，协议虽然达成了，但并未生效，更不需要履行。

据此，不管本案是否存在虚构、隐瞒的情节，杨某航都没有陷入错误认识、没有做出错误决定。

2. 被告人等没有虚构"许可证很快就能办下来"的事实。

（1）杨某航总共十余次询问笔录，他都说是因梁某省与陈某辉说许可证已经办下来了，他才买；在签署协议前或后，他还看到了许可证，所以才签了协议。根本没有提到签署协议是因为"许可证很快就能办下来"。故杨某航陈述不可能证实、也没有证实——虚构“许可证很快就能办下来”的指控。

（2）陈某辉的侦查口供不能证实公诉机关关于虚构“许可证很快就能办下来”的指控。即便是存在问题的陈某辉口供也不能证实此点。陈某辉总共20余次讯问笔录，只有2012年1月17日9时到同日10时40分修武看守所这一次口供，谈到说过许可证已经办下来了；其他20余次供述均称当时说的是“已经经郑煤集团同意，缸沟二矿手续办了储量证明”。为了说明问题，仅举其中一例，如2012年3月22日9时40分至同日15时05分在武陟县看守所讯问笔录称：“同日当时梁某省和杨某航谈的价格是两个矿5.6亿元，他们谈的过程中，我说既然矿都卖了，还要两个一三煤手续有啥用，一并卖了算了。记不清是梁某省还是何某超问我哪两个一三煤手续，我说腾升煤矿和缸沟二矿的一三煤采矿手续，梁某省问我办得怎么样了，我说腾升矿的已经经郑煤集团同意上报，并把请示报告发给我们了，缸沟二矿的手续只办了储量证明，梁某省接着问杨某航要不要，杨某航说要，说完我们就走了……”

对于唯一的一次口供，抛开它与书证、客观事实不符，与其他口供自相矛盾、前后矛盾，不真实、不合法等问题不谈，还要注意到对于所有修武看守所的口供，因为陈某辉辩解被刑讯逼供，公诉人的态度是，对于陈某辉在修武看守所的所有口供，建议、同意法庭作为非法口供予以排除。可见，连公诉人对此唯一口供也认为虚假，不能采信。

（3）即便是存在问题的何某超口供也没有提及此点。举其中一次说明之，如2012年3月28日8时30分至10时50分讯问笔录称：“杨某航提出买腾升和三元东煤矿，梁某省开价6.5亿元，最后通过协商达成一致，两个煤矿以5.6亿元价格卖给杨某航……杨某航提出三元东矿没有手续况且刚发生了矿难，至于什么时候能复工没有把握，所以暂时不要三元东煤矿，只要一个腾升煤矿，梁某省说腾升煤矿值3.5亿元，杨某航嫌贵，就开始和梁某省还价，这时陈某辉说，矿都卖了，要那两个一三煤手续干啥，干脆一并卖了算了。我当时还问他哪两个一三煤手续，陈某辉说是腾升和缸沟二矿的一三煤手续，梁某省就问他那两个一三煤手续办得咋样了，陈某辉说正在办理，已经上报郑煤集团了，梁某省问杨某航要不要这两个一三煤手续，杨某航想要。”

当然，在此要说明的是，辩护人只是以何某超侦查口供来说明问题，并非认可其作为定罪的依据。

（4）其他的证人证言、被告人梁某省的口供也不能证实此点。具体理由不重复。

（5）经过庭审，包括证据已充分证实，梁某省当时只是听陈某辉说了手续的办理情况，然后当场直接问杨某航要不要，他根本没有说过“许可证很快就能办下来”之类的话。

3. 被告人梁某省等没有隐瞒“腾升一三煤没有进入实质性申办程序”的真相。

（1）具体理由同 2，不再重复。

（2）“实质性申办程序”是一个伪命题，是一个伪指控。何谓实质性申办程序，哪个阶段属于实质性申办程序？这没法给予准确的界定，我们既可以说哪个阶段都是实质性申办程序，因为不积跬步，无以至千里；也可以说哪个阶段都不是实质性申办程序，因为行百里者半九十之事常有。故“实质性申办程序”是一个伪命题，是一个伪指控。其实，申报到哪一阶段不重要，重要的是有没有申报。公诉机关的指控顾左右而言他，用心良苦。

（3）关于如何申报及申报的具体流程，辩护人注意到马某旺、秦某宇等人有不同的说法。但不管哪种说法，腾升煤矿报给郑煤集团，由郑煤集团再走相关程序，是必经的程序和阶段。

（4）一三煤手续确实申报到郑煤集团了，详见证据如证人证言、批复文件等，不赘述。报到郑煤集团这个阶段已经告诉杨某航了。

（5）在此，我要强调的是杨某航的职业背景，按其自己的说法，他也是搞煤矿的，是缸沟一矿的股东、实际控制人，对一三煤申报流程是懂行的。陈某辉只是说上报到郑煤集团了，是否属于实质性阶段，是否“很快就能办下来”，杨某航肯定知道真实阶段，并有自己的准确判断。

4. 被告人等没有隐瞒缸沟二矿被吊销执照的事实。辩护人特别注意到，起诉书没有指控被告人等隐瞒二矿被当作风井的客观事实问题，而是指控隐瞒“被吊销”的法律事实。其实，因为没有年检导致缸沟二矿被吊销的法律后果，梁某省也不是很清楚。因为这是个法律问题。

的确，公诉机关没有证据证实被告人隐瞒了此点，因为协议商谈时双方没有关注这个问题。对于此节的真正情况，当庭梁某省说了，“他没问，我也没说，但当时我问陈某辉时，杨某航在场，他听到了。就这么简单”。陈某辉当庭供述也证实了这一点。另外，缸沟二矿与一矿相挨着，相距一百余米，杨某航是缸沟一矿的股东、实际控制人，对二矿情况也很清楚。从这个角度讲，梁某省等人没有必要隐瞒，也隐瞒不了缸沟二矿的情况，杨某航也不会被瞒住。

阐述到此，可以清楚说明公诉机关指控的虚构、隐瞒、欺骗根本不存在，没有证据证实。尤其关于隐瞒、虚构的指控，公诉机关不是根据证据本身进行的，而是根据自己对案件的理解展开的。但必须注意，理解不能超越、脱离证据自身本来的内容。

（三）杨某航没有因为签订、履行合同而遭受财物损失。

1. 腾升煤矿约定价格 3 亿元，梁某省早就将矿交付给杨某航。杨某航付款 2.1 亿余元，是支付腾升矿款，而且还没有支付完呢。他不存在损失，要说有损失，梁某省有损失。

2. 因许可证属于附条件条款，未办成不付钱，又谈不上损失。

3. 按照起诉思路，因为付了一三煤许可证的费用，所以杨某航受了损失，那请问公诉人，能否合理解释在 2010 年 11 月 20 日前，在没有把一三煤手续过户给杨某航前，杨某航为何支付 9000 万元之外的款项，支付的依据何在？

（四）诉讼代理人的观点不能成立。

基于有些问题辩护人在前面已有阐述，说过的观点不再重复。辩护人仅有针对性地回应四点。

1. 诉讼代理人说被告人的动机有两个：三元东矿难、新疆矿生产。法庭质证时我已指出，没有一分钱用于解决矿难。至于其他，我们一定要建立在客观事实之上，不能揣测。而基本事实是：杨某航找梁某省谈生意，而不是相反。谁找的谁或许有争议，那么谁考察的谁这没有争议吧。杨某航考察腾升煤矿几个月，怎么反而说梁某省有犯罪动机？不能以钱款的去向倒推所谓的动机。

2. 关于诉讼代理人所说的三被告人分工密切等说法，辩护人特别注意到，其称梁某省先叫上陈某辉、何某超，并称“三人细致分工，分工在哪里，诉讼代理人不讲了”。其这个说法不能成立，也很有意思。其实这个分工问题诉讼代理人应该讲，这很关键，而不是“不讲了”。但其实不管他讲或不讲，本案都没有分工的证据，根本没有分工的事实。这才是诉讼代理人“不讲了”的真实原因。

3. 诉讼代理人关于梁某省等称“十五天办下来许可证”，无客观有效的证据证实，不能成立。比如，梁某卿证言自身就证明它的虚假，而且这个人还是文盲。我们还要注意，诉讼代理人的这个说法与杨某航的陈述矛盾，难道诉讼代理人也认为杨某航的陈述虚假？

4. 本案事实如何，法庭尚未查明。为了查明事实，法律赋予了被告人不可剥夺的辩解权。辩解是被告人的权利，任何单位、个人均无权剥夺。辩解何谈对抗法律？任何人任何机关抹杀、剥夺被告人的权利，才是真正的对抗法律。

综上分析，本案不具备合同诈骗罪的主客观方面。

第三部分　关于本案必须指出的三大问题

一、案件存在诸多不正常现象

比如，河南省公安厅打黑队明知登封市公安局不立案，以涉黑为名，越级管辖；杨某航以梁某省等涉黑为名越级举报；但至今杨某航没有一字涉及“黑”，河南省公安厅打黑队没有一字问及“黑”，没有一人一事查办“黑”。河南省打黑队与杨某航配合默契、天衣无缝。

再如，河南省公安厅打黑队在2012年2月、9月先后指定焦作市公安局、许昌市公安局管辖本案，但仍赤膊上阵，侦办案件，尤其是本案至今未见一名许昌市公安人员参与本案，指定管辖名存实亡。既如此，何必指定？而且，既然指定了焦作市，为何又指定许昌市，这和焦作市检察院多次不批准公安局的逮捕申请时间契合。

又如，在本案侦办中，在2012年4月、5月，河南省公安厅打黑队办案人员多次带领具有利害关系的杨某航、案外人梁某峰，多次畅通无阻地到看守所提审梁某省，逼着“与世隔绝”的梁某省签署多份协议，将涉案的腾升煤矿、案外的登封啤酒厂和三元东煤矿价值几个亿的资产，仅以5000万元、3000万元、7000万元低价转让，但梁某省一分钱未得。

复如，河南省公安厅打黑队反复多次对刘某萍采取监视居住、拘留、逮捕，等等。

二、关于证据方面必须注意的问题

1. 本案存在非法证据，必须予以排除。具体理由、线索、证据不再赘述。综合本案来看，控方证据不能证明取证的合法性；相反，在本案审理中，被告人、辩护律师不仅提供了线索，还提供了证据，非法取供的合理怀疑不仅无法排除，甚至已被证实。尤其是证人刘某萍出庭作证，其言也悲，其情凄惨，是与非，正与邪，善与恶，在座诸位自有结论。作为辩护律师，真诚希望本案不存在非法取证情形。敬请合议庭真正把好证据关、程序关、事实关、法律关。

2. 对本案被告人口供、被害人陈述等言词证据必须甄别判断。被告人口供、被害人陈述等言词证据因为利害关系的存在，常有不真实的成分，对其必须甄别判断，绝不能一概采信。在本案中，被告人口供、被害人陈述等证据中的有罪内容与书证、客观事实严重不符，不宜采信。尤其是梁某省的抑郁症和当庭状态，请法庭充分考虑。其实言词证据最靠不住，赵作海案件、佘祥林案、杜培武案、张高平案中哪一个没有被告人供述，哪一个被告人没有作出有罪供述，但结果证实，这些是虚假的，案件是冤案、假案、错案。

3. 关于被告人口供和被害人陈述证明力，必须透过现象看本质。辩护人举一例子说明：一个小孩对一个大人说，“你必须给我一个珍贵玩具”。大人说，“我为什么要答应你”。小孩立马在地上打个滚，把脸弄红，搞得惨兮兮，小孩说，“你不买，我就说你打我了”。大人说，“我没打你，你爱怎么说就怎么说”。大人很坦然。小孩说，“那好，那我们看看大家是相信我这个被打得可怜的小孩，还是相信你这个江湖老油条”。本案情形和此类似。因此，我们对证据证明力的判断必须透过现象看本质。一定不能以谁看起来好像在交易中吃了亏，谁是弱者，就认为谁的说法可信。对其必须实事求是地进行分析。

4. 本案控方证据没达到刑事诉讼要求的定罪标准，没有达到确实、充分，排除一切合理怀疑的要求。对此，检察院也注意到了，如其两次退回补充侦查，均要求对“腾升煤矿的真正价格”补充证据，但是其后，侦查部门只是补充证据证实总价是 3.5 亿元，没有补强证据证实腾升煤矿是 9000 万元。在此情形下，检察院明知不可而为之，以腾升煤矿为 9000 万元进行指控。只能说其对证据进行了把关，但没有把好关。辩护人对此深表遗憾。

三、本案是典型的经济纠纷，且过错方不在被告人，梁某省才是真正的被害人

本案只是因为煤矿整合模式导致经营利润可能低于预期利润，买方为了转嫁风险，达到不付购买款，又不想承担违约责任，借助公权力插手经济纠纷而人为制造出来的案件。其本身只是典型的经济纠纷，且过错方不在被告人，梁某省才是真正的被害人。

◆控代辩交锋

控代辩总的争议焦点是：民事合同纠纷还是刑事犯罪，由此衍生出两个争议焦点：

1. 腾升煤矿真实的交易价格是多少。控代方认为是9000万元，辩方主张是3亿元。

2. 两个一三煤矿开采许可手续真实的交易价格及付款条件。控代方主张是2.6亿元，合同签订后付款；辩方主张是5000万元，交付后付款。

上述二争议焦点最终聚焦在本案证据上，即：

1. 腾升煤矿转让协议是否全部真实，是否是阴阳合同。

2. 三张收条（王某阳手写内容，陈某辉签名确认）的证据资格和证明力。

3. 三名被告人庭前口供的证据能力和证明力，应否排除。

4. 被害人方的言词证据能否作为定案根据。

5. 第3条、第4条与收条等书证的矛盾如何解决。

◆一审判决书节录

经审理查明：2010年8月，被告人梁某省通过中间人袁某功、梁某卿的介绍，在郑州裕达国贸、登封市天中大酒店对转让梁某省的煤矿股权一事，与被害人杨某航多次进行协商，并签订了一份以腾升煤矿、三元东煤矿为标的的《煤矿转让协议》，价值为人民币4.5亿元至5.6亿元。

该协议签订后，因梁某省不能保证刚出矿难的三元东煤矿何时能够恢复生产，杨某航提出暂时先不买三元东煤矿，只买腾升煤矿。

双方在协商腾升煤矿股权转让过程中，陈某辉首先提出两个一三煤采矿许可手续可一并转让，经梁某省与杨某航协商，最终于2010年8月21日，还是上述五人在梁某卿的狗场，签订了一份《腾升煤矿股份转让协议》。该协议约定：甲方（梁某省）自愿把其煤矿49%的股权全部转让给乙方（杨某航）。（1）腾升煤矿位于白屏乡西白屏村，详细地址、位置及开采范围以采矿许可证为准，两个一三煤矿甲方负责把手续办完后交给乙方所有，乙方按约定付款。（2）煤矿的经营权及所有财产全部转让给乙方，折合人民币9000万元整。（3）本协议签字生效时，乙方于2010年11月20日前总款全部付清（甲方收款后，以梁某省开具的收据为准）……（5）本协议生效时，甲方将煤矿的各种证件、资料及所有财产全部移交给乙方，甲方配合乙方办理各项变更手续……（8）煤矿转让所产生的各种税费均由乙方全部承担。（9）煤矿转让后，原来煤矿所有的印件（鉴）乙方重新刻制。（10）双方应严格按照本协议条款执行，乙方如果在规定期限内没有按时付清款项，甲方有权收回所有财产及经营权，乙方前期付款甲方不再退还……（12）本协议引起的一切争议由郑州仲裁委员会裁决。

协议签订的当日，梁某省即将腾升煤矿交付给杨某航。杨某航于2010年8月23日向梁某省出具欠款3.5亿元的欠条。杨某航接矿后指派其会计王某阳、焦某鹏分数十次给梁某省指定的腾升煤矿副总经理陈某辉付款，至2011年1月13日，累计付款人民币2.10464492亿元。陈某辉在王某阳书写的三张收条上签名确认，三张收条均标明系付杨某航购买腾升煤矿款。自2010年8月至2011年4月，杨某航的腾升煤矿上报郑煤集团嵩阳公司的煤炭产量为14.3583万吨。2011年4月以后，该矿按省政府“三真”（真投资、真控股、真管理）要求停产。

2011年4月，杨某航与梁某省就该合同发生纠纷，要求梁某省退款。因双方在合同价款的理解上存在分歧，协商未果。经登封市、白屏乡两级政府出面协调，也未能达成一致意见。

2011年5月杨某航控告梁某省合同诈骗，要求追究梁某省合同诈骗的刑事责任，并要求梁某省返还诈骗所得，履行腾升煤矿的过户手续。经登封市公安局调查，该局于2011年8月10日以没有犯罪事实为由，作出不予立案通知书，同年8月19日将结果告知杨某航。

2011 年 10 月 9 日，杨某航到河南省公安厅刑侦总队控告梁某省黑社会犯罪组织的有关问题，其中的主要内容是被骗 2.11 亿元的事实，省公安厅于当日受理该案，并于同年 12 月 25 日以诈骗犯罪立案侦查。

上述事实，有下列经庭审举证、质证的证据证实，本院予以确认：

……

2.《腾升煤矿股权转让协议》。

3. 欠条 1 张：2010 年 8 月 23 日杨某航出具，今欠梁某省现金叁亿伍仟万元整。

4. 收条 3 张：均为陈某辉出具，自 2010 年 11 月 12 日至 2011 年 1 月 13 日共收到杨某航付梁某省腾升煤矿购矿款人民币 2.10464492 亿元。

……

6. ……2009 年郑煤集团腾升煤矿向郑煤集团申请扩层开采一三煤层，郑煤集团向登封市国土资源局请示腾升煤矿扩层开采一三煤层。

……

21. 杨某航出具的证明：自 2012 年 4 月起共收到梁某省退还的款项 7500 万元（该 7500 万元即 2012 年 4 月 11 日案外人梁某峰根据在看守所里和梁某省、杨某航签署的《腾升煤矿股权转让协议》《补充协议》《河南省登封少林啤酒饮料有限公司出资转让协议》《补充协议》等，直接支付给杨某航——笔者注）。

……

24. 被告人梁某省的辩护人向法庭提供的证据。

（1）河南省公安厅调取证据通知书、调取证据清单、腾升煤矿会计郭某英提供的电子账明细证实：至 2010 年 8 月，腾升煤矿固定资产 1.2 亿余元。

（2）郑煤集团建业煤炭有限责任公司增值税专用发票 6 张：用以证实 2010 年 6—8 月，煤炭的税后吨价 581—615 元，腾升煤矿可采储量 160 多万吨，交易 3 亿元有客观依据。

（3）机动车发票 1 张：70 万元的丰田塞纳轿车系 2010 年 11 月 1 日购买，

用以证明杨某航在给梁某省买过该车后又付有大量现金，用以证明杨某航称买车是为了让梁某省退款是虚假的，其所作的其他陈述也应存疑。

本院认为：2010 年 8 月 21 日的《煤矿股份转让协议》，是双方当事人的真实意思表示，应为有效合同，且双方都在履行中。

关于合同价款及主从合同的问题。从双方最早签订的转让腾升及三元东两个煤矿价款 4.5 亿元至 5.6 亿元，杨某航出具的 3.5 亿元的欠条，杨某航的会计王某阳书写并有陈某辉签名确认的三张收条均标注系付购买腾升煤矿款，结合三名被告人的供述、杨某航的陈述、证人袁某功、梁某卿的证言，应当认定主合同为腾升煤矿，两个一三煤采矿许可证为附条件的从合同。

关于郑煤集团占有 51% 股份，梁某省与其妻刘某萍占 49% 股份，梁某省有无处分权的问题。郑煤集团是通过资源整合占有股份，并未实际投入，且在整合后仅负责该矿的安全技术管理工作。而腾升煤矿的实际控制人仍是梁某省。该案中，郑煤集团是否同意梁某省转让腾升煤矿股权、转让后梁某省是否能为杨某航办理各项变更手续，其法律后果是梁某省是否构成违约。

综上，从主观方面看，无证据证明三被告人具有非法占有对方财物的目的，客观方面也并无实施在签订、履行合同过程中，骗取对方财物、数额较大的行为。而合同纠纷是指合同当事人具有一定履约能力，只是由于客观上的某些原因，虽经多方努力仍不能履行合同而使对方当事人遭受严重损失所产生的纠纷，且造成纠纷的一方并无占有对方财物的故意，故该案系民事纠纷。

公诉机关将合同约定的腾升煤矿及两个一三煤采矿许可证割开，仅就两个一三煤采矿许可证的事实进行指控欠妥。该案中协议约定的标的是腾升煤矿及两个一三煤采矿许可证，结合欠条及收条，可以认定该份合同是黑白合同，而双方争议的也恰恰是腾升煤矿及两个一三煤采矿许可证的价值分别是多少？故不应将腾升煤矿及两个一三煤采矿许可证割裂开，应结合全案的事实及证据综合作出评判。故指控三名被告人犯合同诈骗罪，与案件事实及法律不符，不予支持。

关于三名被告人及辩护人分别提出的该案存在诱供的辩解及辩称，经查，该案的视频资料均系非同步进行，均系片段的录音录像，不能反映讯问的全过程，对其中是否存在诱供存疑。结合该案的其他证据，侦查机关没有诱供难以排除。三名辩护人的其他辩称，与查证事实相符，予以采纳。

依照《刑事诉讼法》第 195 条第（2）项、《最高人民法院关于适用〈中华人民共和国刑事诉讼法〉的解释》第 241 条第 1 款第（3）项之规定，判决如下：

被告人梁某省无罪。

◆辩护思路

一、辩护第一重点：庭前非法的有罪口供应予排除

三名被告人确实在侦查阶段做过有罪供述，该种供述是否合法、真实，是否自愿做出，直接影响本案事实的认定、法律适用。1. 辩护人在侦查阶段亲身经历了长达半年多的会见受阻，后经向河南省检察院侦监部门多次反映，经侦监部门协调后，在侦查人员的“陪同”下，才得以第一次会见梁某省。2. 梁某省身体不好，心脏搭有十个支架，还有抑郁症、高血压三期等重大疾病。在辩护律师会见重重受阻期间的 2012 年 4 月、5 月，河南省公安厅打黑队办案人员多次带领具有利害关系的杨某航、案外人梁某峰，畅通无阻地到看守所提审梁某省，逼着“与世隔绝”的梁某省签署多份协议，将涉案的腾升煤矿、案外的登封啤酒厂和三元东煤矿价值几个亿的资产，仅以 5000 万元、3000 万元、7000 万元低价转让给梁某峰，梁某峰将款项直接打给杨某航，折抵梁某省从杨某航处已经收取的合同款。如此一来，梁某省不仅失去了涉案标的，还把案外的登封啤酒厂、三元东煤矿搭了进去，但尚不足以清偿杨某航的已付款，梁某省还欠杨某航近亿元。3. 梁

某省的妻子与此案并无关联，但多次被拘留、羁押，后被不起诉。其作为案外人，尚且遭遇此种情况，当事人遭遇的情形可想而知。4. 侦查机关提供的讯问录音录像不符合规定，存在诸多问题，不能证实取供合法。辩护人认为，被告人庭前有罪口供在合法性、客观性上存在不容回避的重大问题，必须予以排除。排除非法口供当为第一重点，于是在法庭调查阶段，辩护人申请排除非法口供，法庭依法启动了非法证据排除程序。法制日报对此进行了详细报道。

二、辩护第二重点：煤矿的真实价格，不是所谓被害方杨某航等主张——书面合同载明的 9000 万元，而是梁某省等人主张的 3 亿元

对于案涉合同涉及的腾升煤矿、两个一三煤手续，总价是 3.5 亿元，各方没有异议。但是对于 3.5 亿元的组成，腾升煤矿价格、一三煤手续价格各自多少，双方存在争议。杨某航等主张腾升煤矿是 9000 万元，两个一三煤手续 2.6 亿元。梁某省等人主张煤矿价格 3 亿元，两个一三煤手续 5000 万元（办好后杨某航才付钱）。孰是孰非，必须结合其他证据尤其是当时形成的书证如转让协议、收条等判定。

经过梳理证据材料，辩护人发现：1.《煤矿股份转让协议》第 1 条约定：两个一三煤矿甲方（梁某省）负责把手续办完后交给乙方所有，乙方（杨某航）按约定付款，即一三煤价款先不支付，等到过户给杨某航后，其才付款。第 3 条约定：本协议签字生效时，乙方于 2010 年 11 月 20 日前全部付清总款（甲方收款后，以梁某省开具的收据为准），意思就是在 2010 年 11 月 20 日前，杨某航只需要把腾升煤矿款支付完毕，不需要支付其他任何款项。2. 梁某省方的陈某辉签名的三张收条清清楚楚地分别写道：系杨某航付梁某省购矿款，系付杨某航购梁某省郑煤集团腾升煤矿买矿款，系付杨某航购梁某省腾升煤矿款。而且这些收条上面的数额、款项性质、备注等内容是杨某航方的会计王某阳自己书写。3. 本案付款明细、单据等。这些书证清楚显示在 2010 年 11 月 20 日前，杨某航付款近两亿元。但根据双方协议，这个

阶段杨某航只需支付腾升煤矿款，不支付其他任何款项。这些案发前已形成的客观书证，能充分证实腾升煤矿的真实价格肯定不止 9000 万元，它最起码高于杨某航已付的 2.1 亿余元。

而且，《煤矿股份转让协议》第 8 条约定：煤矿转让产生的各种税费均由乙方全部承担。故价格写低、避税对杨某航有利，其是受益方。梁某省主张“杨某航为了避税，提出书面合同只写 9000 万元，煤矿价格实为 3 亿元”，具有合理性和现实性。

因公诉方指控的罪名为合同诈骗，涉案金额 2.6 亿元，既遂为 2.1 亿余元。既然煤矿真实价格为 3 亿元，远高于 2.6 亿元，杨某航尚未付清应付的煤矿款，合同诈骗之说自然不能成立。因此，辩护人将此作为第二重点。

三、辩护第三重点：梁某省自己没有合同诈骗的主观故意和行为，也没有伙同他人进行合同诈骗的主观故意和行为

因为真实情况是：杨某航在当时煤价高企时经过很长时间的考察，主动托人找到梁某省，要求收购煤矿。杨某航在未付款情形下，进驻腾升煤矿后，已赚取了巨额利润。只是因为 2011 年 4 月以后，该矿按省政府“三真”（真投资、真控股、真管理）要求停产。杨某航与梁某省就该合同发生纠纷，要求梁某省少付或不付未付的合同款项。经登封市、白屏乡两级政府出面协调，也未能达成一致意见。就此而言，梁某省已经履行了自己的合同义务，既无犯罪故意，也无犯罪行为。但这一结论是建立在前两大辩护重点的基础之上，故辩护人将其列为第三重点。

四、辩护第四重点：本案的实质是公权力机关非法介入经济纠纷

在本案之前，杨某航已先后向登封市、郑州市举报梁某省犯罪，但登封市公安局已在中央政法委、省政法委、郑州市领导关注下查办本案，结论是属于经济纠纷，不属于公安管辖，作出了不立案决定。随后，2011 年 10 月 9 日杨某航向河南省公安厅以梁某省涉黑为由进行举报，但之后没有

任何公安人员就梁某省涉黑展开询问、调查，杨某航也没有反映涉黑的具体事实。直到审判之日为止，本案仅涉及煤矿转让事宜，不涉及其他。不仅如此，2012 年 2 月 6 日、2012 年 9 月 12 日河南省公安厅虽然先后指定焦作市公安局、许昌市公安局管辖本案，但案件实际仍由省公安厅有组织犯罪大队，也就是俗称的“打黑队”实际办理。且河南省公安厅一直将梁某省化名为赵宏亮、李战国关押。为何？诸多程序上的严重违法问题，足以说明本案的实质。当然，这属于最后的总结，是对前面三大重点的归纳和呼应，故为第四重点。

当然，在此要说明的是，虽然辩护思路有上述四大重点的先后之分，但在辩护词中并未作此清晰的界分，而是根据庭审情况、表达的需要进行了调整。

◆结语

书证和言词证据共存于同一案件是非常普遍的现象，书证之间、书证与言词证据之间、言词证据之间存在根本性矛盾也非常普遍。对此如何判断、取舍，关于它们的证据资格和证明力不能一概而论，必须具体分析。笔者以为，具体分析可考虑以下原则。

1. 待证证据本身不应作为评判其他证据的依据，如同本案中的《腾升煤矿转让协议》。

2. 印证的前提是单一证据真实、合法、有效，不能以所谓证据间“相互印证”取代对单一证据的审查。因印证解决的是“证明力”，证明力大小的前提是“是否具备证据资格”，不能把二者混为一谈。

3. 对存在矛盾的书证审查采信时，应着重考虑书证的形成时间。比如，是案发前还是案发后；形成背景和过程；“生产”主体和案件的利害关系；书证的内容和细节等。

4. 书证和言词证据存在矛盾时，对其审查采信，既要考虑各自形成的时间及背景、表现形式、内容的稳定性如何、提供主体与案件的利害关系，还要考虑有无其他证据印证。但要注意绝不是有证据印证的就一定真实合法有效，反之亦然。一般而言，书证的证据资格、证明力强于言词证据，尤其强于立案后带有特定目的所取的言词证据。

5. 对矛盾的言词证据进行审查、采信时，除了上述原则，还应特别关注形成背景，尤其应关注是否存在非法取证的情形，特别要警惕所谓的“供证一致”“证证一致”，它有时恰恰是“非法、虚假”证据的表现形式，要透视“供证一致”“证证一致”有无特殊成因。

比如，本案的某些言词证据存在“证供一致”“证证一致”，但它背后的成因令人质疑：

（1）公安机关的办案过程不合常规。本案因杨某航举报梁某省组织领导黑社会性质组织罪，河南省公安厅刑侦总队立案侦查，并按照打黑模式予以办理。但立案后，没有任何侦查行为指向涉黑犯罪，没有任何证据涉及涉黑犯罪，所有的侦查行为仅仅涉及《煤矿股权转让合同》。

“追赃”成了工作重心，公安机关直接介入梁某省个人财产的转让事宜，甚至在梁某省处于关押期间，让其“履行”各种股权转让的法律手续。

河南省公安厅刑侦总队对梁某省这样一个重病患者实行化名关押（一审宣判前仍是如此）、秘密关押（不告知家属）、频繁更换关押地点、不接待辩护律师、五个多月都不安排律师会见但却带领所谓受害人杨某航和案外人梁某峰多次出入看守所。公安机关这样的办案过程、模式值得商榷，办案、管辖的合法性、公正性存在严重问题，有以涉黑为名介入经济纠纷，帮助一方当事人之嫌。

（2）公诉机关没能提供全部同步录音、录像证实取供的合法性。

（3）公诉机关不能解释言词证据与案发前书证间存在的根本矛盾。

6. 严格遵循无罪推定原则。

第七讲　物证不在案，不能定罪？

——于某被控故意伤害致人死亡案

按　语：法定证据种类中的物证是指以外部特征、物质属性、存在情形、所处位置等证明案件事实的物品和痕迹。常见的物证主要有：犯罪工具，如伤害杀人用的凶器等；遭受犯罪侵害的对象物，如运输的毒品、虚开的增值税专用发票等；犯罪遗留下来的物品、痕迹，如伤害杀人后留在凶器上的血迹、现场指纹脚印等。物证一方面具有普遍性、客观性，对于查明案件事实具有无可替代的优越性；另一方面又具有间接性、被动性，具有自身的局限性。那在刑事司法中如何审查采信物证，在有些物证缺失时，如何扬物证之长，避物证之短呢？本文试以"缺失的物证"为例进行分析。

关键词：关键物证缺失　证据链　确实　充分

◆案情简介

1.2013 年 8 月 9 日 20 时左右，于某在饭店门口与吃饭的李某生发生争执，并相互殴打。在被人拉开后，于某推自行车要走，李某生阻拦，两人再次争执，此时于某手拿着和自行车钥匙拴在一起的一个折叠小刀，在争执中刺中了李某生脖子处，李某生随即倒地，后送至医院经抢救无效死亡。于某被当场控制。

2. 经公安机关侦查，收集了证人证言能够证实李某生倒地前只有于某与其有接触，其后李某生受伤倒地；调取了关键物证折叠刀；经法医鉴定，李某生系右锁骨下动脉破裂大出血导致死亡；被告人于某供述自己当时手持折叠刀。但是，比较奇怪的是，经鉴定，折叠刀上没有检测出被害人李某生的血迹，以至于某故意伤害李某生的证据链疑似断裂。

3. 辩护人经仔细分析案卷材料，并多次会见被告人，认为尽管折叠刀上没有检测出被害人李某生的血迹，但根据现有证人证言、法医鉴定意见、被告人供述和辩解，已形成了于某伤害李某生并致其死亡的证据链条，折叠刀上被害人血迹的缺失，确实属于物证瑕疵，不影响本案伤害证据的“确实、充分”，没有造成证据链的断裂。因此，辩护人没有做事实不存在的辩护，也没有做无罪辩护，而是做了行为定性上的辩护。最终，一审法院判处被告人有期徒刑十二年。被告人没有上诉，检察机关也没有抗诉。

◆起诉书节录

2013 年 8 月 9 日 20 时左右，于某在梁山县汽车站北甏肉干饭门口与在此吃饭的李某生因停放山地自行车发生争执并相互殴打，于某持匕首向被害人李某生捅刺，致被害人李某生右锁骨下动脉破裂大出血死亡。被告人于某在与被害人李某生打斗过程中受轻微伤。

案发后被告人随即被周围群众控制。后公安机关办案人员赶至案发现场将被告人于某控制。

认定上述事实的证据有被告人供述和辩解、证人证言、现场勘验笔录、尸体检验鉴定书等鉴定意见、刀子等物证。

本院认为，被告人于某故意伤害他人身体，致一人死亡，其行为触犯《刑法》第 234 条第 2 款之规定，犯罪事实清楚，证据确实充分，应以故意伤害罪追究其刑事责任。

◆辩护词节录

辩护人总的意见是：于某具有正当防卫、自首、认罪态度好等减轻、从轻处罚情节；且被害人具有严重的过错，应相应地减轻于某的刑事责任，应对其减轻处罚。

一、本案被害人李某生具有严重的过错，对案件的发生负有直接责任，应相应地减轻被告人的责任

1. 辩护人首先必须说明的是：任何一个生命的逝去都是一件令人痛心、伤感的事情。李某生不幸去世，同样令我们痛心。辩护人在此对李某生深表哀悼和惋惜。按说死者已矣，本不应该再对被害人的行为有所评价，但为了再现客观事实，对被告人公正量刑，还必须有所提及。

2. 客观地说，双方最早的起因是因为自行车的停放，继而发生打架，接着被人拉开，后被告人试图离开，被被害人暴力阻止，最后导致本案。

3. 先说自行车的停放问题，这本是生活中的琐事。停放地点是饭店门前，这个地方有多大呢？辩护人进行了实地考察，地点确实不大，该饭店门前仅东西不到七米的距离，又放着四张小饭桌。就这样一种客观环境，作为每一位前去吃饭的成年客人对空间都不应有太高苛求。而且，从空间上来说，于某车子停放处离小饭桌还有一定的空间，于某本人就是从这个空间过去的，没有妨碍被害人的就餐环境。从时间上来说，于某是去买饭（快餐）的，买了就走，也就是分分钟的事，可以说几句话的时间，自行车也就会被于某骑走。从常理来讲，自行车停放之事不值得一提。但是，被害人提出了意见。

4. 被害人有意见，双方语言上进行交锋，大家都可以理解，各自说两句也就行了。但是被害人又一拳打在被告人头上，引发被告人还击。后被害人方又有人加入。被害人先动手导致双方从语言交流转变为用拳脚交流。

5. 被告人与被害人被人拉开了，其实这个事也就可以结束了，他买他的饭，你吃你的饭，也就相安无事了。

6. 被拉开后，于某就准备骑自行车走了，他没有继续纠缠不放的想法和举动。但是，被害人打电话喊人、阻止被告人离开，又动手打了被告人，后来造成本案。

7. 通过以上客观分析，再加上于某轻微伤的客观事实，不得不说，本案被害人具有严重过错，对事件的起因、发生、发展、升级均负有直接责任。在此情形下，应相应地减轻被告人于某的刑事责任。

二、被告人于某在正当防卫过程中造成李某生伤害，属于防卫过当，对其应当减轻处罚

1. 如前所述，在双方被人拉开后，于某已经去推自行车准备离开之时，被害人阻止、殴打被告人，为了制止李某生正在进行的不法侵害行为，被告人就用和车钥匙拴在一起，为了开自行车而随车钥匙一起拿出的小刀划了被害人。其行为符合《刑法》第 20 条正当防卫的规定。

2. 当然，辩护人也要指出的是，被告人的正当防卫明显超过必要限度造成重大损害的，其应当负刑事责任，但应当减轻或者免除处罚。

3. 特别指出，起诉书第 1 页“被旁观人员拉开后二人再次发生争执，被告人于某持匕首向被害人捅刺”有三处与事实不符。

其一，时间节点为“二人被旁观人员拉开后被害人再次殴打被告人”，而非“再次发生争执”。

其二，所持物品是装饰用小刀，而非“匕首”（注：公安部对匕首界定为：带有刀柄、刀格和血槽，刀尖角度小于 60 度的单刃、双刃或多刃尖刀，见下图）。

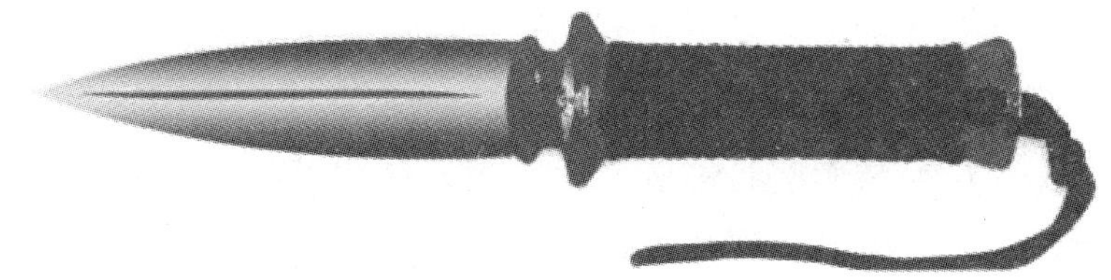

其三，动作是“划”而非“捅刺”。

4. 鉴定意见、死亡鉴定书有资格不等于有效合法，违背常识的鉴定意见本身已证实不能作为定罪的依据。

三、被告人于某在事发后主动到派出所接受处理，并如实交代事实经过，属于自首，对其应依法减轻处罚

1. 本案证据充分显示，事发后于某在明知已有人报警的情况下，没有逃跑，“能逃而未逃”，在警察到后也没有抗拒抓捕，其投案具备主动性和自愿性；且到案后如实交代了本案事实，讯问笔录、庭审口供可以证实。其行为符合《刑法》和《最高人民法院关于处理自首和立功若干具体问题的意见》（法发〔2010〕60 号）第 1 条关于自动投案的具体认定第（2）项，即“明知他人报案而在现场等待，抓捕时无拒捕行为，供认犯罪事实的”关于自首的规定，应被减轻处罚。

2. 辩护人注意到，有证人提到，为防止于某逃跑，抓住了于某的胳膊，不管这种说法是否属实，但这种“抓”不具备暴力性、强制性，还不足以强行控制于某。根本原因还是因为于某本人自愿在现场等待，否则“一人拼命，十人难挡”。因此，抓不抓胳膊都不能否定“于某自愿在现场等待”的客观事实。

3. 为了说明这个问题，我强调一点，相对客观、中立的付某某证言称，其说“把刀子给我”，“红 T 恤青年就把刀子给了我”，足以证明于某是主动把刀子递给了付某某，足以说明于某没有逃跑、躲避责任的意思。

4. 同样指出，起诉书第 2 页“后公安机关办案人员赶至案发现场将于某抓获”与事实不符，于某是在案发地等候警察，主动到案，并非被“抓获”。

四、被告人于某无前科劣迹，此次犯罪属偶然犯罪，且被告人于某认罪态度好、真诚悔罪，愿意赔偿被害人家属

1. 被告人于某平时表现良好，没有前科劣迹，事发当天还通过了 2013 年征兵审查，等待入伍为国尽忠。此次犯罪系未正确处理琐事导致，属初次犯罪，偶然犯罪，其自身的主观恶意不大，人身危险性小。对此，辩护

人也已举证证明。

2. 本案发生后，被告人于某能够认识到自己的罪行，认罪态度好，真诚悔罪。这在其归案后的态度，包括今天的开庭审理均能体现。尤其是在部分物证缺失——折叠刀未能检出被害人血迹，影响作案工具，影响到被害人是否是被于某所伤的前提下，于某没有推诿责任，而是始终如一自认自己伤了李某生，这不是真诚悔罪、认罪态度好吗？另外，我们在会见的时候，被告人于某多次主动提出愿意赔偿被害人家属，这都充分反映了被告人真诚悔罪、认罪。

3. 根据被告人的意愿，被告人家属主动向被害人家属提出了赔偿意向，双方也进行了多次协商，作为辩护律师，我们也一直引导、促使此事朝积极的方向推进，但最终因非“被告人方”的原因未能实现。但就过程而言，体现了被告方的诚意。直到今天开庭，于某愿意赔偿的意向始终如一，未有反悔。

4. 诉讼代理人称“被告人认罪态度不好，对事实否认”的说法，与事实不符。庭审已经表明，被告人对被害人系被自己伤害致死等主要事实没有丝毫推诿，这怎么能是“态度不好，对事实否认”。诉讼代理人所说的“事实”是其认为的“事实”，而非客观事实，不能以被告人不认可诉讼代理人认为的“事实”，就得出“态度不好、对事实否认”的结论。如果按照诉讼代理人的逻辑，被告人是否可以说“诉讼代理人篡改事实、夸大事实、虚构事实，人为拔高案件性质”呢？

五、关于本案的量刑

1. 根据《刑法》第 234 条第 2 款的规定，故意伤害致人死亡的，处十年以上有期徒刑、无期徒刑、死刑，其量刑首先应考虑有期徒刑，而非其他。

2. 根据《人民法院量刑指导意见（试行）》、山东省高级人民法院《人民法院量刑指导意见（试行）》实施细则规定：“故意伤害致一人死亡的，可以在十年至十五年有期徒刑幅度内确定量刑起点。”

3. 根据《人民法院量刑指导意见》：

（1）对于防卫过当或者避险过当的，应当综合考虑不法侵害的性质和程度、造成损害后果的大小等情况，可以减少基准刑的 40% 以上或者依法免除处罚。

（2）对于被害人有过错或者对矛盾激化负有直接责任的，综合考虑犯罪的性质、被害人过错的具体情况（罪错、违法过错、违反公序良俗过错）以及促使被告人实施犯罪行为的关联程度等情况，可以减少基准刑的 40% 以下。

（3）自首情节：可以减少基准刑的 40%以下；犯罪较轻的，可以减少基准刑的 40%以上或者依法免除处罚。

（4）对于当庭自愿认罪的，根据犯罪的性质、罪行的轻重、认罪程度以及悔罪表现等情况，可以减少基准刑的 10% 以下，依法认定自首、坦白的除外。

结合本案事实，因于某具备防卫过当、自首等情节，对其可在 3 年到 10 年有期徒刑间量刑。

六、诉讼代理人关于“于某构成故意杀人罪，应判处极刑”的观点，无事实和法律根据，依法不能成立

1. 被告人不构成故意杀人罪。

（1）被告人没有杀人的主观故意。①从事发起因看，本案系因琐事引发，被告人和被害人素不相识，双方没有深仇大恨，别说杀人的故意了，被告人连杀人动机都不具备。②从主观故意分析，如上所述，被告人是在被被害人再次殴打的情况下，为了自卫，才用和车钥匙拴在一起，为了开自行车而随车钥匙一起拿出的折叠小刀划了被害人，有防卫的意图，但没有杀人的故意。③庭审时，于某也说了，他在进看守所几天内都一直认为被害人只是受伤而已，当其在第一次见到律师听说被害人死亡了，号啕大哭，“他怎么会死了呢”？这说明被害人的死亡超出了于某的主观意志，于某没有

杀人的故意。

（2）被告人没有实施杀人的行为。①诉讼代理人诉状中所谓“在众人劝说均已作罢，被告人仍不善罢甘休，持匕首朝毫无防备、正在打电话的被害人上半身猛刺数刀”，无证据支持，与事实不符。到底是谁不善罢甘休，法庭已经调查清楚；被害人是否是正在打电话，是不是毫无防备，事实在那摆着呢，辩护人不再赘述。②“被告人仍不解恨，准备继续行凶”之说，无任何证据支持。客观事实是，于某看到李某生受伤倒地后，没有继续伤害李某生的行为。

（3）该观点不符合法律规定。从法律上说，刑事案件的审判推行“主客观相一致原则”，禁止客观归罪。诉讼代理人无视被告人的主观方面，仅以部位、被害人死亡的客观结果就指控被告人构成故意杀人罪的逻辑，就是法律所禁止的客观归罪。

2.“判处被告人极刑，立即执行”，无事实和法律根据。

（1）如前分析，被告人构成故意伤害罪的量刑基准点是有期徒刑，对其根本不应适用极刑。

（2）被害人家属的心情、意愿，辩护人能够理解。但心情、主观情绪不能代替法律，不能左右法律。

七、针对公诉人、诉讼代理人二轮观点的回应

1.关于是否正当防卫的回应。防卫过当也可以构成故意伤害罪，防卫的主观意图和伤害的故意可以并存。且没有法律规定只有当不法侵害造成防卫人伤害后果后，才可以防卫；也没有法律规定对于“未持工具的侵害”不可防卫。关键是看是否存在不法侵害，而且对其判断标准必须结合当时的情境，不得对防卫人要求过高。

2.关于是否自首的回应。公诉人质疑“于某侦查口供没有提到主动到案”，这是因为侦查阶段公安机关人员根本就没有问及此情节，而想当然地认为是“抓获”。至于公诉人说“于某都说不清谁报的警，怎么会知道报

警后等待”，犯了逻辑错误。谁报警不是重点，是否知道报警才是关键，不知道谁报警不等于不知道报警，这是两个概念，不能混淆。于某只要知道事——“有人报警”即可，不需其知道人——“谁”报警。

强调指出，“明知他人报案而在现场等待，抓捕时无拒捕行为”这个抓捕是指公安人员的抓捕。诉讼代理人所称“抓车把、抓手腕”发生在报警前，而非报警后，且该“抓”未构成实质“控制”。

3. 关于于某的认罪态度。应该综合全案证据，抓住本案的主要事实进行分析。不能因当时事发突然，于某因紧张、记忆等客观原因导致其对有些细节无法“准确陈述”，而认为其“态度不好”。如果这样，既是强人所难，也有违“实事求是”原则。

◆控辩交锋

尽管折叠刀上未能检出被害人的血迹，但控辩双方均认为此节物证缺失，不影响认定“于某伤害被害人”，在物证的审查采信、证据链的判断上双方无争议。双方的争议是在于某行为的定性上，是“故意伤害”，还是“正当防卫”。

◆判决书节录

经依法审理查明：2013 年 8 月 9 日 20 时左右，在梁山县交通路济宁名吃甏肉干饭门前，被害人李某生准备一方桌准备吃饭，被告人于某骑自行车到该饭店买饭，因自行车停放位置离李某生摆放的方桌较近，于某与李某生发生争执并互相殴打，后被人拉开。被告人于某推车欲离开时，再次与李某生发生争执，其间，于某掏出随身携带的尖刀朝李某生捅刺，致李某生受伤倒地，后经送医院抢救无效死亡。被告人于某捅人后欲离开现场，被周围群众控制，后公安民警到场抓获。经法医鉴定，被害人李某生被用锐器捅刺颈部致右锁骨下动脉破裂大出血死亡。被告人于某在与被害人李某生打斗过程中受轻微伤。

上述事实，公安机关当庭举证，有证人证言、勘验检查笔录、鉴定意见、书证、物证尖刀和衣服等、被告人供述和辩解、证人证言、视听资料等，经控辩双方当庭质证、认证，合议庭予以确认。

本院认为，被告人于某故意伤害他人身体，致一人死亡，其行为触犯《刑法》第234条第2款之规定，犯罪事实清楚，证据确实充分，构成故意伤害罪。

判决如下：被告人于某犯故意伤害罪，判处有期徒刑十二年。

◆辩护思路

一、辩护第一重点：被害人具有严重过错，对案件的发生负有直接责任，应相应地减轻被告人的责任

虽然辩护人把被告人的行为定性为“防卫过当”，但为了能对“防卫”行为所针对的不法行为作一个清晰的说明，为了有利于合议庭明晰本案的来龙去脉，避免刺激被害人家属并引发不必要的冲突，辩护人递进式地还原了事发过程，也实事求是地评价了被害人的过错。这既为防卫过当的意见提供了基础，也有助于合议庭充分理解一个有利于被告人的量刑情节，可以“一点二用”。

二、辩护第二重点：被告人在正当防卫过程中造成被害人伤害，属于防卫过当，对其应当减轻处罚

此点是第一重点自然展开、水到渠成的结论；也是在被害人死亡，且死亡与被告人行为存在因果关系情况下，符合客观事实，也比较容易为合议庭接受、采纳，并能够实现被告人利益最大化的意见。

三、辩护第三重点：被告人有自首、认罪态度好、赔偿等法定减轻、酌定从轻等量刑情节

被告人刚成年，刚走上社会，对其而言，最为现实的是早日回归社会，人生尚有可为，否则，毁掉的不只是被害人一人。可以说轻刑是本案辩护的终极指向。因此，辩护人在被害人过错、被告人防卫过当之外，又提出了自首等量刑情节作为第三重点。

四、辩护第四重点：回应和反驳诉讼代理人关于"被告人构成故意杀人罪，应判处极刑"的观点

辩护人和诉讼代理人分属于被告人和被害人两个阵营，站在自己委托人的立场发表不同的意见，职责所在，均属各自分内之事，互相应予理解和尊重。但各方发表均应尊重基本事实、遵守法律规定，不宜过分偏离、夸大。就本案而言，诉讼代理人独立于公诉机关"故意伤害罪"的指控意见，提出"被告人构成故意杀人罪，应判处极刑"的观点，不会被合议庭采信，但这是诉讼代理人的策略，有可能影响合议庭对被告人从重量刑。所以，辩护人有必要，实事求是地对其观点进行有理有据的回应和反驳。否则，前三大辩护重点，会前功尽弃。

◆结语

任何案件都发生在一定的物质环境中，行为人的行为都会对周围的物质环境产生不同形式的影响并留下与案件事实有某种关联的痕迹或物体，因此从理论上讲，物证存在于每一个案件之中，物证具有普遍性。此外，正如美国著名法庭科学家赫伯特·麦克唐奈所说，"物证不怕恫吓。物证不会遗忘。物证不会像人那样受到外界影响而情绪激动，物证总是耐心地等待着真正识货的人去发现和提取，然后再接受内行人的检验与评断"，物证具

有客观性、稳定性。但是，物证通常只能证明案件事实的某个环节，只有和其他证据相结合，才能证明案件事实，在证明指向上具有间接性，一般属于间接证据。而且，物证作为物体，“不会自行跳出”，“不能自述其意”，需要公安司法人员发现、解读、分析、判断、利用，又具有被动性。物证的这些特征决定了对其审查采信的规则。笔者认为，以下几点须特别注意。

1. 严格审查物证的来源，确保真实性、合法性、关联性。谈到物证的来源，就涉及物证的提取过程。目前实践中，物证的来源有现场勘验检查、搜查、扣押、相关人员提供等。其提取过程散见于现场勘验检查笔录、搜查笔录、扣押清单、言词证据、情况说明中，普遍存在的问题是“记录形式单一，绝大部分是文字记录；记录过于概括、简单，不能全面如实反映提取过程，无法体现物证的状态、位置、持有人等情况”，以致真实性、合法性、关联性存疑。比如，一些受贿案件中，按照检方指控，“从被告人处搜出某某数额的现金”，这些现金无疑属于物证，但是对于提取过程只有一份扣押清单，粗略记载着数额、币种、见证人签名。像这样的提取过程，使持有人存疑、数额存疑，已不能适应“证据裁判规则”的需求。笔者建议，要重视对关键物证的提取，利用新的科技设备丰富提取形式，固定物证三性，如可以通过全程录音录像完整、直观、全面、形象地进行提取。

2. 据以定案的物证应当是原物，复制件、照片与原物是否一致的审查采信权在“法庭”，其他单位不能越俎代庖。司法实践中，因不便搬运等原因允许对物证拍摄制作照片、录像或复制，但要注意，能够证明案件事实的是物证原物，并非照片、录像或复制品。只有当经过审查，前述照片、录像、复制品与原物一致，才能作为定案根据，且审查是否一致的权力在法庭。实际中常见问题有：

（1）不移送原物给法庭，当被提出异议时，控方答复“提取时，已经和原件核对无误，所以不需移送原物”。

（2）在未经法庭审核前，已对原物做了处理，如将受贿案件中的现金上交国库、将违禁品销毁、将赃物发还被害人，以致法庭无法核对。这些做法都是错误的，侦控人员对原物的核对代替不了法庭的核对，侦办人员的核对认定不能强加于法庭。对此，笔者建议严格按照赃证物管理规定，在案件未有实体裁判前，原则上不得处理物证原物。

3. 不能强求侦控机关收集齐全所有的物证，非关键物证的缺失不影响案件的认定，不会导致证据链的断裂。实践中，因物证自身灭失、侦查离案发时间过长等原因，导致一些物证无法提取，对此应如何处理。这需要甄别是何种物证，是关键物证，还是非关键物证。如是关键物证，如被害者的尸体、杀人工具，这就需慎而又慎，它可能就是证据链的缺口，如佘祥林、赵作海案中的“名义被害人尸体”。如是非关键证据，则需再分析其对案件事实的认定、对定罪量刑是否有影响，其他证据能否补缺，形成证据链条。如果既不影响事实认定，对定罪量刑亦无影响，其他证据能够补缺，这种情况下仍可根据现有证据定案。比如，本案尽管涉案刀子上没有检出李某生血迹，即物证——血缺失，这涉及作案工具的认定，但是根据在场证人证言、被告人口供和辩解能够认定——在只有被告人和被害人接触时，被害人颈部出血，而被告人手里有把刀子，这已排除了他人伤害被害人的可能，刀子上血迹的缺失不能否定被告人持刀伤害被害人的客观事实。因此，笔者没有就此提出异议。这个案例说明非关键物证的缺失不影响案件的认定，不影响证据的确实、充分，不会导致证据链的断裂。

第八讲 鉴定意见，不可置疑的科学结论？

——赵某某被控故意伤害一审、二审案

按　语：鉴定意见就名称而言，看似是2013年《刑事诉讼法》新增证据，但实由1996年《刑事诉讼法》规定的“鉴定结论”更名而来。鉴定是鉴定人凭借专门知识对案件的专门性问题发表意见和看法的活动，鉴定人表达出来的这些意见和看法并非事实本身，也绝非完全准确无误的科学结论。而“鉴定结论”这一名称带有科学外衣、有科学判决之义，极容易裹挟司法人员，“将‘鉴定结论’改为‘鉴定意见’，更能反映鉴定结果的本质属性”[①]。因此,2013年《刑事诉讼法》将“鉴定结论”修改为“鉴定意见”。

“鉴定结论”更名为“鉴定意见”易，但将人们理念中的“鉴定结论”更新为“鉴定意见”难。《刑事诉讼法》施行前，公安司法人员忽略鉴定意见的证据特性，过于依赖，甚至是盲目轻信、迷信鉴定意见，放弃了自己对鉴定意见审查的职责陋习，在2013年1月1日后依然存在。如何把更名落实到理念更新是我们必须长期面对的问题。

关键词：新刑事诉讼法　鉴定意见　科学判定

◆案情简介

1. 事发。

2010年8月10日18时许，赵某某乘坐13号线城铁回家，在车行至西

① 陈光中：《中华人民共和国刑事诉讼法再修改专家意见稿与论证》，中国法制出版社2006年版，第321页。

二旗站到龙泽站之间时，赵某某打了个喷嚏，同时用手进行了遮挡，站在赵某某前面的孟某某就骂了句脏话，引发口角，随之孟某某动手打了赵某某，两人互殴。其间，赵某某处于下风，掏出随身携带的折叠水果刀，扎伤孟某某，致其肺破裂。其后孟某某和同事要求赵某某下车，赵某某就和孟某某等一起下车，并步行到龙泽站警务室门口等候，警察到后，赵某某就交代了事实经过。

2. 鉴定。

2010年8月11日，赵某某被昌平公安分局刑事拘留，同年9月16日被逮捕。其间，被害人自行委托北京某司法鉴定所做了《人体损伤程度鉴定》，认为属于十级伤残。后该北京某鉴定所又做出被害人系重伤的鉴定结论。2010年12月21日，检察机关向昌平区法院提起公诉，依据北京某司法鉴定所的关于被害人构成重伤的鉴定结论，要求追究赵某某故意伤害致人重伤的刑事责任。

3. 一审。

2011年1月5日开庭审理，庭审中辩护律师提出了起诉书适用《刑法》第234条第1款，这与依据失效的《人体重伤鉴定标准（试行）》，错误引用“腹部”相关条文认定被害人构成重伤的鉴定结论，自相矛盾，鉴定结论不能作为定罪量刑的证据；赵某某构成自首，被害人有过错等辩护意见。2011年昌平区检察院变更起诉书，但仍以重伤起诉，并补充了一份北京通达首诚司法鉴定所的《复函》。《复函》承认适用《人体重伤鉴定标准（试行）》系笔误，承认《人体重伤鉴定标准》对肺破裂没有相关标准，经咨询相关专家，建议比照肝脾胰重伤标准，所以评定为重伤。2011年3月14日法院再次开庭。

2011年4月20日昌平区法院作出一审判决，采信被害人有过错的辩护意见，判处赵某某构成故意伤害罪，判处有期徒刑三年六个月。

4. 二审。

赵某某对一审判决不服，提出上诉。笔者接受上诉人委托，担任二审辩护人。辩护人提出了一审判决认定重伤错误，一审判决遗漏上诉人构成自首的重要事实，量刑过重，应依法撤销一审判决，对上诉人改判缓刑或免予处罚等意见。人民法院主持调解，上诉人赵某某赔偿被害人经济损失。2011 年 9 月 2 日，北京市某中级法院撤销一审判决，改判上诉人赵某某犯故意伤害罪，判处有期徒刑三年，缓刑五年。

◆起诉书节录

经依法审查查明：2010 年 8 月 10 日 18 时 30 分许，在 13 号线西二旗站至龙泽站之间的城铁车厢内，因孟某某不满被告人赵某某将喷嚏喷到其后背，遂双方发生口角及撕扯，后被告人用随身携带的折叠刀将孟某某左胸部扎伤，致左胸部损伤、肺破裂。经法医学鉴定，孟某某的损伤已构成重伤。

本院认为：被告人赵某某无视国法，故意伤害他人身体，致人重伤，其行为触犯《刑法》第 234 条第 1 款（后变更起诉书将其改为第 2 款）之规定，犯罪事实清楚，证据确实充分，应当以故意伤害罪追究其刑事责任，依据《刑事诉讼法》第 172 条之规定，本院提起公诉，请依法惩处。

◆辩护词节录

第一部分　一审第一次庭审辩护词节录

一、被告人赵某某在事发后主动到派出所接受处理，并如实交代事实经过，属于自首，对其应依法减轻处罚

1. 本案证据充分显示，案发后，赵某某并没有逃跑，而是等待民警到来。在警察到达案发现场后，赵某某始终予以配合，没有拒绝、阻碍、抗拒、逃跑行为，其投案具备主动性和自愿性，符合《最高人民法院关于处理自首和立功若干具体问题的意见》（法发〔2010〕60 号）第 1 条关于自动投案

的具体认定第（2）项，即“明知他人报案而在现场等待，抓捕时无拒捕行为，供认犯罪事实的”应当视为自动投案的情形。且其到案后主动交代犯罪事实，供述稳定。赵某某的行为符合刑法和司法解释关于自首的规定，对其应从轻、减轻处罚。

2. 公诉人关于被告人不构成自首的理由不能成立。

（1）公诉人认为，被告人是被被害人、李某东二人拦下后，才去的派出所，被告人自己也承认被拉下车后去的派出所。辩护人对此必须指出，被害人孟某某、李某东所说的只是拦或拽，没有提及激烈程度，这一行为本身根本不具有强制性，赵某某在客观上仍存在离开的机会和空间；且孟某某、李某东也没有说被告人有挣脱、意图逃离的行为；再说了从下车到派出所之间既有空间距离，又有时间距离，被告人能逃走而不逃走，难道还不足以说明其到案的主动性和自愿性吗？

况且，对自愿和主动与否，判定的标准既要看被告人当时的主观意图，也要看外界强制性的有无。现在外界强制性不存在的情况下，被告人当庭也明确说了，当时自己认为自己还有理呢，也想去派出所讨个说法呢，当然是主动和自愿的了。

至于公诉人提到被告人说了被害人和李某东踢他、打他，所以他才被迫下了车，所以不是主动投案。一定要注意，孟某某和李某东证言根本没提到踢、打被告人。而且，根据比较客观、中立的回龙观派出所民警杨某国、刘某亮证言，被告人的行为也属于自动投案。从下车到派出所之间既有空间距离，又有时间距离，即使被告人被迫下车，也不影响自动投案的成立。如果据此否定自动投案的成立，那么被告人同时还说了在拿出刀子之前，被害人和李某东都打了自己，那么对于这一情节，公诉人是否予以认可？对同种性质的问题必须采取同等标准，不能仅看到对被告人不利之处。

（2）公诉人认为被告人当庭否认了事实，所以不是如实交代、不是自首。的确，在公诉人发问时，被告人作了和以前供述不一致的表述。但是，在辩护人发问时，被告人明确认可被害人的伤是自己形成的，而且被告人对公诉人出示的自己侦查阶段供述没有提出意见，这表明被告人又认可了以前的供述。同时根据相关司法解释规定，只要在一审判决前如实供述，仍是自首。因此，不能简单地以公诉人发问时被告人的回答，就认为被告人不是如实交代、不构成自首。这样的话，既于法无据，又与事实不符。

二、本案被害人孟某某具有一定的过错，对案件的发生应承担一定的责任

辩护人不否认被告人确实给被害人造成了伤害结果，但是不能仅仅根据这样的结果，就把案件发生的责任全部归结到被告人头上。俗话说得好，一个巴掌拍不响。通过客观全面分析本案证据，可以看到本案起因是：在非常拥挤的地铁车厢里，被告人赵某某打了一个喷嚏后，被害人孟某某以为打在了自己身上，骂了一句，后又出手先打了被告人，在这种情况下被告人还手，引发互殴，后导致本案的发生。客观地说，本案被害人孟某某具有一定过错，对案件的发生应承担一定的责任。在此情形下，应相应地减轻被告人赵某某的刑事责任。

三、被告人赵某某认罪态度好、真诚悔罪

本案发生后，被告人赵某某能够认识到自己的罪行，认罪态度好，真诚悔罪。这在其归案后一直稳定的口供、包括今天的开庭审理均能体现。尤其是在本案重要证据之一——凶器缺失的情况下，赵某某也一直实事求是地承认是自己给被告人造成了伤害。而且在会见的时候，被告人赵某某多次表示，被害人因受伤所支出的合法的医疗费用，他愿意承担。这都充分反映了被告人真诚悔罪、认罪。

四、被告人赵某某无前科劣迹，此次犯罪属初次犯罪、偶然犯罪，人身危险性小

被告人赵某某平时表现良好，没有前科劣迹，此次犯罪系没有正确处理琐事导致，属初次犯罪，偶然犯罪，其自身的主观恶意不大，人身危险性小。

五、提请法庭量刑时酌予考虑的其他情节

1. 伤情鉴定结论是本案的关键证据，直接关系到罪与非罪，以及量刑轻重的问题。但本案的鉴定结论存在诸多错误，如引用作废的认定标准；条文引用错误，引用《人体重伤鉴定标准》第 68 条，与肺破裂、胸部损伤不具有对应性；检材多为病例资料、专家会诊意见，属于主观病史，不客观不可靠，只能作为参考，不能作为鉴定依据；检材没有附上，无法客观分析；也没附有鉴定资质材料；不能作为认定重伤的依据。控方没有尽到举证责任。另外，被害人伤残鉴定亦由同一鉴定结构做出，且在刑事鉴定之前，这一情节请法庭高度重视。

2. 法庭调查已经查明，被告人是在双方互殴后，才实施了伤害行为。起诉书认定被告人在双方口角和撕扯后就掏刀，与事实不符。

3. 起诉书认为被告人行为触犯了《刑法》第 234 条第 1 款，对此辩护人是同意的。

4. 关于被害人的代理律师说被告人和家属没有去看望被害人，所以不能容忍等说法，辩护人强调这么几点。第一，包括辩护人、公诉人、诉讼代理人，今天开庭的目的是化解怨恨、化解矛盾，不是使矛盾激化，使怨恨升级。第二，被告人身处关押状态，无法看望。第三，在案子到检察院之前，被告人的哥嫂和辩护人根本不知道被害人是谁，也无法和他联系。案子到检察院后，辩护人在征得检察员同意后，才将被害人联系方式告知被告人哥嫂，此时，他们才知道被害人的联系方式。第四，之后，被告人的哥嫂曾经向诉讼代理人、被害人表达过去看望、并坐下来就民事赔偿进行沟通的意愿，但一直未获答复。对于这一点事实，如果法庭需要，辩护人可以提供证据证实。第五，就是没有去探望，也不影响被告人的悔罪认识，对于民事赔偿被告人已经明确表态——愿意赔偿。那么在这个问题上做文章，对于本案民事赔偿、化解两个年轻人之间的矛盾没有任何积极意义。

5. 被告人的单位对被告人的行为表示惋惜，并表示愿意接受被告人的回归，也表示愿意对其尽到监管的责任。

综上，辩护人认为，这是一起不应该发生的案件，是一个没有赢家的案件，严格意义上讲被害人、被告人都是受害方，被害人身体受到了伤害，被告人毁掉了自己的美好前途，人生轨迹出现了逆转。现在被告人对自己的行为深感后悔，也愿意承担自己的责任，结合我国"惩罚与教育相结合"的刑事政策，从判决法律效果和社会效果相统一的角度出发，从案结事了的角度考虑，对被告人判处轻刑比判处重刑好，判处缓刑比判处实刑效果好。因此，辩护人恳请审判长对被告人赵某某减轻处罚，并适用缓刑。

第二部分　一审第二次庭审辩护词

一、公诉人关于被告人不构成自首的理由不能成立

1. 正如公诉人所说，赵某某关于李某东踹他的说法只是被告人的一面之词，那既然李某东不承认对被告人采取了强制手段限制其离开，又如何能依此否定自首呢？

2. 公诉人谈到被告人刚一开始想逃走，所以不是自首，这种说法错误。被告人思想发生变化是非常正常的，想逃走并不影响自首的成立，关键看是否符合自动投案、如实交代案件事实这两个核心要件。如果根据公诉人的逻辑，又如何解释有的人被通缉很长时间后，自动投案法律仍规定构成自首呢？

3. 可以既不听被告人的一面之词，也不听被害人的一面之词。只要看看相对比较客观、中立的回龙观派出所民警杨某国、刘某亮的证言，就足以说明事实。但根据该二人证言，被告人的行为显然属于自动投案。

4. 根据法律规定，公诉人负有客观公正指控犯罪的法定义务，一定不能只看到对被告人的不利之处。无论公诉人还是辩护人，都必须尊重客观事

实，遵守法律规定。因此，公诉人“从情理考虑不应认定自首”的说法不当。

二、控方证据不能证实被害人构成重伤，不能要求被告人承担致人重伤的刑事责任

（一）北京某司法鉴定所的《复函》不能修正、弥补原《鉴定意见书》，不能作为认定重伤的证据。

1. 从证据形式上说，《复函》本身肯定不是鉴定结论，也不属于刑事诉讼法规定的任何一种证据。它代替不了，也修正、弥补不了鉴定结论。

2. 从具体形式上说，这份《复函》只有鉴定所的公章，没有具体鉴定承办人的签名。仅从此点而言，不得作为证据使用。

3.《复函》中关于“在鉴定分析说明中将《人体重伤鉴定标准》误写为《人体重伤鉴定标准（试行）》系笔误”的说法，恰恰说明了鉴定人根本不具备鉴定能力。《人体重伤鉴定标准》是一个常用的法规标准，怎么会用错呢？再说了笔误一般是落字，落两个字正常，怎么还会多写“试行”两个字？这不符合笔误的逻辑。

4. 从关联性来说，该《复函》自身也承认，《人体重伤鉴定标准》中对肺破裂没有相关标准（不管其说法成立与否），这说明鉴定人自己也认可被害人的伤情不属于重伤。

5.“经咨询相关专家，建议比照‘《人体重伤鉴定标准》第68条肝、脾、胰等器官破裂；因损伤致使这些器官形成血肿、脓肿’的标准为宜，综合分析，被鉴定人孟某某的损伤程度，评定为重伤”的鉴定意见，公然违法，公然违背认定重伤的法定标准，结论错误。《刑法》第3条明确规定了罪刑法定原则，该原则要义之一就是废除类推。本案中也必须坚持罪刑法定原则，认定伤情的标准只能是在长期的司法实践中形成的，并被立法、司法机关经法定程序制定的法律、法规，不能是什么专家意见。任何专家都无权，也不能建议比照重伤认定。况且专家是谁，也没有说明。相反，上述说法恰恰说明原鉴定结论既违背了依法鉴定原则（《全国人民代表大会常务委

员会关于司法鉴定管理问题的决定》第12条），也违背了独立鉴定原则（上述决定第10条）。

（二）被害人对鉴定结论表达了异议，其说法再次印证了鉴定人根本不具备鉴定能力，其所作的鉴定结论无效。

1. 被害人在发表对《复函》的意见时，明确说了应该适用《人体重伤鉴定标准》第三节胸部损伤第58条，而不是鉴定人引用的第四节腹部损伤第68条。这说明被害人对鉴定结论也有意见。

2. 被害人两次说到自己不是专业的鉴定人员，试想连非专业人士的被害人尚且知道应该适用《人体重伤鉴定标准》第58条，这还不足以说明鉴定人根本不具备鉴定能力，其所作的鉴定结论无效吗？

3. 注意，被害人引用的《人体重伤鉴定标准》第58条“并发生呼吸困难”，重伤标准对其认定标准也作了充分的规定，不是随意认定的。

（三）公诉人以鉴定人具备鉴定资质来主张鉴定结论有效，犯了严重的逻辑错误。

1. 有资质和结论有效是两个不同的概念，不能画等号，不能混为一谈。

2. 有资质只是说明可以做鉴定，但不等于做的鉴定一定有证据资质。

3. 公诉人到现在也未就鉴定人的鉴定资质向法庭提供任何证据。

◆一审判决书节录

经审理查明：2010年8月10日18时30分许，在13号线西二旗站至龙泽站之间的城铁车厢内，因琐事，被告人赵某某与孟某某发生口角并互殴，在互殴过程中，被告人用随身携带的折叠刀将孟某某左胸部扎伤，后双方在龙泽站下车，孟某某将被告人赵某某带至龙泽警务室，被告人被抓获。经法医学鉴定，孟某某的身体损伤程度已构成重伤。

本院认为：被告人赵某某持械故意伤害他人身体，致人重伤，其行为已构成故意伤害罪……对于辩护人提出的关于被告人赵某某具有自首情节和认定被害人构成重伤的证据不足的意见，经查缺乏事实根据，不予采纳；对于其他辩护意见，予以采纳。

判决如下：被告人赵某某犯故意伤害罪，判处有期徒刑三年六个月。

◆二审辩护词节录

一、本案没有合法有效的证据证明被害人构成重伤

一审判决错误采信不具有证据能力的《人体损伤程度鉴定书》，导致在伤害后果这一关键方面认定事实错误。

1. 北京某司法鉴定所的《复函》明确承认：第一，根据《人体重伤鉴定标准》这一特定标准，被害人损伤程度确实不属于重伤。第二，之所以认定被害人重伤的依据和标准，是"相关专家"的"建议"，不是《人体重伤鉴定标准》。

2. 但人体损伤程度的鉴定标准只能是在长期司法实践中形成、并被立法、司法机关经法定程序制定为《人体重伤鉴定标准》《人体轻伤鉴定标准（试行）》，而非其他。

一审时辩护人就指出，《刑法》第3条明确规定了罪刑法定原则，该原则要义之一就是废除类推。本案也必须坚持罪刑法定，认定伤情的标准只能是在长期的司法实践中形成的，并被立法、司法机关经法定程序制定的法律、法规，不能是什么专家意见。任何专家都无权、也不能建议比照重伤认定。况且专家是谁，也没有说明。相反，《复函》的说法，恰恰说明原鉴定结论既违背了依法鉴定原则（《全国人民代表大会常务委员会关于司法鉴定管理问题的决定》第12条），也违背了独立鉴定原则（上述决定第10条），不能作为定案根据。

3. 一审采信的伤情鉴定书不仅存在上述违反特定标准的问题，还存在其他诸多影响其真实性、合法性、关联性的问题。

其一，引用作废的鉴定标准《人体重伤鉴定标准（试行）》。重伤标准是个常用的法规，绝不是一句“笔误”能够解释真正原因的，它足以使人相信该鉴定事宜超出了鉴定人的鉴定能力和资质。

其二，具体条文引用错误。其引用的《人体重伤鉴定标准（试行）》第68条，与肺破裂、胸部损伤不具有对应性。众所周知，肺属于胸部，如果适用《人体重伤鉴定标准》，也应该引用第三节胸部损伤的条文，而不是第四节腹部损伤。这一点，连被害人都知道，其在一审开庭时都指出应该是第58条，不是第68条。这背离基本常识的错误说明什么？只能说明鉴定人给自己定了个“重伤”的基调，再去寻找实体条文。鉴定的客观性、公正性又在哪儿？

其三，检材均为病例资料、专家会诊意见，这些都属于主观病史，不客观不可靠，只能作为参考，不能作为鉴定依据。鉴定应以实验室检查结果（如X光片）等客观病史为依据。但就是这些主观检材也没有附在鉴定书里。

4. 根据《刑事诉讼法》、司法解释、《关于办理死刑案件审查判断证据若干问题的规定》等，《人体损失程度鉴定书》不能作为定案的根据。

抛开《刑事诉讼法》、其他司法解释等关于证据方面的规定不谈，单就《关于办理死刑案件审查判断证据若干问题的规定》（此规定不仅适用于死刑案件，其他案件可参照适用）而言，其第24条规定：“鉴定意见具有下列情形之一的，不能作为定案的根据：（一）鉴定机构不具备法定的资格和条件，或者鉴定事项超出了本鉴定机构项目范围或鉴定能力的……（三）鉴定程序、方法有错误的……（七）违反有关鉴定特定标准的……”因此，《人体损伤程度鉴定书》不能作为定案的根据，不能作为认定重伤的证据。

但遗憾的是，一审判决对鉴定结论存在的重大错误和问题视而不见，以致对伤害客观结果认定错误。

二、一审判决认定事实和适用法律错误

上诉人是在明知他人报警的情况下，自愿、主动到案，并如实交代事实，

其行为符合自首。

（一）从证据方面分析。

1. 民警刘某亮、杨某国所写的到案经过，相对客观中立，均没有否认上诉人符合自首的条件。

2. 综观被害人孟某某陈述、证人李某东证言，均不能证实被害人等对被上诉人采取了暴力性的强制手段，强制上诉人到案，均不能否认上诉人到案的主动性和自愿性。

3. 综合民警刘某亮、杨某国所写的到案经过、被害人孟某某陈述、证人李某某证言可充分证实，从站台到警务站有一定的空间距离，从下车到等候警察有一定的时间距离，在这段时空距离内，上诉人没有实施任何逃离的举动，而此时他对有人报警是明知的。

4. 根据上诉人的供述，他是在明知他人报警的情况下，主动、自愿到案，并如实交代。对此，其说得非常明白，“我是自愿去的派出所，觉得派出所会给我一个答复”。

（二）从法律角度而言。

判断是否构成自首的要件就是看是否具备主动性、自愿性，是否如实交代。只要符合上述要求，就是自首。除此之外，不得另外设立条件。就本案而言，上诉人投案具备主动性和自愿性，符合《最高人民法院关于处理自首和立功若干具体问题的意见》（法发〔2010〕60号）第1条关于自动投案的具体认定第（2）项，即“明知他人报案而在现场等待，抓捕时无拒捕行为，供认犯罪事实的”，符合《刑法》和其他相关司法解释对自首的规定。被告人具有自首情节。

三、结合本案事实和《人民法院量刑指导意见（试行）》，一审判决量刑过重

（一）根据《人民法院量刑指导意见》，即使是故意伤害（重伤）指控成立，一审量刑也过重。

1. 重伤的基准刑是：三年至四年有期徒刑，即36—48个月。

2. 自首情节：可以减少基准刑的40%以下；犯罪较轻的，可以减少基准刑的40%以上或者依法免除处罚。即可减14.4—19.2个月以上，或免除处罚。

3. 被害人有过错：可以减少基准刑的20%以下。即可减7.2—9.6个月。

4. 积极赔偿被害人经济损失：可以减少基准刑的30%以下。即可减10.8—14.4个月。

综上，无论是按36个月-14.4个月-7.2个月-10.8个月；还是按48个月-19.2个月-9.6个月-14.4个月，一审判处上诉人3年6个月即42个月都明显过重。

（二）根据《人民法院量刑指导意见》和本案被害人轻伤的客观情况，一审量刑更是过重。

1. 基准刑是：6个月至1年6个月有期徒刑，即6—18个月。

2. 自首情节：可减14.4—19.2个月以上，或免除处罚。

3. 被害人有过错：可减7.2—9.6个月。

4. 积极赔偿被害人经济损失：可减10.8—14.4个月。

综合以上轻伤的量刑指导意见，加上上诉人单位愿意对其进行监管，其本人认罪悔罪，一审法院应对其判处缓刑或免予处罚。一审判处3年6个月，明显畸重。

（三）从刑罚的一般预防和特殊预防目的来说。

正如我们一审所说，这本是一起不应该发生的案件，是一个没有赢家的案件。严格意义上讲被害人、上诉人都是受害方，被害人身体受到了伤害，上诉人毁掉了自己的美好前途，人生轨迹出现了转变。现在上诉人对自己的行为深感后悔，也愿意承担自己的责任。从一般预防和特殊预防的角度考虑，对上诉人判处轻刑比判处重刑好，判处缓刑比判处实刑效果好。轻刑和缓刑更符合我国“惩罚与教育相结合”的刑事政策，更有利于判决法律效果和社会效果的，更有助于案结事了。很遗憾，一审判决对此没有考虑。

四、提请法庭注意的两个问题

1. 上诉人家属多次向我们提起并请求转达法庭：他们没有替上诉人对被害人赔偿的义务，且他们是在被害人同意 12 万元就调解，并表示谅解，如果调解不成，12 万元退回的情形下，才东拼西凑了 12 万元预交给法院。现在调解不成，12 万元理应退还、必须退还家属。请二审法院责成一审法院将 12 万元退还。否则，他们将穷尽一切方法追讨 12 万元，追讨公道。

2. 通过阅卷，我们发现一审笔录记载不全面，对很多庭审事实进行了截取。我们不知道这种截取是否影响了一审合议庭的裁判。当然，我们更倾向于希望和相信，这种截取对一审合议庭的裁判没有丝毫的影响。

综上，请合议庭公正判决，依法撤销一审判决，给上诉人一个罚当其罪的公正判决，对其判处缓刑或免予处罚。

◆控审辩交锋

控审辩三方争议的焦点主要集中在被告人是否构成自首，被害人是重伤还是轻伤、被害人有无过错三方面。

1. 控方的整体思路是：被告人故意伤害他人，致人重伤（有鉴定结论证实），没有自首，应判处三年以上有期徒刑。

2. 一审判决的思路：基本同上，主要是依据鉴定结论认定被害人伤情为重伤，判处被告人三年六个月。一审判决采纳被害人有过错的辩护意见，对其他辩护意见未予采信。

3. 辩方的整体思路是：本案的被告人确有伤害他人的行为，只能作罪轻辩护，为其争取三年以下的处罚。具体可从三个方面考虑：（1）被害人只是轻伤，不是重伤。虽然鉴定结论存有硬伤，同时考虑到审判人员一般不会轻易否定鉴定结论，但作为辩护人对此必须明确提出自己的意见，必须动摇审判人员对此采信的信心。这是辩护的重中之重。（2）自首情节，赵某某并没有逃跑，并且在明知被害人报警的情形下，和被害人一起等待民警到来。在警察到达后，赵某某始终予以配合，没有拒绝、阻碍、抗拒、逃跑行为，其投案具备主动性和自愿性，根据《最高人民法院关于处理自首和立功若干具体问题的意见》的规定，应当视为自动投案的情形；且到案后赵某某主动交代犯罪事实，供述稳定。（3）被害人对于事件的发生、发展均有不可推卸的责任，应适当减轻赵某某的责任。

◆二审判决书节录

经二审审理查明的事实、证据与一审相同，本院经审核予以确认。

在二审审理期间，经本院主持调解，上诉人已赔偿了被害人孟某某的经济损失。

本院认为，鉴于二审审理期间，上诉人赵某某能够由其亲属赔偿被害人孟某某的经济损失并取得对方谅解，且根据赵某某的一贯表现及悔罪态度，对其适用缓刑不致再危害社会，故本院依法对上诉人赵某某予以改判并适用缓刑。据此，根据……判决如下：

……

二、撤销一审判决第一项，即被告人赵某某犯故意伤害罪，判处有期徒刑三年六个月。

三、上诉人赵某某犯故意伤害罪，判处有期徒刑三年，缓刑五年。

◆辩护思路

一、辩护第一重点：无合法、客观证据证实被害人伤情系重伤，被告人不应承担致人重伤的刑事责任

被害人伤情系轻伤还是重伤，直接影响着被告人量刑的轻重。如果驳掉了重伤的指控，被告人则具备了获得轻刑、缓刑的机会。辩护人经过反

复阅卷、查找鉴定标准，发现控方据以指控致人重伤的证据就是一审判决错误采信的不具有证据能力的《人体损伤程度鉴定书》，该鉴定书存在引用作废的鉴定标准《人体重伤鉴定标准（试行）》、违背独立鉴定原则根据“相关专家建议”类推构成重伤、补充说明引用鉴定条文有误、检材均系主观病史无客观病史等涉及鉴定程序、实体结论、鉴定资质上的重大问题，《人体损伤程度鉴定书》不能作为定案的根据，不能作为认定重伤的证据。因此，被害人伤情、鉴定意见就成为辩护第一重点。需要说明的是，起诉书虽然指控被告人致人重伤，但其引用的法条是《刑法》第 234 条第 1 款——故意伤害致人轻伤，故辩护人在一审第一次开庭时的质证阶段对《人体损伤程度鉴定书》发表了充分的质证意见，在辩护意见中同意起诉书依据《刑法》第 234 条第 1 款的指控，未再就此详细展开。后公诉人变更起诉书，引用法条发生了变更，一审第二次开庭辩护人就此发表了详细辩护意见。

二、辩护第二重点：被告人构成自首

赵某某在明知被害人报警的情形下，和被害人一起等待民警到来，没有拒绝、阻碍、抗拒、逃跑行为，其投案具备主动性和自愿性，根据最高人民法院《关于处理自首和立功若干具体问题的意见》的规定，应当视为自动投案的情形；且赵某某到案后主动交代犯罪事实，供述稳定，被告人构成自首。

三、辩护第三重点：被害人有过错，应相应减轻被告人的刑事责任

被害人孟某某先骂了被告人，后又先动手打了被告人，引发互殴，后导致本案的发生。被害人具有一定过错，对案件的发生应承担一定的责任，应相应地减轻被告人的刑事责任。

◆结语

1. 尽管鉴定意见种类繁多，有法医病理鉴定、法医临床鉴定、精神疾病

鉴定、法医物证鉴定、法医毒物鉴定、文书物证鉴定、痕迹物证鉴定、微量物证鉴定、会计司法鉴定等区分，《刑事诉讼法》和司法解释对鉴定、鉴定意见的程序、审查、采信作了详尽的规定，笔者以为，对鉴定意见的审查应秉持一大基本原则、严格审查四大重点、善用鉴定人出庭。

（1）一大基本原则：鉴定意见与书证、物证、证人证言、被害人陈述等其他证据在资格与效力上并无二致，不存在天然的优势、证明力，鉴定人不是科学的法官，鉴定意见也不是科学的判决，运用科学方法获得的鉴定意见不等于科学本身，鉴定意见必须经过控辩双方的质证，最终由审判人员审查后确定采信与否。对鉴定意见进行“鉴定”是司法审判人员的职责和权力。

（2）严格审查四大重点：

①检材。这是鉴定意见“物”的要素。检材是鉴定的基础，检材必须客观、真实、完整、充分、合法。实践中检材不全面、来源不明等现象屡见不鲜。

②鉴定人。这是鉴定意见“人”的要素。鉴定人必须具备相应的专业知识、执业经验、职业技能、职业操守。鉴定人有资质不等于鉴定人适格。比如，对一些特殊物品的价格鉴定，如今人字画等，普遍以价格认证中心的“价格鉴定意见”为依据，然而价格认证中心没有这种鉴定能力。

③方法、过程。这是鉴定意见“行为”的要素。鉴定方法、过程应该独立、科学、客观、严谨。

④鉴定结果。这是鉴定意见“目的”要素，也是鉴定目的的最终体现，必须客观、真实、科学、规范、合理、符合逻辑。

（3）善用鉴定人出庭制度：《刑事诉讼法》第187条规定了鉴定人出庭作证制度。这一制度通过直接、言词方式对鉴定人进行质询，对于采信证据、查明事实有着不可替代的作用，控辩审各方应该善用。

2. 本案一波三折，当事人命运起起伏伏。其间，鉴定意见主导着本案的走向。轻伤还是重伤既影响刑事部分的量刑，也影响着民事部分的赔偿额，而赔偿额的多少又制约着“被害人的谅解”，被害人的谅解又影响量刑。而鉴定意见是确认轻伤、重伤的主要依据，同时，公诉人、一审法官、二审法官、被害人的代理律师对于鉴定意见的态度均是“拿来主义”，照单全收，尽管鉴定意见存在明显的低级错误。当然这也是司法实践中，司法人员对鉴定意见的常见态度。

其实，对待鉴定意见的正确态度就应如本案辩护人一样：在深刻理解、把握鉴定意见的特点、要素的前提下，辩护人依法质疑，敢于在所谓的专家鉴定面前，坚持自己正确的意见。在此基础上，结合案件的具体情况，因时度势，适时调整，在不利的情形下不气馁，不放弃，甚至在当事人都丧失信心的情形下，辩护人始终抱着高度的热情，始终对法律公正持有坚定的信念，制定了正确的辩护策略，采取正确的辩护思路。比如，在二审中以争取缓刑为目标，再提自首、鉴定结论两大问题，动摇二审对鉴定意见的坚信；并重点结合《人民法院量刑指导意见》，指出一审量刑过重；同时考虑二审改判的难度客观存在，争取和被害人达成调解，得到谅解，为缓刑创造条件。最终取得了预期的辩护效果。

第九讲 从一起陈年旧案解析现场勘验笔录

——兰某甲被控故意伤害一罪案

按　语：现场勘验笔录有狭义和广义之分。狭义的现场勘验笔录仅指现场勘验工作记录中的文字部分。广义的现场勘验笔录是指，在现场勘验过程中，记录现场原始状态和勘验情况的文字、照片、图形、录音、录像等。本文取广义的现场勘验笔录。其具有四大特征：（1）事后性。它由侦查司法人员在事发后按照法定程序制作，具有事后性。（2）客观性。因其内容是针对现场状态、勘验过程的客观记载，相较于言词证据，具有客观性。（3）证成指控犯罪的间接性。它不能直接，只能间接证实被控人犯有被控事实，在证"成"指向上具有间接性。（4）证否指控犯罪的直接性。它在证否指控犯罪指向上具有直接性，可以"一票否决"指控。后两个特点是由刑事诉讼法关于举证责任、证明标准的法律规定而决定的。

关键词：现场勘验笔录　真实性　关联性

◆案情简介

1. 侦控"陈年旧案"。

兰某甲于2011年5月4日因涉嫌贷款诈骗被某某县公安局刑事拘留。后侦查机关认定：十几年前的1997年7月某天，被告人兰某甲指使罗某某用双筒猎枪向被害人黄某仔后背开枪，黄某仔身中数十发金属弹，并于当日入院治疗。2011年5月17日法医鉴定黄某仔左前臂有金属异物存留构成轻伤乙级，其背部的一处疤痕，不构成轻伤。侦查机关又制作了现场勘验笔录，根据该笔录，罗某某开枪处和所谓的黄某仔中枪处两点之间不是直线，呈曲线状态，且有民房隔离。此外，既无黄某仔就医病例等方面的任何书证，也没有黄某仔或他人的报案材料。2012 年 4 月 26 日，某某县人民检察院以被告人兰某甲犯构成故意伤害罪起诉到法院。

2. 法院采信辩方意见，驳回指控。

一审时，辩护律师认为：现有证据不仅不能证实黄某仔的轻伤与罗某某的开枪存在因果关系，相反，根据现场勘验笔录、双筒猎枪的杀伤力恰恰证实黄某仔的伤与罗某某开枪行为无关。且“他人”开枪不是受兰某甲指使，“他人”开枪前没有告知兰某甲，兰某甲也不在现场。公诉机关的指控不能成立。2012 年年底，某某县人民法院作出一审判决，采信律师相应的辩护意见，对公诉机关的指控不予支持。

◆起诉书节录

1999 年 7 月的一天，被告人兰某甲因为自己家里房屋玻璃被砸，怀疑是被害人黄某仔所为，便打电话纠集了罗某某（已判刑）、兰某财等人在县城四处寻找黄某仔，后在某某县新建路与古窑路岔路口“柳艺”美容院附近发现了黄某仔并尾随追赶。在某某县气象局门口，罗某某用随身携带的双管猎枪朝黄某仔后背开了一枪。2011 年 5 月 17 日，经法医鉴定，黄某仔伤情为轻伤乙级。

认定上述事实的证据如下：被告人供述、同案犯罗某某供述、被害人黄某仔陈述、证人黄某某证言、法医鉴定意见书、现场勘验记录及照片及判决书等。

本院认为，被告人兰某甲的行为构成故意伤害罪，应当依法追究其刑事责任。

◆辩护词节录

公诉机关关于被告人兰某甲构成故意伤害罪的指控，无事实依据，无证据支持，不能成立。

一、控方证据不能证实黄某仔的轻伤（假定轻伤成立）系罗某某开枪所致，根据现场勘验笔录、双筒猎枪的击发特点恰恰证实黄某仔的伤与罗某某无关

1. 根据现场勘验笔录（包含照片、文字等），黄某仔指认的罗某某开枪地点和黄某仔的中枪地点有相当长的距离，且两点之间不是直线，有拐弯，呈曲线状态；两点中间又有民房遮挡，子弹从开枪地点直击被害人存在客观障碍。

2. 根据指控，涉案枪支系双管猎枪，是打子弹的。这种枪的击发特点正如俗话所说"枪走一条线"，子弹不能拐弯，隔着房屋，罗某某开枪无法打到黄某仔。

3. 尽管黄某仔称"被罗某某开枪打伤"，但该说法明显与相对客观、全面、准确的现场勘验笔录矛盾，已被后者证伪。其与本案又具有利害关系，存在说假话的可能，且其说法属于孤证，孤证不得定罪。

因此，控方证据不能证实黄某仔的轻伤（假定轻伤成立）系罗某某开枪所致，相反，恰恰证实黄某仔的伤与后者无关。

二、当时黄某仔是否受伤事实不清，证据不足

除上述理由外，本案最能说明此问题的证据：黄某仔的就诊病历、黄某仔所称的 1999 年的报案原始记录、受案登记原始材料缺失。包括按黄某仔所说可以印证是否报案的血衣也不在案，公安也未作出任何说明。这都是不争的事实，这也是导致控辩双方分歧的根本原因所在。既如此，公诉方欲证明黄某仔被罗某某打成轻伤，则其所谓报案、就医、枪支等方面证据必须形成完整的证据链条，得出黄某仔被罗某某打成轻伤这唯一结论。否则指控不能成立。那控方证据能否达到这一标准呢，辩护人来详细分析。

1. 关于事发第二天，黄某仔是否报案，黄某财、黄某森均称是听黄某仔所说，这属于传来证据。其实最后就剩下黄某仔一个人在说了，就必须

看黄某仔所说是否有其他证据印证。辩护人也注意到某某县公安局刑警大队 2012 年出具的《受理情况说明》，从真实性来讲，这份说明虽称黄某仔报案，但未提供任何依据证实，不但没有接收案的原始记录，甚至都没有当时接待民警的证言，根本就没有说清楚该说明的依据是什么。关于关联性，质证时辩护人也讲了，根据这份说明来看，要么没报案，要么没构成轻伤，要么该说明不真实。鉴定属于公安的工作职责，即便说因为黄某仔没有钱，就没做，那按黄某仔所说，血衣还提供给公安机关了，那血衣何在？从这看，证据间存有矛盾，无法合理解释。因此，黄某仔报案之说除了他自己在说外，并无确实可靠的证据印证。

2. 关于黄某仔是否住院治疗。虽有黄某仔、黄某财、黄某森、侯某辉等人言词证据证实，但既没有病历佐证，也没有侯某辉所称的主刀医师周某飞院长的证言证实。证据链是断裂的。前述证人又和本案存有利害关系，不能证实此节事实。

3. 即便说，黄某仔受伤了，也报案了。但一定要注意：2010 年 7 月某某县《受理情况说明》，明确写着黄某仔声称被罗某某等人持猎枪击伤背部，注意说的是背部，没有提到手受伤。而根据鉴定意见书，是左前臂有金属异物存留构成轻伤乙级，背部一处疤痕，不构成轻伤。正如公诉人所说，黄某仔也是个混社会的，他的手腕伤存在并非此次所伤，而是在别的事件中被别人造成的合理怀疑。

综上，控方证据未能形成链条，报案之说在血衣处断裂，受伤之说在主治医生证言、病历处断裂，枪击中黄某仔在枪支去向、勘验照片处断裂，轻伤鉴定在《受理情况说明》只提到背部受伤处断裂。控方证据不能得出黄某仔的轻伤是此次罗某某枪击所致这唯一结论。

三、现有证据充分证实罗某某开枪不是受兰某甲指使，其开枪前没有告知兰某甲，开枪时兰某甲不在现场

这一点无论是从罗某某的口供，还是从兰某甲的口供等证据中都能得

到充分的证实。从犯罪构成要件分析，即便说罗某某开枪导致黄某仔轻伤，也不应认定兰某甲构成故意伤害的共犯。因为兰某甲事前没指使，罗某某开枪前没告知，没有共同犯罪故意；事后赔偿是犯罪既遂后的行为，不具有刑事可罚性。兰某甲自愿缴纳2000元罚款或赔偿金，不能倒推为构成故意伤害。至于为什么出钱，兰某甲解释得很清楚，不管如何确实是因我而起，所以我出这笔钱。

◆控辩交锋

控方认为指控证据确实、充分，能够形成完整的证据链条，应依法追究兰某甲故意伤害罪的刑事责任。辩方认为，本案指控证据不确实、不充分，不但不能形成证据链条证明指控成立，相反，恰恰否定了指控，因为子弹不能拐弯。

◆判决书节录

本院认为：公诉机关关于被告人兰某甲构成故意伤害罪的指控不能成立，不予支持。

◆辩护思路

一、辩护第一重点：即便罗某某朝黄某仔开枪，也不能导致黄某仔受伤

辩护人充分利用控方证据和指控，以子之矛，攻子之盾。

1. 充分利用控方证据——现场勘验笔录（包含照片、文字等），用以证实：所谓的罗某某开枪地点，与黄某仔的中枪地点有相当长的距离，且两点

之间不是直线，有拐弯，呈曲线状态；两点中间又有民房遮挡，子弹从开枪地点直击被害人存在客观障碍。

2. 充分利用指控的犯罪工具——打子弹的双管猎枪。这种枪的击发特点正如俗话所说“枪走一条线”，子弹不能拐弯。

综合上述两点，隔着房屋，罗某某开枪无法打到黄某仔，客观上无法击中黄某仔。

二、辩护第二重点：当时黄某仔是否受伤事实不清，证据不足

辩护人发现：

1. 控方证实黄某仔受伤的关键证据——黄某仔的就诊病历缺失，主刀医生的证言缺失。

2. 控方证实黄某仔当时报案的关键证据，如黄某仔所称的 1999 年的报案原始记录、受案登记原始材料缺失，以及黄某仔所说的可以印证报案的血衣也不在案，公安机关未就此做出说明。

3. 控方证实黄某仔构成轻伤的关键证据——《鉴定意见》指称，“左前臂构成轻伤”；而控方提供在先的《受理情况说明》仅称“黄某仔背部受伤”，受伤部位和鉴定部位存在根本矛盾，不同一。

4. 控方指控的作案工具——双管猎枪去向不明，不在案。

即公诉方在所谓黄某仔报案、就医、轻伤、枪支等方面，不能形成完整的证据链条，当时黄某仔是否受伤事实不清，证据不足，更不能得出黄某仔被罗某某打成轻伤这唯一结论。

三、辩护第三重点：罗某某的行为与被告人无关，其事后赔偿的行为，被告人能够合理解释

辩护人还发现：

1. 在案证据能够证实兰某甲事前没指使罗某某开枪，罗某某开枪前没告知兰某甲，双方没有共同犯罪故意。

2. 事后赔偿是犯罪既遂后的行为，不具有刑事可罚性。而且对于为什么出钱，兰某甲解释得很清楚，也很合理，“不管如何确实是因我而起，所以我出这笔钱”。

为了能够充分说明问题，辩护人在一二辩护重点已经清晰明了的前提下，又将上述两点进行了充分说明，以实现辩护“有理、有据、有节”。

◆结语

现场勘验笔录的审查和采信的关注点，应着重于客观真实性、合法性、关联性三方面。具体而言：

1. 客观真实性的考量点为：（1）现场勘验笔录和现场的客观现状、勘验过程是否一致。（2）现场勘验自身的文字、绘图、图片等内容是否吻合一致、有无矛盾。（3）笔录的内容是否全面、详细、完整，有无遗漏事由、时间、地点范围、现场物证及提取过程，是否对绘图、拍照等过程详细记载等。如记载不全会导致物证来源不明，影响事实认定。（4）笔录的用词是否客观准确，有无加入制作人的主观认识，等等。

2. 合法性的考量点有：（1）制作主体是否合法。（2）过程是否合法。（3）形式是否合法，有无勘验人、见证人签名。

3. 关联性的考察点包括：（1）自身角度，现场勘验笔录和案件事实是否存在内在的客观联系，如“现场”是否是真实的现场，有没有误判。（2）他证角度，现场勘验笔录与其他证据之间是否存在矛盾，证明方向是否同一，证明内容是否一致，如存在矛盾，矛盾是否得到解决。（3）逻辑角度，现场勘验笔录与案件事实的联系是否符合逻辑，是否符合常识、常理、常情，联系紧密度是大还是小，对案件事实的证明力是强还是弱。

司法实践中，现场勘验笔录的作用常被忽略，其实，它比言词证据更能经得起时间的检验，更有助于客观、公正地查明事实。如果对此认识不深，人为“降低”其制作要求，反使案件遭人非议。

第十讲 辨认笔录，独立的证据？

——隋某龙被控寻衅滋事故意伤害案

按　语：辨认笔录可分为被害人辨认笔录、证人辨认笔录、犯罪嫌疑人/被告人辨认笔录，是上述人员在对人、物、场所进行辨认时，公安司法人员对该过程制作的记录。1996年《刑事诉讼法》虽然没有将其规定为证据，但是，辨认笔录在司法实践中大量存在，且常被法院采信并写入判决中，已经成为有实无名的常规证据之一。2013年1月1日施行的《刑事诉讼法》根据司法实践的客观情况，将其规定为法定证据形式。尽管辨认笔录获得了“合法身份”，解决了“出身”问题，使用它已经“名正言顺”。但是，在审判实践中如何规范地制作、审查、采信它，尤其是在只有同一人的言词证据、辨认笔录时，能否对被告人定罪，仍是值得关注、商榷的问题。

关键词：证人证言　辨认笔录　同源性　实质孤证

◆案情简介

1. 建立在同一证人的证言和辨认笔录基础上的起诉。

2011年9月15日，隋某龙因涉嫌故意伤害、寻衅滋事被羁押，2012年3月底，被起诉至法院。其中，涉及寻衅滋事9起，具体指控为“隋某龙伙同他人，采取威胁、恐吓、殴打、打砸出租车等方式，禁止该线路上的出租车司机拉客，致使多名出租车司机被打，多辆出租车被砸”。指控所依据的证据大多只有“出租车司机的陈述和辨认笔录”，可谓建立在同一证人的证言和辨认笔录基础上的起诉。

2.“拿来主义”的一审判决。

尽管辩护律师指出“同一证人的证言和辨认笔录仍属于实质意义上的孤证”，辨认笔录不是真正意义上的独立证据，它只是从属于证言的又一表现形态而已，不能以此定罪。2012年5月24日，一审法院作出了一审判决，对指控采取“拿来主义”，全盘认定所有指控事实和证据，但是否定了故意伤害罪的指控，以寻衅滋事罪判处隋某龙有期徒刑三年六个月。

3.意见不明的发回重审。

隋某龙不服一审判决，提出上诉。辩护人再次指出：“一审认定的部分事实，因辨认笔录从本质上看仍是被害人陈述，从属于陈述。证据本质上只有被害人陈述。从数量上来讲，证据仍是只有被害人陈述，量也没有增加。而孤证不能定罪。”二审法院经过开庭审理，于2012年10月以“原判认定事实不清，审判程序违法”裁定发回重审，但没有表明实质意见。

4.“换汤不换药”的再次一审。

2012年12月，一审法院再次作出一审判决，部分采纳了律师意见，对原一审判决认定隋某龙实施的事实，只认定了3起，认定事实足足少了一半多，但在量刑上“换汤不换药”，只是减了半年刑期，判处隋某龙有期徒刑三年。

5.“各打五十”的二审判决。

隋某龙不服，再次上诉。辩护律师仍然坚持原来意见。2013年10月，二审法院作出判决，维持一审事实认定，认为“被害人陈述和辨认笔录相互印证，足已认定”，但在量刑上撤销了一审判决，改判隋某龙有期徒刑二年二个月。该判决对控辩双方“各打五十”。

◆起诉书、第一次一审判决书、第二次一审判决书节录

一、起诉书节录

经依法审理查明：在经营运营线路过程中，被告人黄某开指使被告人隋

某龙、王某锋等人采取威胁、恐吓、殴打、打砸出租车等方式禁止该线路上的出租车拉客，致使多名出租车司机被打，多辆出租车被砸。

1. 2006 年夏天，被害人苏某宝驾驶辽 K107×× 出租车从佟二堡拉客人回辽阳，当车行至王家镇河洪站点时被一辆桑塔纳轿车别住，从该车上下来三四个人威胁苏某宝，不让苏某宝到佟二堡拉活，如果再拉就揍他，并将苏某宝车上的乘客赶下车。2008 年夏天，被害人苏某宝驾驶辽 KT12×× 出租车从佟二堡拉客人回辽阳，当车行至亮子口村时被一台黑色奥迪轿车别住，奥迪车上的人威胁苏某宝让其把拉到的乘客放下车，苏某宝为了乘客安全让乘客下了车。

2. 2008 年 8 月 26 日 11 时许，被害人王某涛驾驶辽 KT40×× 出租车从佟二堡拉客人回辽阳，当车行至灯塔市王家镇河洪道口时被人殴打，并威胁王某涛不许拉客。

3. 2009 年 1 月 27 日上午 10 时许，被害人肖某洋驾驶辽 KA77×× 红色夏利轿车从王家道口拉两名乘客回辽阳，车刚行驶 50 米左右被被告人隋某龙开车别住，伙同他人将车拦截，被告人隋某龙殴打肖某洋，并对肖某洋进行威胁禁止其在该线路上拉客，乘坐该车的客人见状下车并向被告人隋某龙求情，被害人肖某洋才被放走。

4. 2009 年 4 月 1 日上午 10 时许，被害人王某驾驶辽 KT10×× 出租车从佟二堡街里拉一乘客回辽阳，当车行至王家镇河洪道口时，看见两名男子拦车，由于王某车上已有乘客就未停车，两名男子见状用石头砸出租车的后备厢处，王某驾驶车辆继续前行至河洪道口时，被告人王某锋拿石头砸向正在行驶的王某出租车，王某躲闪不及与左向行驶的辽 KA89×× 丰田霸道车相撞，损失价值约 7000 元。

5. 2009 年 4 月 20 日 17 时，被害人张某家驾驶辽 KT11×× 出租车从佟二堡镇拉人回辽阳，当车行至王家镇河洪站点时，被告人隋某龙等三人将车拦截，以不准出租车拉客回辽阳为由将张某家打伤，致使张某家左肾挫伤，经辽阳襄平法医司法鉴定所法医鉴定，张某家损伤程度为轻伤。

6. 2009年夏天，被害人刘某生驾驶辽KT45××出租车从佟二堡拉客人回辽阳过程中，被被告人隋某龙开车别住，并威胁刘某生不许拉客，刘某生无奈让乘客下车后空车回辽阳。

7. 2009年7月31日8时许，被害人陈某在从佟二堡拉客人回辽阳过程中，佟二堡小客线路的工作人员邹某锁等二人伪装成乘客上车后对陈某进行威胁并将陈某的MP3和200元钱拿走，被告人黄某开伙同他人将车别住后，被告人王某锋伙同他人对陈某进行殴打，随后陈某告知父亲陈某波，陈某波与陈某在赶往派出所报案途中被被告人隋某龙伙同他人将车辆别住后，被告人隋某龙对陈某波进行殴打。

8. 2009年8月9日10时许，被害人任某祥开出租车到佟二堡，在回辽阳途中经过王家镇沙河村时，遭遇两名佟二堡至辽阳小客线路的工作人员假装乘客乘车并对任某祥殴打威胁，事后被告人黄某开出面到派出所与任某祥和解并给任某祥2000元医药费，被告人黄某开称，你们出租车拼客拉人，我们小客车以后怎么赚钱呀？

9. 2010年12月30日，被害人田某星驾驶辽KT14××出租车从佟二堡街里拉一乘客回辽阳，当车行至王家镇泗河堡村道口时，被告人王某锋拿砖头砸车，被害人田某星躲闪不及将路边一同拦车的邹某锁撞伤，致使邹某锁左股骨粉碎性骨折，经辽阳襄平法医司法鉴定所法医鉴定，邹某锁损伤程度为轻伤。事后，被告人黄某开的弟弟黄某旭找到田某星要求其撤案和解。

认定上述事实的证据如下：（1）被告人供述与辩解；（2）被害人等陈述；（3）鉴定结论；（4）书证案件来源等。

本院认为，被告人隋某龙伙同他人故意伤害他人身体，致他人轻伤，伙同他人随意殴打、拦截他人，其行为已触犯《刑法》第234条第1款、第293条、第25条之规定，犯罪事实清楚，证据确实、充分，应当以故意伤害罪、寻衅滋事罪数罪并罚追究其刑事责任。

二、第一次一审判决书节录

经审理查明事实与起诉书指控事实一致。即对指控事实照单全收。

本院认为公诉机关指控隋某龙犯寻衅滋事的罪名成立，但指控隋某龙犯故意伤害罪不妥，因其属于同一犯罪行为触犯数个罪名的法规竞合，应择一较重的寻衅滋事罪定罪处罚。

判决如下：被告人隋某龙犯寻衅滋事罪，判处有期徒刑三年六个月。

三、第二次一审判决书节录

经审理查明：2009年1月27日上午10时许，被害人肖某洋驾驶辽KA77××红色夏利轿车从王家道口拉两名乘客回辽阳，车刚行驶50米左右被被告人隋某龙伙同他人将车拦截，被告人隋某龙殴打肖某洋，并对肖某洋进行威胁禁止其在该线路上载客，乘坐该车的客人见状下车并向被告人隋某龙求情，被害人肖某洋才被放走。

2009年夏天，被害人刘某生驾驶辽KT45××出租车从佟二堡拉客人回辽阳过程中，被被告人隋某龙开车别住，并威胁刘某生不许载客，刘某生无奈让乘客下车后空车回辽阳。

2009年4月20日17时，被害人张某家驾驶辽KT11××出租车从佟二堡镇拉人回辽阳，当车行至王家镇河洪站点时，被告人隋某龙等三人将车拦截，以不准出租车载客回辽阳为由将张某家打伤，致使张某家左肾挫伤，经辽阳襄平法医司法鉴定所法医鉴定，张某家损伤程度为轻伤。

本院认为，被告隋某龙在寻衅滋事犯罪中殴打他人，致人轻伤，已构成寻衅滋事罪，公诉机关指控被告人隋某龙犯寻衅滋事罪名成立，应予支持。对公诉机关关于涉及苏某宝、王某涛、任某祥的指控，没有具体被告人，关于涉及陈某、陈某波的该起指控，指控的犯罪时间不清，对于辩护人关于上述指控不构成犯罪的辩护意见予以支持。判决如下：

被告人隋某龙犯寻衅滋事罪，判处有期徒刑三年。

◆第二次二审辩护词节录

一、一审判决关于被害人肖某洋、刘某生两起事实的认定，无证据支持，认定事实错误，应予纠正

1. 这两起事件，各只有一审判决第 25 页证据、第 17 页肖某洋陈述和第 18 页刘某生陈述证实，因被告人隋某龙自始至终予以否认，舍此别无其他。即每起事件都只有所谓的被害人陈述而已，这属于典型的孤证，而孤证不得定罪是基本的刑事诉讼原则。

另外，孤证还存在重大问题。比如，即便一审判决采信的刘某生证言，也根本没有提及有人开车别自己，那一审判决认定刘某生被“开车别住”，根据何在；再如，肖某洋自己都说了当时自己开的是私家车，那又依据什么认定他是出租车司机？而起诉书指控的是隋某龙“禁止出租车拉客”“多名出租车司机被打”，肖某洋不是出租车司机，怎么会被打？与本案又有何关系？

2. 一审认定上述两起事实的依据有肖某洋、刘某生的辨认笔录。但是，必须指出，辨认笔录不是法定的证据形式，也不是独立的证据。本案的辨认笔录从本质上讲仍是被害人陈述，与后者在主体上具有同一性，在来源上具有同源性，在内容上具有同质性。它因为涉及何人实施犯罪行为，属于被害人陈述的必备内容，已被被害人陈述所涵盖，从属于陈述，只是被害人陈述的另一表现形式而已，是实质上的“被害人陈述”。故一审判决认定该两起事实所依据的证据，质上而言只有被害人陈述。量上而言，仍是只有被害人陈述这一个证据，仍是孤证。因此，尽管同一人所做的辨认笔录和陈述同时存在，仍然不能掩盖“孤证”的实质，仍属于“孤证不得定罪”的范畴。

更何况，辨认笔录均是在案发多年后进行，而按被害人所说，冲突时

照面时间很短，根本不具备辨认的客观基础，辨认笔录本身就不可信。

3. 检察院指控肖某洋、刘某生事件还有隋某龙供述的“类似行为”印证，这种说法无法律和事实根据。检察院给隋某龙“类似行为”的界定，已自认该二者无法印证，因为印证不能是“类似”，必须是“同一”才能谈得上印证。因此，无论检察院怎么辩论，都抹杀不了一审判决“孤证定罪的事实”。

4. 根据《刑事诉讼法》第172条，《人民检察院刑事诉讼规则》第279条、第281条的规定，提起公诉的前提是犯罪事实必须清楚，必须具备“七何”，即何人、何时、何地、何动机、何对象、何行为、何结果必须清楚。而该两起事实，明显缺少“七何”，连行为人是何人、具体时间都无法确定，却硬生生地套在本案里进行指控，明显违反法律的规定。严格意义上讲，这也不具备审理的条件，法庭都不应该对其进行审理。根据《刑事诉讼法》第161条、《最高人民法院关于执行刑事诉讼法若干问题的解释》第176条的规定，人民法院判决支持公诉作出有罪判决的前提是：起诉指控的事实清楚，否则，一审法院不应该支持该指控，应作出无罪判决。

二、一审判决量刑过重

1. 从对比的角度分析。原一审判决认定隋某龙实施了7起事实，判处有期徒刑三年半。而此次一审，只认定了后三起，认定事实足足比原一审判决少了4起事实，认定事实少了一半多，但刑期却只减了半年。现在，别的都不说，只从数学的角度分析，怎么也不能只减半年啊，最少也要减一半吧。再说了，一审判决判其三年，隋某龙符合缓刑条件，也可以适用缓刑。但为什么不适用。一审判决将三年半减为三年，既体现不出公平，也有违上诉不加刑，更无从体现量刑规范化。

2. 一审判决遗漏了隋某龙的法定减轻从轻情节——自首。关于张某家这起事实，隋某龙构成自首。隋某龙是因2009年1月29日寻衅滋事被上网追逃，换言之，公安机关只是掌握了隋某龙2009年1月29日的事实，但该事实后经侦查不属实，既没有起诉，也没有判决。且隋某龙被采取强制措施后，如实交代了公安机关没有掌握的张某家这起事实。根据法律规定，上诉人属于自首。

3. 一审判决部分事实认定有误，被害人张某家存在过错，一审法院未予认定，遗漏对隋某龙有利的酌定从轻情节。根据一审时辩护人向法庭出示的第三组证据：辽阳市交通局文件，客运站点 30 米内禁止出租车停靠，更禁止拉客。而张某家不仅停靠，而且拼客，他违反规定在先。后隋某龙上前劝阻，张某家不听劝告，发生冲突。张某家存在明显的过错。

三、本案存在三大“不应该”

1. 本案不存在共同犯罪，但一审判决将三人认定为共同犯罪，这是第一个不应该。什么是共同犯罪，法律规定得很清楚，我不重复。本案中三名上诉人都明确表示根本不存在指使被指使、共同实施犯罪行为的情况，各自行为，各自承担。罪责自负，不株连无辜是刑法的基本定罪原则。个人做事个人担责，不能把三人混为一谈。我们不否认隋某龙确实实施了两起事实，但他只应对这些负责。他不应该为别人承担刑事责任，别人也不应该为他担责。像本案这样把毫不相干的黄某开等三人放在一起定罪处罚，既无事实根据，违背罪责自负的基本原则，也是一种典型的有罪推定。

当然，辩护人注意到，一审判决引用了王某锋的侦查口供，对于该口供，王某锋在前几次开庭和今天开庭均表述得非常清楚，口供系被逼迫形成，应予排除。而且，排除合理怀疑，证明口供合法性的责任在于公诉方，上诉人无此义务。公诉方所谓“王某锋是个正常人，签字就等于认可，是合法证据”等说法与司法实践不符，也无法律依据。最简单的道理，因刑讯逼供而造成的冤假错案中，“被告人”在签字时也是正常人。因此，公诉方这种说法不能成立。

2. 起诉、审理隋某龙不应该。张某家这件事，当事人双方和解，符合《刑事诉讼法》的立法导向。上述事实均已经公安机关处理、调解，双方还进行了刑事和解。这个和解不仅不违法，而且完全符合《刑事诉讼法》

第 277 条、第 278 条、第 279 条关于公诉案件和解的法律规定和立法原意。这是应该被法律支持和提倡的，根本不应再起诉、定罪。况且，事隔多年，旧事重提，这么做对社会也没有什么积极意义，影响社会和谐。这点请法庭高度重视。

3. 案件拖延这么长时间不应该。这关涉程序公正的问题，公正必须以公正的形式体现出来。2012 年 12 月 19 日一审判决就形成了，在法院内部管理系统上还报结了，那为什么迟迟不宣判，一直等到 3 个月后——2013 年 3 月 18 日才宣判，宣判后又迟迟不送上诉案卷，为什么？到今天，隋某龙在看守所里已经待了快两年的时间。即便不谈法律，从正常人理解的角度来说，这样拖延案件也实属不应该。

四、关于对隋某龙的定罪量刑

隋某龙已经过了近两年的看守所生活，考虑到现实情况，辩护人请二审法院对其定罪免刑。

◆控辩交锋

控辩交锋的争议焦点是：在仅有被害人陈述、被害人辨认笔录，被告人对具体指控明确否定的情形下，能否认定指控犯罪成立。控方认为辨认笔录是独立的证据，这种情形不属于孤证。而辩方认为，因辨认笔录和陈述同源、同质，此种情形仍属于实质意义上的“孤证”。

◆第二次二审判决书节录

经审理查明，2009 年 1 月 27 日上午 10 时许，被害人肖某洋驾驶辽 KA77×× 红色夏利轿车从王家道口拉两名乘客回辽阳，车刚行驶 50 米左右被被告人隋某龙伙同他人将车拦截，被告人隋某龙殴打肖某洋，并对肖某洋进行威胁，禁止其在该线路上拉客，乘坐该车的客人见状下车并向被告人隋某龙求情，被害人肖某洋才被放走。

2009 年夏天，被害人刘某生驾驶辽 KT45 × × 出租车从佟二堡拉客人回辽阳过程中，被被告人隋某龙开车别住，并威胁刘某生不许拉客，刘某生无奈让乘客下车后空车回辽阳。

2009 年 4 月 20 日 17 时，被害人张某家驾驶辽 KT11 × × 出租车从佟二堡镇拉人回辽阳，当车行至王家镇河洪站点时，被告人隋某龙等三人将车拦截，以不准出租车拉客回辽阳为由将张某家打伤，致使张某家左肾挫伤，经辽阳襄平法医司法鉴定所法医鉴定，张某家损伤程度为轻伤。

上述事实有被害人陈述、被告人供述和辩解、法医司法鉴定书证实。

本院认为，关于辩护人提出一审判决认定肖某洋、刘某生两起事实无证据支持的辩护意见，经查，因上诉人隋某龙曾供述，“我负责清理线上拉客的出租车，发现出租车拉客了，我就开车过去，把出租车拦住，参与殴打出租车司机有 6—7 次，不让出租车拉客”。被害人肖某洋、刘某生的陈述、辨认指认和上诉人隋某龙供述一致，能够相互印证，并非只有被害人陈述，故对该辩护意见不予采信。判决如下：

一、撤销一审判决量刑部分。

二、上诉人隋某龙犯寻衅滋事罪，判处有期徒刑二年二个月（从 2011 年 9 月 15 日起至 2013 年 11 月 14 日止）。

◆辩护思路

辩护人的整体思路、总目标是让被告人隋某龙尽快解除羁押状态。因其从被羁押之日起历经一审、二审、发回重审的一审、二审，从被控寻衅滋事、故意伤害罪两个罪名、九起事实，到减轻为发回重审的寻衅滋事一个罪名、三起事实，历时已经近两年。而发回重审一审认定三起事实中的一起事实，确实客观、存在。为了实现被告人利益的最大化，辩护人提出了定罪免刑的具体意见。为了支持辩护人的意见，辩护人从否定两起事实、量刑过重、程序上的三大问题进行了递进式的层层梳理。

一、辩护第一重点：一审判决关于被害人肖某洋、刘某生两起事实的认定，无证据支持，事实认定错误

辩护人发现：

1. 关于这两起事实，分别只有被害人的陈述和辨认笔录，舍此无他。尽管刑事诉讼法规定了辨认笔录是单独的证据种类，但其和辨认人的陈述确实存在同源性，从属于陈述，是陈述的另一种表现形式，属于实质意义上的孤证。

2. 隋某龙虽然供述过与肖某洋、刘某生事件的“类似行为”，但和肖某洋、刘某生事件是类似，不是同一，不具备印证的前提。

因此，辩护人指出，从法理上而言，被害人的辨认笔录和被害人的陈述存在同源性，从属于陈述，是陈述的另一种表现形式，表象是两个证据，实质上是一个证据，属于实质意义上的孤证。隋某龙供述与肖某洋、刘某生事件类似，但不同一，不存在印证的前提和基础。一审判决认定该两起事实的证据均是孤证，而孤证不能定罪，应被纠正。

二、辩护第二重点：用一审判决认定事实量上的减少比例，对比量刑量上的减少比例，直观反映出二者之间的不平衡，进而说明一审判决量刑过重

仔细梳理一审判决，通过表格统计比较，辩护人发现，发回重审的一审认定事实足足比原一审判决的七起少了四起，减少了 57%；但刑期却只从三年半减为三年，只减少了 14%。定罪和量刑减少的比例不均衡、不公平，有违上诉不加刑原则，更无从体现量刑规范化。这是一审判决自身暴露出来的问题，因此辩护人将此辩点和一审判决遗漏的法定减轻情节——自首，以及被害人张某家存在过错，作为第二辩护重点。

三、辩护第三重点：指出本案程序上存在三大“不应该”的问题，让法官重点思考一审判决量刑上的不当

1. 本案不存在共同犯罪，但一审判决将三人认定为共同犯罪，这是第一个不应该。

2. 张某家事件中，当事人双方和解符合《刑事诉讼法》的立法导向，而事隔多年，再次起诉、审理隋某龙不应该。

3. 2012 年 12 月 19 日，一审法院已在法院内部管理系统报结了本案，但一直等到 3 个月后——2013 年 3 月 18 日才宣判，宣判后又迟迟不送上诉案卷。案件拖延这么长时间不应该。

尤其第三点，一审法院难辞其咎。三大不应该作为第三重点，正当其位。

◆结语

其实，辨认笔录是否应单设种类，在《刑事诉讼法》修法过程中存在争议。有观点认为，辨认主体和被害人陈述、证人证言、被告人口供的提供主体同一，它只是这三类证据的另一种表现形式，本质属性没有任何不同，应该纳入上述三种证据中，无须另设种类。也有观点认为，辨认笔录与上述三种证据不同，属于另外一种新的证据形态，应该认可其证据形态。现在立法已经将其列为独立的证据，我们只能在法律规定的范围内，善解善用辨认笔录，对其审查采信须把握三大原则。

1. 不同主体所做的陈述和辨认笔录，分属两种证据形式，不属于实质上的“孤证”。在它们自身具备合法性、真实性、关联性，又能相互印证的前提下，可以定案。

2. 同一主体所做的陈述和辨认笔录，不管以何种方式调取制作，不管以何种形态存在，因主体同一、出处同源、内容同质，辨认笔录不是陈述的衍生证据，属于实证上的“一证”。如没有其他证据印证、补强，对于只

有同一主体所做的陈述和辨认笔录的案件，必须秉持“孤证不得定罪”原则，不得对被告人定罪。

3. 就辨认笔录本身的审查采信而言，只采其客观内容，只有对辨认过程的客观记录才属于可采范畴，排除主观性内容，如辨认人、公安司法工作人员的分析、推测、判断和评价等。

第十一讲 视听资料与证据采信

——解某阳涉嫌故意伤害致人死亡二审案

按　语： 根据《刑事诉讼法》对视听资料和电子数据单独归类的立法规定，视听资料应指以录像机、录音机、胶卷相机等设备以音频、视频方式录制、存储的数据。它具有多维立体性，动态直观性，可反复再现性，易保存、易修改、可恢复性等特征，与言词证据等相比更为客观、更为全面、证明方式直观、更为真实可信，应特别重视对视听资料收集、审查和运用。在确保视听资料真实、有效的前提下，如其他证据与其冲突，应以视听资料为准。

关键词： 视听资料　证明力　证据采信

◆案情简介

1. 2010年10月5日晚，解某阳、张某龙、孙某海、于某等人与被害人马某闯的朋友张某等在烟台市某KTV停车场发生矛盾。解某阳持刀去追赶杨某达，随后，张某龙等与被害人马某闯厮打，张某龙持刀捅刺马某闯颈部及身体多处。孙某海搂抱、踢踹马某闯，帮助张某龙加害马某闯。后张某龙、孙某海被劝止，马某闯手捂脖子处站立在停车场岗亭后。解某阳追赶杨某达后，看到马某闯背对自己站立，遂持刀捅了马某闯的下身，随后离开。接着，马某闯转身、倒地、死亡。从马某闯被张某龙捅刺脖子到死亡间隔时间不到40秒。经法医鉴定，马某闯因生前被人用锐器捅刺颈部及全身多处致失血性休克死亡。

2. 某KTV停车场有监控设备，完整记录下来了整个过程，不过只有录像，没有录音。四名被告人对监控录像全部认可，张某龙承认是自己捅了被害人脖子，解某阳承认自己捅了被害人下身一刀。

3. 烟台市检察院以张某龙、孙某海、解某阳、于某等犯有故意杀人罪起诉到法院。庭审中，四名被告人均对监控录像、鉴定意见等证据、事实无异议，被害人方对证据、事实亦无异议。后烟台市中级人民法院判决认为“张某龙捅了被害人脖子，孙某海帮忙”“解某阳捅了被害人下身三刀，但只供认捅了一刀，没有交代全部犯罪事实，不是自首”，遂将被指控为第三被告的解某阳“提拔为第一被告”，以故意伤害致人死亡罪判处解某阳无期徒刑，判处张某龙有期徒刑15年，判处孙某海有期徒刑4年。

4. 解某阳不服一审判决，委托笔者作为二审辩护人，经查阅案卷材料后，笔者向山东省高级人民法院指出：本案存有两个关键，一是关键事实，即颈部伤是马某闯死亡的根本原因、直接原因。二是关键证据——停车场监控录像证实：张某龙持刀捅刺马某闯颈部和身体多处，但解某阳因不在现场对此毫不知情；后解某阳只捅了被害人下身一刀。审判案件只能靠证据，不能靠推测，一审判决错误，应予纠正。但山东省高级人民法院经过近一年的审理，于2015年2月作出二审判决：将监控录像明确显示且张某龙承认“捅了被害人脖子”的客观事实，异化为“疑似捅刺”，以解某阳持刀捅刺马某闯后马某闯即倒地、死亡为由，驳回上诉，维持原判。

◆一审判决书节录

经审理查明，被告人解某阳、张某龙、孙某海、于某系QQ群“红花会”的网友。2012年10月5日22时40分许，被告人解某阳、张某龙、孙某海、于某及网友林某某等人，酒后前往位于烟台市芝罘区百盛商城东门的歌友汇KTV唱歌，在楼梯拐角处，被告人解某阳和林某某与从歌友汇KTV出来的被害人张某、杨某达、马某闯等人相遇，因解某阳是否碰撞到怀抱张某孩子的马某闯之妻穆某双，双方发生争吵并厮打，厮打中，被告人解某阳掏出随身携带的折叠刀朝张某左下腹部捅刺一刀，之后，双方在张某之妻杨某蕾的劝阻下停止厮打，被告人解某阳先行下楼，招呼尚在楼下的被告人张某龙、孙某海等人离开。

当日22时40分50秒，已经走到百盛商城东门停车场路边的被告人解某阳突然返回，持刀朝走在最前面的杨某达左前臂捅刺一刀，随后，被告人张某龙、孙某海、于某与张某、马某闯等人先后参与厮打。厮打中，被告人解某阳持刀追刺向肯德基方向逃离的杨某达，被告人于某持折叠刀朝张某左侧胸部捅刺一刀后，亦持刀前去追赶杨某达。自22时41分5秒开始，被告人张某龙边与被害人马某闯厮打、边持刀不断捅刺马某闯身体左侧，被告人孙某海亦同时参与厮打马某闯。22时41分19秒，在穆某双、杨某蕾的劝阻下，被告人张某龙、孙某海停止与马某闯厮打，马某闯起身后隔着穆某双与孙某海、张某龙不断争执。穆某双将张某龙、孙某海劝离过程中，被害人马某闯独自站在停车场简易板房前。22时41分45秒，追赶杨某达未果的被告人解某阳持刀返回至马某闯身后，趁马某闯不备，朝马某闯连续捅刺，马某闯随即踉踉跄跄倒地。被告人解某阳见状后，与被告人张某龙等人逃离现场。被害人马某闯当场死亡。

次日凌晨，公安机关到解某阳家中将正在与家人讨论如何投案的被告人解某阳、于某抓获。同年10月10日和10月25日，被告人孙某海、张某龙先后主动到公安机关投案。经鉴定，被害人马某闯因生前被他人用锐器捅刺颈部及全身多处致失血性休克死亡。被害人杨某达左上臂损伤，被害人张某胸部、四肢部损伤均为轻微伤。

另查明，本院审理期间，被告人解某阳、张某龙、孙某海、于某的亲属分别自愿赔偿被害人经济损失人民币15万元、10万元、15万元和7万元，共计交纳赔偿款人民币47万元。

……

4. 鉴定意见。

（1）烟台市公安局芝罘分局出具的（芝）公（刑）鉴（尸）字〔2012〕171号《法医学尸体检验鉴定书》及尸体照：证实死者马某闯左颈部有一长

10 厘米的横行哆开创口，创缘整齐、创壁平整、创角一钝一锐；该创口上方有一长 5 厘米的划痕；右颈部有一长 1.5 厘米的划痕；颈后有一长 2.5 厘米的水平划痕。左季肋部有一长 2.0 厘米的创口，创缘整齐、创壁平整、创角一钝一锐，该创口左侧有一大小为 0.5 × 0.4 厘米的片状表皮剥脱。左锁骨中线平脐处有一长 0.3 厘米的小裂口，深达皮下，右锁骨中线平第二肋处有一长 0.5 厘米的小裂口，深达皮下，该裂口下方有一长 2.0 厘米的划痕。背部上方有两处划痕，长度各为 2.0 厘米。左肩部有一长 2.0 厘米的创口，创壁平整，创角一钝一锐，创口右侧有一长 2.0 厘米的划痕。左肩后方有一长 1.5 厘米的创口，创缘整齐，创壁平整，创角一钝一锐。左前臂中段前侧有一大小为 6.0 厘米 × 2.0 厘米的表皮剥落，左前臂近肘部前侧有一大小为 2.0 厘米 × 6.0 厘米的表层剥脱。右大腿根部后侧有一长 4.8 厘米的水平创口，创缘整齐，创壁平整，创角一钝一锐。左侧颈总静脉完全断裂，右大腿根部后侧多处小血管断裂。

死者衣着染有大量血迹，全身肤色苍白，睑球结膜苍白，左颈部创口深达肌肉深层，肌群间有凝血块，左侧颈总静脉完全断裂，右大腿根部后侧创口深达肌肉深层，肌群间有凝血块，多处小血管断裂，左肩后方及左季肋部两处创口深达肌层，分析符合失血性休克死亡。死者左颈部创口，左肩后方创口、左肩肋部创口、右大腿根部后侧创口，均具有创缘整齐、创壁平整、创角一钝一锐、创腔内无组织间桥、创道较深的特点，分析符合单刃锐器捅刺形成。

鉴定意见：死者马某闯系生前被他人用锐器捅刺颈部及全身多处致失血性休克死亡。

（2）烟台市公安局芝罘分局出具的（芝）公（刑）鉴（法）字〔2012〕514 号《法医学人体损伤程度鉴定书》，证实被害人杨某达左上臂外侧有两处长度为 3.0 厘米和 2.8 厘米的斜行疤痕。根据《人体损伤程度鉴定标准（试行）》第 21 条之规定，其四肢部所受损伤属轻微伤。

（3）烟台市公安局芝罘分局出具的（芝）公（刑）鉴（法）字〔2012〕

515 号《法医学人体损伤程度鉴定书》，被害人张某左胸平乳头偏内一 2 厘米裂口，左侧股沟一斜行 3 厘米裂口，深达皮下斜向外下方，法医临床检验左前胸壁前有一处长度为 1.5 厘米的疤痕。左腹股沟有一处长度为 2.5 厘米的疤痕，根据《人体损伤程度鉴定标准（试行）》第 21 条、第 28 条之规定，其胸部、四肢部所受损伤属轻微伤。

（4）山东省烟台市公安局芝罘分局出具的《烟公芝物鉴遗字 2012155 号物证鉴定书》，在送检的“尸体东侧地面上血迹”上检出有效 DNA 基因型，为死者马某闯所留的似然比率为 1.1867637×10^{20}；送检的“百盛东门外南侧一至二楼休息平台地面上血迹”上检出有效 DNA 基因型，为张某所留的似然比率为 7.4279603×10^{21}；送检的“肯德基南侧大润发停车场地面上血迹”上检出有效 DNA 基因型，为杨某达所留的似然比率为 8.9973668×10^{18}。

（5）山东省烟台市公安局芝罘分局出具的《烟公芝物鉴遗字 2012155-2 号物证鉴定书》，从吴某丽处扣押的孙某海的衬衣上检出有效 DNA 基因型，为死者马某闯所留的似然比率为 1.1867637×10^{20}。

……

7. 视听资料。

（1）百盛商城东门歌友汇 KTV 楼梯平台监控录像证实，2012 年 10 月 5 日 22 时 41 分许，解某阳上楼梯时与一抱孩子妇女擦肩而过，双方发生争执，杨某达返回用脚踢踹解某阳一下。林某某上前搂杨某达，被杨某达摔倒在地。之后，解某阳从包内掏出折叠刀，朝张某腹部捅刺一下。

（2）百盛商城东门停车场监控录像证实，2012 年 10 月 5 日 22 时 40 分 50 秒，解某阳突然返回，持刀朝走在最前面的杨某达左前臂捅了一刀，杨某达顺势一推，将解某阳推倒在地，张某、杨某达先后冲上去作势欲踹打解某阳，但均没有打到。之后，被告人张某龙、于某、孙某海先后参与厮打，被害人马某闯此时与妻子穆某双已向南走，见状后，马某闯亦返身参与厮打。被告人解某阳持刀追捅杨某达，杨某达向南面肯德基方向边打边后退，被害人马某闯则在解某阳后面撕扯解某阳，被告人张某龙在马某闯身后撕打马某闯。解某阳摆脱马某闯撕扯后，追向南跑去的杨某达，此时，被告人于某与张某在另一侧厮打并持刀捅刺张某左侧胸部一刀后，亦持刀前去追赶杨某达。同日22时41分5秒开始，被告人张某龙边厮打边持刀不断地捅刺被害人马某闯身体左侧，41分7秒，张某龙右手持刀朝马某闯左侧颈部捅刺一刀；厮打期间，被告人孙某海从后面用双手欲抓马某闯双肩，被马某闯顺势摔倒在地，马某闯亦摔倒在地，被告张某龙则趁机继续持刀捅刺马某闯；双方在穆某双及杨某蕾的劝解下于22时41分19秒时停止厮打，马某闯起身后与张某龙、孙某海隔着穆某双在不断争执，穆某双抱着孩子在将张某龙、孙某海劝离过程中，被害人马某闯独自站在停车场简易板房跟前并面向北方走动几步。22时41分45秒，被告人解某阳没有追上杨某达后持刀返回至马某闯身后，朝马某闯连续捅刺三下，被害人马某闯当即踉踉跄跄地慢慢蹲在地上，解某阳见状后，急速地招呼正欲离开的张某龙等人逃离现场。22时42分6秒，马某闯倒地。

……

本院认为，被告人解某阳、张某龙、孙某海、于某因琐事与他人发生争执并厮打，其间分别采取持刀捅刺或拳打脚踢等手段对他人实施加害行为，致一人死亡、二人轻微伤，其行为均构成故意伤害罪。因本案系由偶发事件引起，被告人与被害人之间素不相识，认定被告人具有杀人主观故意的证据不足，公诉方指控四名被告人的行为构成故意杀人罪不当，本院予以纠正。被告人解某阳在被他人劝离后，又率先挑起事端，并先后持刀捅刺被害人张某、杨某达和马某闯，被告人张某龙积极参与厮打，并持刀多次捅刺被害人马某闯，二被告在共同犯罪过程中的地位和作用突出，系本案主犯，应依法予以惩处；被告人孙某海共同参与厮打被害人马某闯、被告人于某共同参与并持刀捅伤被害人张某，其地位和作用相对较轻，系从犯，依法可以从轻或者减轻处罚。被告人解某阳、于某在准备投案时被公安机关抓获，依法应视为主动投案，被告人张某龙、孙某海均系主动投案，但被告人解某阳归案后，在公安机关侦查阶段和庭审供述时避重就轻，始终不能如实供述主要犯罪事实，其行为依法不能构成自首；被告人张某龙、孙某海、于某归案后能够如实供述主要犯罪事实，其行为均构成自首。被告人解某阳、张某龙、孙某海、于某的亲属在本院审理期间，能够积极赔偿被害人的经济损失，结合本案具体案情，对被告人解某阳、张某龙依法可以酌情从轻处罚，对被告人孙某海、于某可以减轻处罚。被告人对给附带民事诉讼原告人造成的经济损失，应当依法、酌情予以赔偿。被告人又对给附带民事诉讼原告人造成的经济损失酌情予以赔偿：附带民事诉讼原告人诉讼请求中超出法律规定范围的部分，本院不予支持。被告人解某阳、张某龙、孙某海的辩护人关于本案不构成故意杀人罪的辩护意见成立，本院予以采纳；被告人解某阳、孙某海的辩护人关于本案构成寻衅滋事罪的辩护意见，因本案系由琐事引发，四名被告人当场采取暴力手段加害于被害人，并造成一人死亡、二人轻微伤的严重后果，其行为具备故意伤害他人身体的主观故意，而非无事生非、逞强好斗、寻求刺激的寻衅滋事行为，该辩护意见不能成立，本院不予采纳。被告人解某阳的辩护人关于解某阳具有自首情节的辩护意见，因被告人解某阳归案后不能如实供述其主要犯罪事实，该自首情节不能成立，本院不予采纳。被告人张某龙的辩护人关于张某龙在共同犯罪过程中地位和作用较为次要的辩护意见，与本案查明的事实不符，本院不予采纳。关于被害人一方存在过错的辩护意见，经查，本案系由琐事引发，被告人解某阳被他人劝离后，又率先挑起事端，持刀返回连续捅刺他人，从而引发双方再次厮打，被害人一方对本案不存在过错，该辩护意见本院不予采纳。辩护人关于被告人张某龙、孙某海、于某有自首情节，亲属积极赔偿被害人经济损失以及被告人解某阳的辩护人关于解某阳的亲属积极赔偿被害人经济损失，请求从轻处罚的辩护意见，经查属实，本院依法对四名被告人予以从轻或者减轻处罚。

◆二审辩护词节录

一、本案的两个关键——分析本案的前提和基础

在发表具体意见之前，辩护人必须厘清本案的两个关键：一个是关键事实，一个是关键证据。因本案涉嫌罪名是故意伤害致人死亡，那么被害人的死因，即被害人是因为什么原因死亡，就是一个关键事实。但认定事实又离不开证据，本案的证据很多，有被告人口供、证人证言、书证、视听资料（包括停车场监控录像）等，而其中的视听资料相较于其他证据而言，从形成的时间、内容、直观与否等来看：停车场监控录像形成于事发时，与事发同步录制形成；且系由毫无利害关系的第三方为了车辆安全无意中录制，内容客观可信；录像具有完整、直观、立体感、连续性。无疑，监控录像就是一个关键证据。

（一）关键事实——死因。

被害人马某闯系被用锐器捅刺颈部及全身多处致失血性休克死亡。亦即颈部伤是马某闯死亡的根本原因、直接原因。对于此节事实，有侦查第1卷第37—43页《尸体检验鉴定书》证实，且上诉人、一审另三名被告人、一审公诉机关、一审法院、被害人方均无异议（详见一审庭审笔录、一审判决书上诉人版本第3页第一段及第6页；一审判决书山东省高级人民法院版本第3页第一段，及第7页）。

（二）关键证据——停车场监控录像证实。

1. 解某阳去追赶杨某达之时及其后，张某龙和孙某海与马某闯厮打，张某龙持刀捅刺马某闯颈部和身体多处；解某阳对张某龙、孙某海、马某闯之间发生的具体情形根本看不到，无从知晓。具体分解如下：

（1）22时41分7秒，张某龙持刀扎向被害人。

（2）22时41分9秒，张某龙右手所持的刀子直接扎中被害人左颈部，

且该部位与被害人左颈部受伤部位一致。

（3）22时41分27秒，被害人马某闯左肩部衣服呈现条块状黑色，左前臂颜色改变，疑似出血。

（4）22时41分39秒，被害人低头察看，此时左前臂色变更为明显。22时41分40秒，被害人低头察看。

2. 其后，解某阳折返后，以弓步姿势，持刀向下，从背后对独自站着的马某闯刺了一下，随后离开。具体分解如下：

（1）22时41分45秒第3帧，解某阳呈左前弓步状态，右腿向后抬起持刀刺向马某闯下身。

（2）22时41分46秒第17帧起，解某阳和马某闯没有任何身体接触，也未通过物体接触，这从双方影子可清楚看出。

（3）22时21分47秒第20帧起，马某闯才转回身，此前其一直背对解某阳。这同样可以从双方影子清楚看出。

（4）被害人衣物及尸体检验能够印证录像。被害人衣物及尸体检验所见：马某闯外裤仅右后口袋处有一破裂口，尸体下半身仅"右大腿根部后侧"有一刺创，外裤破裂口的位置、大小与尸体上损伤均相对应。被害人的裤子破损位置、数量，及下身损伤位置、数量，又与解某阳供述相吻合。这充分证实解某阳只刺了马某闯臀部一刀。这充分证实解某阳供述真实可信。

在此，特别声明：这段录像把事实记录得非常清晰、清楚，辩护人看了数百次，采取了分帧正放、倒放等方式反复观看，但不管怎么看，即便把它拿到天安门广场的大显示屏上去看，事实仍是：张某龙扎中了马某闯脖子左颈部；解某阳的刀子和马某闯身体只有一次接触，而且是与马某闯下身接触。这是非常清楚、确定的。

（三）"被害人被刺脖子后仍能站立，至解某阳刺其屁股后随即倒地"的解析。

1. 被害人马某闯被伤及的是颈静脉，该静脉收集头、面部、颅内血液回流至心脏，因此静脉内呈负压，故损伤以后出血不似动脉破裂那样迅猛快速，可存活一定时间，本案被害人有手捂伤口和按压动作，可稍事延缓出血。从录像可看出被害人已出现行动迟缓，站立不稳等，随着出血量持续增大，被害人濒临休克状态，当被解某阳刺中臀部一刀后，随即倒下。

2. 被害人打架时精神亢奋，辨识及自控力下降，受到激惹及伤害后，更易丧失理智，应激反应和能力异常强悍，且疑系酒后（KTV唱歌一般都喝酒），这也是其推迟倒地的原因之一。

二、解某阳在不知张某龙等已经捅刺了马某闯的情形下，仅朝其下身刺了一下，不是“故意伤害致人死亡”的主犯。一审判决将其认定为主犯，属认定事实错误，应予纠正

1. 解某阳仅朝马某闯的下身刺了一下。一审判决认定其“朝马某闯连续捅刺”“朝马某闯连续捅刺三下”，不仅无证据支持，且与关键证据根本矛盾，与事实不符。具体理由不再赘述。

2. 上诉人解某阳是在不知道张某龙等已经捅刺了马某闯的情形下，朝其下身刺了一下。从主观方面分析，上诉人没有和张某龙等一起伤害马某闯的故意，不存在共同伤害的故意，而且他是特地朝马某闯的下身刺去，说明其连导致马某闯重伤的意志都没有。解某阳的主观“恶性”与捅刺颈部的主观恶性不可等同，其主观恶性远远低于后者。

3. 就客观方面分析，颈部伤是马某闯死亡的根本原因、直接原因。即便说解某阳的行为与死亡结果存在因果关系，但其行为的地位和作用远远低于“捅刺颈部”的行为。在此要说明的是：解某阳行为和死亡之间的即时性，恰恰说明死亡与其行为无关。因为如果有关，不可能这么快。

4. 因本案是故意伤害致人死亡，那么判断一个人在犯罪过程中的地位和作用是否突出，关键是看其在故意伤害马某闯的过程中地位和作用如何，关键是看其行为在致死因果关系中地位和作用如何。不能胡子眉毛一把抓，不能把与伤害无关的前因、引发事端的地位和作用等同于故意伤害致死的地位和作用。即便说解某阳在被他人劝离后，率先挑起事端，但其行为如

同被害人方的行为一样，系属前因，与故意伤害的地位、作用无关，二者不能等同。更何况并非解某阳率先挑起事端（具体理由在后面阐述）。

5. 综上分析，一审判决将上诉人与张某龙相提并论，认为“其地位和作用突出”是主犯的认定，与事实不符，也有违主客观相一致的定罪原则。

6. 要说明的是，解某阳即便和张某龙是共同犯罪，他也只能是从犯。何况是否是共同犯罪，还需商榷。

三、解某阳主动到案，并如实交代了自己的行为，属于自首。一审判决遗漏该法定减轻情节，应予纠正

（一）解某阳具备自首这一法定减轻情节。

1. 解某阳主动到案。2012 年 10 月 6 日凌晨 1 时许，即据事发仅 2 个小时之后，解某阳正准备投案自首时被抓获。根据法律规定，其属于主动到案。

2. 解某阳如实交代了自己的犯罪事实。其一，从侦查阶段、审查起诉、一审，直到现在，解某阳对停车场监控录像均无异议，认可录像。这有侦查阶段的讯问笔录、一审庭审笔录等予以证实。其二，从 2012 年 10 月 6 日 3 时 40 分第一次口供起，解某阳对自己持刀捅刺马某闯的事实就供认不讳，而且其口供一直稳定。其三，解某阳的供述与监控录像内容一致。根据前述，监控录像显示“解某阳刺了马某闯一下”，这和解某阳的口供一致。

3. 根据法律规定，解某阳属于自首，应该对其减轻处罚。

（二）一审判决违背事实、法律，遗漏自首情节，属认定事实、适用法律错误。

1. “一审判决认为解某阳不构成自首”，无事实根据，与证据不符，违背客观事实。一审判决之所以认为解某阳不构成自首，理由之一是因为“其认为解某阳捅刺了马某闯三下”，而“解某阳仅供述捅刺了一下”，在捅刺数量上有差异，“解某阳避重就轻”。

但是解某阳到底捅刺了一刀还是三刀，这既不能依据解某阳供述，也不能依据一审法院的“推测”，必须依靠合法有效的关键证据——监控录像。

而监控录像显示得很清楚，"一刀"，绝非"三刀"。实不知一审判决的"三刀"从何而来？

当然，除了监控录像外，还有证据证实解某阳没有"避重就轻"。比如，于某2012年10月6日4时25分的口供，"解某阳说他捅了一名男子大腿根部一下"；苏某君2012年11月21日证言，解某阳说"朝一个人的屁股捅了一刀"。这二人一个是解某阳朋友，一个是解某阳的妈妈，解某阳没有必要对他们撒谎，而且是刚刚事发时所说，记得也很清楚。这两个证据也印证了解某阳口供"捅了一刀"是客观、真实的，不是避重就轻。

2. "一审判决认为解某阳不构成自首"，违背法律规定。辩护人特别注意到，"解某阳始终不能如实供述全部犯罪事实"，是一审判决否定自首的另一理由。可是，根据《刑法》第67条、《最高人民法院关于处理自首和立功具体应用法律若干问题的解释》第1条第（2）项的规定，"如实供述自己的罪行，是指犯罪嫌疑人主动投案后，如实交代自己的主要犯罪事实"，而非"如实供述全部犯罪事实"。因此，一审判决的这一理由缺乏法律依据，属于强人所难。

具体到涉嫌故意伤害的本案而言，解某阳的主要犯罪事实就是"解某阳是否捅刺了马某闯"，主要犯罪事实的指向是"有没有捅"，而不是"捅了几下"。即便说解某阳捅了三下，仅供认"捅了一下"，也属于"如实交代自己的主要犯罪事实""如实供述自己的罪行"。因为"三"和"一"的差别，不影响因果关系，不影响犯罪性质。因此，哪怕解某阳捅刺了三下，一审判决也应依法认定其为"自首"。何况，事实上解某阳捅了一下，也如实供述"捅了一下"。

3. 一审判决对另三名被告人自首的认定原则、结果，充分说明了"其不认定解某阳自首"，违背常理、情理、法理，背离了"公正"。对同等性质的问题必须采取同样的判断标准，不允许对同样的问题采取双重标准，这是公正的基本要求。在认定不同的被告人是否"构成自首"，法官必须秉持同一标准，不允许厚此薄彼，任意出入人罪。

但是，必须指出的是，一审法官在自首的认定上，对不同的被告人恰恰采取了双重标准。比如，本案另三名被告人都被认定为自首（辩护人也认为他们构成自首），一审判决对他们所持的标准是“归案后能够如实供述主要犯罪事实”，而非“如实供述全部犯罪事实”。再如，坦白地讲，从供述的自愿性、如实程度、供述的范围等分析，有的被告人供述远远不如解某阳“如实”，举重以明轻，一审判决对这样的被告人尚且能认定自首，为何对解某阳提出“法外要求”“特别照顾”？因此，不得不说，一审法官的做法违背了常理、情理、法理，背离了“公正”。

一审法官为什么厚此薄彼，为什么采取双重标准，辩护人不去揣测，但要提醒检察员、审判员，对枉法裁判、任意出入人罪的违规、违法、犯罪行为，也请切实履行监督职责。

四、被害人具有一定的过错，对案件的发生负有直接责任，应相应地减轻被告人的责任，一审判决遗漏该情节

任何一个生命的逝去都是一件令人痛心、伤感的事情。马某闯不幸去世，同样令人痛心。辩护人在此对其深表哀悼和惋惜。按说死者已矣，本不应该再对被害人的行为有所评价，但为了客观再现事实，还必须有所提及。综合起因、发生、发展等全程来看，被害人的确具有一定的过错，对案件的发生负有直接责任（具体理由不赘述，详见监控录像），在此情形下，应相应地减轻上诉人的刑事责任。

五、根据罪刑相适用、平等适用刑法原则，对解某阳应在四年以下有期徒刑量刑，一审判处其无期徒刑，量刑畸重，应予纠正

（一）一审起诉书对四名被告人的排序正确，一审判决随意调整，应予纠正。

《烟检刑一诉（2013）42号起诉书》也是严肃的法律文书，它是根据本案事实、证据依法制作，它关于被告人的排序是符合案件事实的。因此，就连被害方对此也毫无异议。综观本案事实、证据，辩护人也认同这个排序，但因辩护人只有辩护的义务，没有指控的权利，具体理由不再阐述。一审判决随意调整，应予纠正。

（二）上诉人具有自首、从犯、自愿赔偿等法定减轻、酌定从轻情节，被害人又有一定的过错，依法应对其判处四年以下有期徒刑。

1. 根据《刑法》第234条第2款的规定，"故意伤害致人死亡的，处十年以上有期徒刑、无期徒刑、死刑"，其量刑首先应考虑有期徒刑，而非其他。

2. 根据《人民法院量刑指导意见（试行）》、山东省高级人民法院《人民法院量刑指导意见（试行）》实施细则规定："故意伤害致一人死亡的，可以在十年至十五年有期徒刑幅度内确定量刑起点。"

3. 根据《人民法院量刑指导意见（试行）》和山东省高级人民法院《人民法院量刑指导意见（试行）》实施细则：

（1）自首情节可以减少基准刑的40%以下；犯罪较轻的，可以减少基准刑的40%以上或者依法免除处罚。

（2）对于从犯，一般情况下，可以减少基准刑的20%—50%；犯罪较轻的，可以减少基准刑的50%以上或者依法免除处罚。

（3）对于积极赔偿被害人经济损失的，综合考虑犯罪性质、损失数额、赔偿数额、赔偿能力、积极赔偿的态度等情况，可以减少基准刑的30%以下。

（4）对于被害人有过错或者对矛盾激化负有直接责任的，综合考虑犯罪的性质、被害人过错的具体情况（罪错、违法过错、违反公序良俗过错）以及促使被告人实施犯罪行为的关联程度等情况，可以减少基准刑的40%以下。

（5）对于当庭自愿认罪的，根据犯罪的性质、罪行的轻重、认罪程度以及悔罪表现等情况，可以减少基准刑的10%以下。

结合本案事实，因解某阳具备自首、从犯、自愿赔偿15万元等情节，对其应在四年有期徒刑以下量刑。

（三）与同案被告人比较，一审判决对解某阳量刑畸重。

1. 四人比较：从地位和作用来讲，解某阳应排在第3位，在孙某海之后；从是否具备自首来讲，都具备自首，且解某阳是在两个小时后就主动投案，如实供述全部事实；从赔偿的数额看，解某阳赔偿最多，是15万元……孙某海被判处四年有期徒刑，对解某阳的量刑不应高于四年。

2. 与张某龙比较，一审判决量刑畸重。一审判决判处张某龙十五年，即便是对其减轻处罚，因为只能减一格，那么对张某龙的量刑起点应是无期徒刑。因为马某闯死亡的直接原因、根本原因是颈部伤。无论怎么量刑，解某阳的量刑都应低于张某龙，而低于无期徒刑的最高刑期就是十五年有期徒刑。哪怕一审法院判处解某阳量刑起点也是无期徒刑，但解某阳责任没有张某龙大，赔偿比张某龙多5万元，一审判决还称“对解某阳从轻处罚了”，那这个从轻体现在哪儿呢？不能“明轻暗重”，司法要有公信力！

六、必须指出四个问题

（一）关于定性。

因解某阳与张某龙等没有形成故意伤害的共同故意，解某阳的行为不是导致被害人死亡的原因，解某阳不构成故意伤害罪，其可能构成寻衅滋事罪。

（二）解某阳捅刺与马某闯死亡时间上的即时性，充分说明被害人死亡与解某阳的行为不具备刑法上的因果性。

因被害人是失血过多死亡，解某阳捅刺后，被害人就死亡，根本不具备失血的时间要件。

（三）林某某证言存在与事实不符现象。

林某某从东北方向根本看不到停车场小亭子后的场景；“解某阳跑到马某闯面前，朝左侧身体捅了一刀”，明显和录像不符。

（四）一审判决存在严重的人为倾向。

一审判决在有清晰客观的录像证实张某龙捅了被害人左颈部、解某阳只捅了屁股一下的情况下，毫无根据地人为加重解某阳的责任，人为地模糊“清晰的客观事实”（如谁捅刺被害人左颈部、谁搂抱被害人），大搞春秋笔法，置清晰的事实于不顾，主观推测——加“莫须有三刀”于解某阳，故意渲染、夸大解某阳的地位和作用。但事实不容篡改，真相不容掩盖。一审除了录像之外，还有：

1. 张某龙在受到公安机关讯问、辨识监控录像及庭审中，均承认打斗中刺中了马某闯的左侧身体，其供述与录像显示一致，也与其他被告人供述及证人的证言相吻合。要知道四名被告人系网友关系，不存在谁为谁顶罪的交情，诸被告只会设法推脱罪责，不会主动揽责，张某龙没有为他人承担责任的理由和必要，张某龙供述当然真实可信。更关键的是，其供述更与被害人马某闯的尸体检验互为印证。被害人左颈部就一处伤。

2. 证人杨某蕾证实，“当时看到对方一名较胖的30余岁的男子拿折叠刀捅了马某闯脖子处一刀”，而现场参与打斗的被告人一方中只有张某龙身材较胖。

3. 如前所述，被害人衣物及尸体检验所见：其外裤右后口袋处仅有一破裂口，尸体下身仅“右大腿根部后侧”有一刺创。

4.《刑事诉讼法》规定得非常清楚，对一个定罪量刑的证据必须“确实、充分，排除一切合理怀疑”，不得“有罪推定”。一审判决是典型的错案，必须予以纠正！

证据如此清晰，事实如此明了，法律规定这么明确，一审法官为何如此，意欲何为，用意何在？而司法本应公正。实事求是地说，辩护人每看一次录像、每看一次案卷，就有一次的不解、不平，且不解不平之感越看越烈，为何一审法官在“有确实、充分的证据证实张某龙捅了被害人颈部”，“颈部伤是死亡的根本原因、直接原因”，也有确实、充分的证据证实“解某阳只捅了被害人屁股一下”的情况下，仍主观推测——加“莫须有三刀”于解某阳，故意渲染、夸大解某阳的地位和作用？因此，辩护人强烈要求，请求山东省检察院、二审法院切实履行起监督职责，彻查真相，严把事实关、法律关、程序关、证据关，维护司法公信力，切勿纵容违法审判行为，更没有必要为一审判决的错误背书（背黑锅）。

一审判决属于典型的错案，必须予以纠正。否则，是对事实真相的“强奸”，是对法律的践踏！

◆辩审交锋节录

一审判决和辩方的争议焦点是：

1. 判处解某阳无期徒刑的依据是什么。一审判决认为“解某阳捅刺被害人三刀”，“虽主动到案但未如实交代全部犯罪事实，不是自首”，只对其从轻处罚。辩护人认为：即便解某阳捅刺了被害人下身三刀，但因颈部伤是马某闯死亡的根本原因、直接原因，而颈部伤系由他人造成，不应判处解某阳无期徒刑。

2. 认定“解某阳捅刺被害人三刀”的依据是什么。一审判决认为监控录像显示是“三刀”。辩护人认为：监控录像显示是“一刀”，而且被害人衣物及尸体检验证实——马某闯外裤仅右后口袋处有一破裂口，下半身仅“右大腿根部后侧”有一刺创，且外裤破裂口的位置、大小与尸体上损伤均相对应，“三刀”是法官的臆断。

3. 解某阳是否构成自首。一审判决认为，解某阳“虽主动到案，但因捅刺三刀只承认捅刺一刀，未如实交代全部犯罪事实，不是自首”。辩护人认为：一审判决关于“如实交代全部事实才是自首”的观点无法律依据，即便“解某阳捅了三刀”，但因其认可监控录像；“三刀”和“一刀”的数量之差不影响对解某阳行为的定性，仍是自首。何况录像显示是“一刀”。

4. 是否真正采信监控录像。一审判决表面上看认可采信了监控录像，但实际上以“臆断”否定了它，把明确显示的“一刀”自行补捅为“三刀”，任性地把解某阳由“第三被告”提拔为“第一被告”。辩护人主张：监控录像是关键证据，应以录像显示的事实作为定罪量刑的依据，这才是真正的采信监控录像，才是真正践行证据裁判原则。

◆二审判决书节录

二审法院认可并引用一审法院查明事实、证据材料等。

本院认为，上诉人解某阳、一审被告人张某龙、孙某海、于某因琐事与他人发生争执并厮打，其间分别采取持刀捅刺或拳打脚踢等手段对他人实施加害行为，致一人死亡、二人轻微伤，其行为均构成故意伤害罪。关于上诉人解某阳及辩护人所提的“其有自首情节、系从犯”的上诉理由，经查，上诉人解某阳在被他人劝离后，又率先挑起事端，并先后持刀捅刺被害人张某、杨某达和马某闯，其在共同犯罪过程中的地位和作用突出，系本案主犯，应依法予以惩处，上诉人解某阳在准备投案时被公安机关抓获，依法应视为自动投案但解某阳归案后，在公安机关侦查阶段和庭审阶段供述时避重就轻，始终不能如实供述其主要犯罪事实，依法不能构成自首，故该上诉理由及辩护意见不能成立，不予采纳。关于上诉人解某阳及辩护人所提“一审判决认定事实存在部分错误”的上诉理由和辩护意见，经审理查明，现场监控录像显示解某阳朝马某闯上身捅刺数刀，马某闯随即倒地身亡，经鉴定，马某闯身上有多处刺划创口，其中左颈部有一长10厘米的横行哆开创口深达肌肉深层，左侧颈总静脉完全断裂，杨某蕾、穆某双等均证实马某闯倒地后颈部大量出血，其中穆某双证实其捂住马某闯颈部创口时几乎整个手都伸了进去，可见该处创口伤势之重，经现场勘查发现马某闯倒地处有大量血迹，故足以在解某阳的捅刺行为与马某闯死亡后果之间建立起客观联系。之前同案张某龙虽也捅刺过马某闯，但根据现场勘查及监控录像，张某龙、孙某海与被害人马某闯打斗的地点与马某闯最终倒地的地点有一定距离，其间，马某闯与张某龙、孙某海发生打斗，虽然疑似张某龙有捅刺马某闯颈部的动作，但马某闯在近40秒的时间内，既有与孙某海扭打动作，又有与张某龙、孙某海互相指责行为，穆某双在旁劝解，现场光线良好，上述人员均未发现马某闯出现伤势严重而应有的异常表现，且双方打斗处亦没有发现血迹。根据证人殷某某、曹某、林某某、张甲的证言以及现场监控录像，解某阳多次持刀捅刺马某闯后，马某闯捂着脖子踉跄行走几步随后跪在地上，于十几秒后趴倒在地，据此一审法院认定解某阳对马某闯的死亡后果负主要责任并无不当，故该上诉理由及辩护意见不能成立。关于上诉人解某阳及辩护人所提"被害人有严重过错，原审判决对解某阳量刑过重"的上诉理由及辩护意见，经审理认为，本案虽由琐事引发，但上诉人解某阳被他人劝离后，又率先挑起事端，持刀返回连续捅刺他人，继而引发双方再次厮打，对矛盾激化负有直接责任，故不能认定被害人在本案中存在过错，原审法院鉴于解某阳在本案中所起的作用及赔偿被害人部分经济损失，已依法对上诉人解某阳从轻处罚，故该上诉理由及辩护意见不能成立，不予采纳。

◆辩护思路

一、辩护第一重点：厘清两个关键，即关键事实——死因，关键证据——案发地的监控录像

本案是二审案件，不同于一审案件的辩护。二审法官对一审判决最习惯的思维选择是，能维持则维持，不能维持则发回重审，最后选择才是直接改判。上诉人一审被判处无期徒刑，是四名被告人中被判刑最重的，理由是上诉人系主犯、无自首行为。鉴于上诉人承认参与了打斗，捅刺了被害人屁股一下，随即被害人倒地，辩护人的主要辩护目的是对上诉人的行为准确定性，为其争取减轻刑罚，获得罪刑相当的判决。可是，一审判决对事实、证据、说理所用笔墨很多，可谓洋洋洒洒，其中错漏之处也多，辩护人如果不加选择，事无巨细地均予以澄清、批驳，则辩护重点不突出，也很难让二审法官清晰掌握案件争点。如何能让二审法官不受一审判决繁

杂内容的影响，就成了辩护人考虑的首要问题。辩护人经过对案件深入剖析，决定从两个关键入手。第一个关键即关键事实——死因，被害人死亡的直接、根本原因是什么，由死因找行为人，再到刑责，是很好的说服逻辑。被害人是被锐器捅刺颈部及全身多处致失血性休克死亡，即颈部伤是被害人死亡的根本、直接原因。第二关键则是如何准确找出捅刺颈部的行为人，找行为人离不开证据，这就涉及关键证据——第三方停车场的监控录像。该录像清楚显示：张某龙先捅刺了被害人颈部，被害人捂脖子，近一分钟后，上诉人捅了被害人下身。这两个关键已经清楚地说明，上诉人的行为与被害人死亡无直接因果关系，不是第一责任人。表面上看，这一辩点属于开场白，但实则很重要，能起到抽丝剥茧的作用，所以将其作为第一重点。

二、辩护第二重点：上诉人解某阳在不知张某龙等已经捅刺了马某闯颈部的情形下，仅朝其下身刺了一下，不是“故意伤害致人死亡”的主犯

一审判决之所以判处上诉人无期徒刑，其第一理由是上诉人系主犯。而第一重点已经厘清，致人死亡的直接行为人另有他人，不是上诉人。且他人捅刺被害人颈部时，上诉人不在场，对此不知情，和他人之间不存在共同故意，不属于承继的共犯，更不是主犯。这是建立在第一重点基础之上，对一审第一理由的直接回应，如被采纳，则上诉人的刑期自然下调，当为第二重点。

三、辩护第三重点：上诉人解某阳主动到案，并如实交代了自己的行为，属于自首

一审判决之所以判处上诉人无期徒刑的另一理由是上诉人不构成自首，该判决遗漏了对上诉人有利的法定减轻情节。实际情况是，上诉人主动到案，到案后如实交代捅了被害人下身的事实，当属自首。一审判决认可被告人主动到案，但认为其捅了被害人下身三下，而其只承认捅了一下，所以不是如实交代。应该说，无论从事实还是从法律角度分析，一审判决的错误必须要予以指出。因此，辩护人第三重点指出，从事实而言，监控录像证实上诉人捅了被害人下身一下，被害人裤子只有一处破损，且与上诉人捅的部位吻合；从法律角度而言，上诉人承认捅了被害人一下，只是和一审法官认为的“三下”存在量上的区别，而被害人死因是颈部伤，不是下身伤，下身的一下和三下无质的区别，上诉人只要承认捅了被害人下身，就属于如实交代主要事实；一审判决理解法律有误，遗漏自首情节。

四、辩护第四重点：在前三者的基础上，阐述被害人的过错，说明上诉人的又一减轻从轻情节

五、辩护第五重点：层层推进，充分发挥最高人民法院量刑规范化意见的作用，结合本案具体情况，提出具体的量刑建议。同时，和其他被告人的一审量刑进行纵向比较，让二审法官充分感知一审量刑不公、不当

六、辩护第六重点：为了更充分地说明一审判决错误，呼应前述辩护重点，辩护人又指出一审定性、上诉人捅刺下身与被害人死亡时间上的即时性反而说明死亡与上诉人行为不具备刑法上的因果性、一审判决存在严重的人为倾向等四个问题，拾遗补缺，再次力证一审判决错误，以实现充分辩护、全面辩护

◆结语

随着社会的发展、科学技术的进步，不仅手机、电脑等可以随时形成视听资料，而且用于治安、交通管理、一些特殊行业、单位内部的监控设备，也可以实时记载事实，客观上为案件的发现和审理提供线索、证据，如本案。

因此，应对视听资料尤其是后者给予足够的重视，及时收集和固定、审查相关视听资料。

1. 及时收集。除了前述该类证据的易修改性等特征外，尤其是用于治安、交通管理、单位内部的监控录像保存时间较短，不及时收集会导致被删除、覆盖。

2. 及时固定。基于视听资料的特殊性，对其要及时依照法定程序进行固定保存，以确保真实性、合法性。

3. 及时审查。仍是基于视听资料的特殊性，要对其及时审查，除了审查合法性、关联性，更要从来源、形成背景、原件有无、存储设备、有无被修改、剪辑等方面进行审查。

4. 重点审查、采信。与单调固态的实物证据、易受利害关系等因素影响而多变的言词证据相比，视听资料能够直观动态、形象立体、反复再现事发时的真实场景（包括时间、地点、人物、行为、结果等要素），是一些案件的关键、核心证据，证明力远远大于前二者，是能够高效完成证明目的的最佳证据，应被控辩审作为重点出示、重点审查采信的对象，应被确立为“王牌证据”。

第十二讲 电子数据的审查和认定

——黄某凯被控走私普通货物一审案

按　语：电子数据（electronic data），是2013年1月1日施行的《刑事诉讼法》新增加的一种独立的证据形式，是指基于计算机应用、通信和现代管理技术等电子化技术手段形成包括文字、图形符号、数字、字母等的客观资料。它主要包括电子邮件、电子数据交换、网上聊天记录、网络博客、手机短信、电子签名、域名等形式。在此之前，理论界对于电子数据属于哪一种证据种类有视听资料说、书证说、混合证据说（即不是一种全新的证据，而是若干传统证据的组合，是一种新时代背景下的演变形式）、独立证据说等不同观点[①]；在司法实践中采用电子数据作为证据早已存在，且数量不少，只是鉴于其法律地位不明确，通常将它转化成其他证据形式采信。本案例就是发生在2013年之前有关“电子数据”采信的典型案例。尽管其“生不逢时”，但有关电子数据的提取、认证、采信仍具研究价值。

关键词：电子数据　提取　采信　认定

◆案情简介

1. 2008年7月3日，一批与黄某凯无关的“水客”在珠海市拱北海关携带手机主机入境时被现场查获，海关对此立案侦查，称之为“8703”专案。

2008年12月26日，拱北海关缉私局对黄某凯以涉嫌走私普通货物罪

① 参见陈光中：《中华人民共和国刑事诉讼法修改条文释义与点评》，人民法院出版社2012年版，第51页。

刑事拘留；2008年12月27日对其取保候审；2009年2月10日对其监视居住；2009年3月18日对其再次刑事拘留。

2. 2010年4月，珠海市检察院以走私普通货物罪对黄某凯提起公诉。该案涉及走私入境手机共计5261960部，价值人民币7841563920.56元，偷逃应缴税额人民币1139374554.45元，号称全国涉案金额最大的手机走私案件；从涉案总金额看，仅次于此前的湛江、远华走私案，是全国第三大走私案。此案经检察院披露，被众多媒体报道和关注。

珠海市检察院认为：本案的走私数额由五部分组成。

（1）从被告人王某洲家中搜到的移动硬盘内账套的统计部分。先由金算盘软件公司工程师提取出121个账套文件，确定其中完整的数据文件20个。再经广东省中拓正泰司法会计鉴定所对扣押硬盘内涉及凯奇公司部分的13个账套进行了司法鉴定，确认账套中显示的出库数量为7783097台（件），金额为人民币8398409059.16元，销售数量为7783097台（件），金额为8822274808.48元，销售毛利为423469190.81元，销售毛利率为4.80%。后由拱北海关缉私局根据上述司法会计鉴定认定，从2006年2月2日至2008年1月10日，走私手机数量共计5116513台，手机价值人民币7685525786.95元，偷逃税款1116700328.02元。

这是本案指控总数额的绝大部分。

（2）根据蔡某升签字确认的2008年5月31日到2008年6月27日的进销存汇总表统计部分：走私手机共计141789台，价值人民币151099345.16元，偷逃税款人民币21954605.74元。

（3）2006年6月18日、2008年2月21日，2008年7月3日三次水客被抓现行的统计部分。此部分数额极少。

在本案之前，珠海市中级人民法院同一合议庭已经依据移动硬盘的统计数额，判定另案处理的同案人蔡某升构成走私普通货物罪。

3. 2010年5月、8月，珠海市中级人民法院两次开庭审理本案，历经七天多的审理。其间，金算盘软件的工程师王某清出庭作证称，只要是他打印的账套，因为使用的是正式版、加密狗，不会出现金算盘软件演示版的打印材料。中拓会计师胡某、海关稽核人员贝某良均出庭作证证实：没有对账套涉及的会计主体是否是凯奇，以及数据是否真实进行核实。辩护人也委托一家司法会计鉴定所出具了《鉴定意见书》并提交法庭，并申请鉴定人出庭作证，但被法庭以“辩护人无权启动鉴定程序”而拒绝。

4. 2010 年 12 月 14 日珠海市中级人民法院宣判，认定黄某凯组织、领导凯奇集团，自 2006 年 2 月到 2008 年 7 月，共计走私手机 5261960 台及手机配件一批，货物价值人民币 7841563920.56 元，偷逃应缴税额人民币 1139374554.45 元，以走私普通货物罪判处黄某凯死刑缓期执行。

◆起诉书节录

2001 年开始，被告人黄某凯先后在深圳市远望数码城和明通数码城及其附近地区，以凯奇商铺为掩护，亲自或通过其父被告人黄某钦招募了以其家乡人为主的骨干成员，组成了专门从事从香港走私手机到深圳销售牟取暴利的犯罪集团。

在被告人黄某凯的组织、领导下，该犯罪集团内部分为主机仓库、配件仓库、交货部门、外围接货部门、财务部门、看水望风部门以及其他相关部门。被告人黄某凯、陈某林（另案处理）指定成员担任各部门负责人并支付其报酬。各部门之间组织严密，分工明确，相互配合，共同实施走私犯罪。该犯罪集团分别在香港、深圳设立走私犯罪据点，派遣被告人王某丰等一批该犯罪集团成员前往香港，负责将该犯罪集团订购的手机拆分成主机和配件。主机由该犯罪集团派往香港的成员和在香港雇请的黄某娟等一大批“水客”，以人身藏匿的方式走私入境，或者交由专门提供走私渠道的走私分子，采用“深港边境隔离地段偷卸”等方式走私入境。配件则交由香港真宝物流公司等物流企业走私入境，而后在深圳汇总到远望数码城、明通数码城的据点凯奇商铺等处出售牟利。自 2006 年 2 月到 2008 年 7 月 3 日，该犯罪集团从香港走私入境的“三星”“诺基亚”等品牌手机共 5261960 台，价值人民币 7841563920.56 元，偷逃应缴税额人民币 1139374554.45 元。其中，有三次走私活动被当场查获。

1. 2006 年 6 月 18 日，被告人吕某瀚在深圳皇岗口岸旅检监管区内南广场，接收由走私分子吴某作（已判刑）从香港走私入境的手机时，被深圳海关查获。被告人吕某瀚当场逃离现场。经查，该批走私货物为诺基亚、飞利浦、摩托罗拉等品牌手机，共计 2409 部，记忆卡 630 块。经深圳海关核定，上述货物偷逃应缴税额人民币 389209.42 元。

2. 2008 年 2 月 21 日，被告人陈某瑞在香港上水贸易广场安排并分派手机主机给黄某赛（已判刑）等“水客”，以人身藏匿方式，经深圳文锦渡口岸走私入境。同日，被告人黄某春等人在深圳文锦渡口岸接运黄某赛等人走私进境的手机时，被文锦渡海关缉私分局当场查获。现场查获走私手机 245 部及手机配件一批。经文锦渡海关关税处核定，上述走私货物案值 479489.95 元人民币，涉嫌偷逃应缴税额 69939.61 元人民币。

3. 2008 年 7 月 3 日早上，被告人陈某瑞在香港上水贸易广场安排并分派手机主机给黄某娟等 13 名“水客”，以人身藏匿方式，经珠海九洲港口岸走私入境。当日上午，黄某娟等 13 名“水客”经珠海九洲海关旅检现场无申报通道入境时，被海关人员当场查获。共查获诺基亚、三星牌手机 1004 部及配件一批。经中国检验认证集团珠海有限公司检验，该批货物为诺基亚手机 569 部、三星牌手机 435 部及手机配件一批。经拱北海关关税处核定，该批走私手机价值人民币 1780621.93 元，偷逃应缴税额为人民币 260471.66 元。

被告人黄某凯组织、领导该凯奇集团。自 2006 年 2 月到 2008 年 7 月，共计走私手机 5261960 台及手机配件一批，价值人民币 7841563920.56 元，偷逃应缴税额人民币 1139374554.45 元。

……

认定上述事实的证据有被告人供述与辩解、证人证言、书证、物证、鉴定结论以及其他证据材料。

本院认为，被告人黄某凯等长期大肆将手机走私进境，情节特别严重，其行为均已触犯《刑法》第26条，第153条第1款第（1）项、第3款的规定，应以走私普通货物罪追究刑事责任。在共同走私犯罪中，被告人黄某凯组织、领导犯罪集团，根据《刑法》第26条第3款的规定，是犯罪集团首要分子，应按照集团所犯的全部罪行处罚。

◆一审辩护词节录

一、控方据以指控本案走私数额的证据存在重大问题，不能作为定罪量刑的依据，其指控黄某凯走私的数额不能成立

因为控方把指控黄某凯走私总额分为五部分，即中华人民共和国拱北海关涉嫌走私的货物、物品偷逃税款海关核定证明书拱税核字（2009）260号、（2008）165号、（2008）148、（06-06）270号、（08-02）0694-695号，为了把问题阐述清楚，辩护人就五部分数额分为移动硬盘部分、2008年5月31日到2008年6月27日部分、三次被抓现行部分三类，分别发表具体意见。

（一）控方关于2006年2月到2008年1月走私数额的拱税核字（2009）260号，存在计算依据不真实、过程不严谨、结论不客观不可信等问题，不应被采信。

仔细分析拱税核字（2009）260号，它的计算依据就是来源于移动硬盘的统计部分，即“中拓正泰〔2009〕会鉴字第003A号”《司法鉴定意见书》，而鉴定意见书的鉴定检材来源于移动硬盘和《金算盘软件用户数据检测报告》。那么，移动硬盘的来源如何、内容是否真实，有无旁证印证，能否作为记账凭证，能否作为走私入境的记账凭证；《金算盘软件用户数据检测报告》是否客观、真实、合法、有效；“中拓正泰〔2009〕会鉴字第003A号”

《司法鉴定意见书》是否客观、真实、合法、有效。这些都将直接影响拱税核字（2009）260号的证据效力和证明力。上述证据材料的真实情况到底怎么样？

1. 从移动硬盘说起。根据公诉人指控，该移动硬盘是被告人王某洲自己购买，里面的内容是2008年1月10日应黄某凯要求，从存放在自己家的主服务器上拷贝，后被海关扣押移送在案。但是，辩护人通过反复查阅被告人王某洲的全部口供，以及本案其他证据材料，不得不指出被告人王某洲的说法无论在移动硬盘本身的来源、硬盘内容的来源、复制的时间过程、主服务器的存放地点、能否确认内容的真实性等方面既自相矛盾，也和其他证据相互矛盾，且无任何旁证能够印证，移动硬盘不能作为统计的依据。

（1）关于硬盘本身的来源。根据被告人王某洲的供述，该硬盘的来源存在2008年陈某林交给其保管、2008年年初让陈姓小弟购买、2007年8月2日让陈姓小弟购买、2008年1月10日黄某凯让陈姓小弟交给自己、自己购买，以及当庭供述的2007年8月前陈某林让自己购买六种不同的说法。这六种说法无论在时间上、购买人、交付人等方面均存在明显的矛盾之处，对于这些矛盾王某洲无法给出合理的解释；且无论哪一种说法，都只是王某洲一人在说，无其他证据印证，这属于典型的孤证。根据孤证不得定罪的法律规定，我们没有任何事实根据和法律依据，将12名被告人包括被告人王某洲的涉及生命自由的重大命运，交给同为被告人王某洲的重重矛盾、无法印证的口供决定。

（2）关于硬盘内容的来源。根据被告人王某洲供述，拷贝人存在陈某林和王某洲两种说法；拷贝时间存在2008年年初、2008年1月左右、2008年1月10日三种不断变化和矛盾的说法；拷贝的过程存在两次拷贝到硬盘的两个分区中、在硬盘里建了一个目录20080110且GDB文件都是其拷贝到这个目录下一次拷贝两种说法。矛盾之处我们不再分析，但要说明的是，无论哪一种说法，都只是王某洲一人在说，尤其是说黄某凯电话安排他拷贝，更是无其他证据印证，亦属于典型的孤证。

在此同时强调，王某洲说黄某凯因为怕病毒而要求备份，不符合逻辑。正如公诉人法庭调查时所说，从常识上来讲，如果黄某凯知道有这个硬盘存在，肯定不会保留它。辩护人非常同意公诉人的说法，的确，如果黄某凯走私，账套就是其犯罪的证据，销毁还来不及呢，怎么还要备份？更何况基本是当天结账，根本不需要保留几年以来的账套。

（3）关于被告人王某洲 2008 年 1 月 10 日是否有条件从主服务器上复制，即对主服务器当时的存放地点存疑。根据王某洲在案卷第 5 卷第 9 页的交代，“2005 年年底至 2006 年年底，服务器放在我住的 314 房间。2006 年年底，交给财务黄某彬保管。再后来就是在 2008 年 7 月，你们查了公司后，陈某林有打电话找我说，公司出事了，让我教魏某和潘某使用”。王某洲在该卷第 17 页交代，“2005 年至 2006 年年底，服务器在 314 房间，2006 年年底移交给黄某彬，之后两年就没见到过，在你们查公司前几天，陈某林打电话给我，让我同魏某联系并由魏某背服务器去一陈姓朋友家教魏某、潘某使用”。这两次口供都说得很明确，2008 年 1 月也好，2008 年 1 月 10 日也好，主服务器不在王某洲家。

但是，根据其在案卷第 5 卷第 24 页的交代，“服务器放在金算盘公司，2007 年搬到 314 房间，2008 年上半年，黄某彬搬走。后黄某彬打电话让我找地方暂存服务器，我找一陈姓朋友家放，与潘某、魏某一块搬去的”。王某洲在该卷第 52 页交代，“2004 年—2006 年年底放在金算盘公司，2007 年年初才搬到我住的 314 房间，我现在记不清是否亲自从我家搬服务器到外面，教魏某他们录入后就将服务器给他们拿走了”。该卷第 144 页王某洲交代，“2007 年五六月，黄某凯打电话给我，让我把主机拆下来交给一小弟放到香港。两三个月后又拿回深圳，具体什么时间放到我家记不清了，反正是服务器后来放在我家。主服务器又在王某洲家”。

那好了，现在有在和不在两种截然相反的说法。到底怎么回事，也只是王某洲一个人在说而已，无任何证据印证。

（4）关于硬盘内容能否与原件核实：其一，硬盘内容充其量只是复制件，不是原件，也不能代替原件。在法庭调查阶段，公诉人是将其作为书证出示的，而根据《刑事诉讼法》的规定，书证必须是原件或与原件核对无误后，才能作为定案的依据。可能有人会说，移动硬盘属于视听资料。不管把它看作书证还是视听资料，《最高人民法院、最高人民检察院、公安部、国家安全部、司法部关于办理死刑案件审查判断证据若干问题的规定》（其他案件，可以参照执行，2010 年 7 月 1 日施行）第 6 条、第 8 条、第 27 条、第 28 条对此规定得非常明确：必须是原件或与原件核对无误后，否则不得作为定案的根据。公诉人又称其是电子证据，这与公诉人在举证时将移动硬盘明确作为书证出示前后矛盾；且将移动硬盘视为电子证据没有任何法律依据。其二，涉案的主服务器，即被告人王某洲所说的拷贝原件不在案，硬盘内容充其量是个复制件，无法做到和原件核对。其三，被告人王某洲能否核实硬盘内容无法认定。根据被告人王某洲供述，“硬盘是陈某林 2008 年年初交给我保管的，我没有打开过”。那王某洲当时没有去核实，现在也无法核实。

（5）关于被告人王某洲能否确认复制的账套内容真实无误：根据他自己（以前和当庭）的供述和起诉书指控，其在凯奇工作的时间是 2006 年 2 月到 2007 年 8 月；在其工作期间，只是负责录入销售这一块，其他两块由另两人或多人录入。如果说王某洲确认，他也只是能确认自己录入的那一部分是否真实，他无法确认其他部分。但是，根据本案材料，王某洲确认了整个硬盘内容的真实无误，这也和他自己的供述矛盾，也不符合认识的科学规律和经验常识。不过，对此公诉人开庭时明确表示，王某洲所写内容真实无误。根据此种说法，王某洲的确无法确认硬盘内容是否为凯奇真实的记账凭证，硬盘不能作为计算走私数额的依据。

（6）一点说明：如上所述，被告人王某洲上述供述有些乱。不过，我们根据公诉人当庭选择播放的有关移动硬盘的提取录像表明，王某洲的供述是不乱的，是很明确的，那就是“移动硬盘是 2007 年年底或 2008 年年初给我的，我把它交给妈妈存放，从没有打开过”。但后来为什么又乱了呢，从被告人王某洲供述变化的轨迹和供述内容看，如侦查第 5 卷第 27 页“陈某林交给我，硬盘里什么内容不知道。我没有打开过，你们打开后知道是手机总账的数据、手机采购及销售的数据”。王某洲后期自己拷贝硬盘的供述是在受到外界的影响后做出的，而且这样的情况不止发生在王某洲一人的言词证据中。这样的行为是否属于诱供，我们不去评价，但这足以说明为何王某洲后期的口供会乱，也涉及供述的真实性和合法性问题，请合议庭高度重视。

充满这么多矛盾、无原件、无法印证的硬盘，谁能确认它的真实性？谁又能确认它是凯奇的账套？它能作为统计的依据吗？在座各位可能都已经有了答案。

2. 金算盘软件公司出具的检测报告和补充说明，是由利害关系方出具的，不能排除账套被修改的可能。

（1）金算盘软件公司作为财务软件的提供者，与该软件能否被修改存在经济上的利害关系，其作为检测报告的出具方已为不妥。在其 2009 年 3 月 12 日出具检测报告后，再由其 2010 年 1 月 27 日自行出具《金算盘软件技术说明报告——关于用户数据修改的补充说明》，用以证明 2009 年 3 月 12 日其没有对数据进行修改。既是运动员，又是裁判员，立场无法中立，其已丧失作为出具检测报告和补充说明的主体资格。

（2）检测报告和补充说明不客观、不真实、自相矛盾、相互矛盾。检测报告和补充说明超出了其专业范围，该部分结论应属无效。软件公司只是开发软件的专业机构，不是会计专业机构，工程师也不是录入和复制系统的人员，只能就软件的技术方面提出意见，无权也无法就账套发表其他意见。根据检测报告第 2 页的表述，金算盘软件服务工程师自行对用户数据进行了筛选并确认。因此，《补充说明》中“数据严谨合理，并且前后一致，准确无误”和“库存期初，库存余额等期初，期末数据对比证实，数据严谨合理，并且前后一致，准确无误”的表述均越俎代庖，该结论无效。证人王某清当庭演示也充分说明超出了送检要求和他们的专业范围。

（3）检测报告和补充说明不严谨，足以使人怀疑检测和说明的真实性、合法性。如检测报告中称有附件一、附件二和附件三，但在第3页相关附件中只有附件一和附件二，出现低级错误。审核人由谢某新签字，但没提供其相关身份证明。没有王某洲作为参检人员一直在场的任何凭据，相反根据讯问笔录显示，2009年3月17日和2009年3月19日硬盘持有人王某洲在被海关缉私局的朱某平、吴某敏讯问，不可能同时参加检测；根据公诉人提供的录像，王某洲最多在场1.5小时，也只是见证打印而已；证人王某清当庭表示，王某洲不是一直在，只是需要时才叫他来，而且王某清当庭也辨认不出王某洲。可见，检测报告说王某洲一直在场，明显虚假。

（4）补充说明称硬盘内容未被修改不实。其一，根据辩护人向法庭提交的《广东安证鉴定意见书》，操作日志不能反映数据的增删改情况，金算盘补充说明以操作日志证明没有修改不能成立，其排除不了数据被修改的可能（该《广东安证鉴定意见书》已作为辩护人的质证意见组成部分提交法庭）。其二，另一辩护律师当庭演示表明：使用演示版软件，不用加密狗等都可以打开、修改、删除金算盘文件，且不留痕迹。

（5）反观证人王某清当庭作证和演示表明：其一，王某清是对硬盘内账套按照自己的理解和认识对账套进行了改动、取舍，不是单纯的提取。其二，按照其当庭的认识逻辑，他是先认定账套为同一会计主体，然后再进行修改、截取、确认，这是一种倒推，典型的逻辑颠倒。其三，必须说明，根据其逻辑，2006年2月2日至2006年3月28日和2006年3月28日至2006年5月25日账套因与2006年3月28日重复，把第一个账套期末日期提前到3月27日，期末数和期初数就会一致了，而只要一致就是同一会计主体。如果此逻辑成立，那么，把后一个账套的起始日推迟到2006年3月29日，两个账套的期末和期初数就应该是一致的，否则，就不是同一个会计主体。但是，如果把后一个账套的起始日推迟到2006年3月29日，无论数量还是金额，期末和期初均不一致，存在很大差异额。2006年12月28日至2007年3月6日和2007年3月6日至2007年7月31日两个账套同样存在类似问题。这说明，这些账套根本不属于同一个会计主体。其四，就其演示将第一个账套期末日期提前到2006年3月27日而言，也只是两个账套的数量相符，但金额明显不符（具体数额见附件）；演示时王某清只读了数量数，没提及金额数，请法庭高度注意。

（6）结论：按照控方的指控，按检测报告所说，正式版不能被轻易打开，被轻易打开的就不是正式版软件，而按指控，黄某凯买的是正式版软件。可是移动硬盘能被演示版打开，而且不需要加密狗，这是不争的事实；而且公诉人出示的侦查卷宗第82卷、第8卷明确显示是金算盘软件演示版，这又说明什么呢？这又怎么解释呢？这只能说明要么移动硬盘账套不是凯奇的账套，要么检测报告、补充说明虚假，两者情况或者必居其一，或者同时存在。

以上6点充分说明，检测报告和补充说明没有解决移动硬盘内容原件的问题，不能说明硬盘内账套是同一个会计主体，也不能说明是凯奇公司的账套。

3.“中拓正泰〔2009〕会鉴字第003A号”司法鉴定意见书不客观、不真实、不合法，不具有法律效力，不能作为计税和定罪的依据。

（1）检材不真实、不合法。合法、有效的原始凭证是会计核算的基础，也是计税依据的基础。如果没有合法、有效的原始凭证，就不可能产生会计账簿、会计报表及纳税申报表，更没有办法保证会计账簿、会计报表及纳税申报的真实性、完整性。刚才已经分析了硬盘和检测报告存在的诸多问题，账套只是未经核实确认的记账凭证，属于辅助性账本，不一定真实，而且不是原件。如果对走私情况鉴定，必须结合原始凭证进行，否则就是检材不适格。

同时根据《最高人民法院、最高人民检察院、海关总署关于办理走私刑事案件适用法律若干问题的意见》规定，“二、关于电子数据证据的收集、保全问题：走私犯罪侦查机关对于能够证明走私犯罪案件真实情况的电子邮件、电子合同、电子账册、单位内部的电子信息资料等电子数据应当作为刑事证据予以收集、保全。侦查人员应当对提取、复制电子数据的过程制作有关文字说明，记明案由、对象、内容，提取、复制的时间、地点，电子数据的规格、类别、文件格式等，并由提取、复制电子数据的制作人、电子数据的持有人和能够证明提取、复制过程的见证人签名或者盖章，附所提取、复制的电子数据一并随案移送。电子数据的持有人不在案或者拒绝签字的，侦查人员应当记明情况；有条件的可将提取、复制有关电子数据的过程拍照或者录像”，检材的提取也是不合法的，鉴定结论依据的检材不合法。

（2）鉴定过程不严谨、不合法。鉴定人胡某出庭时明确表示，只是根据委托书中拱北海关提供的 13 个账套核算出涉案金额，对于来自移动硬盘的 13 个账套和数据的原件、真实性、会计主体、原始凭证均没有核实。对于笔录中“对于列支的负数金额的管理费用可以理解为将现金收入不作为收入入账，而直接作为管理费用以负数列支”也表示是自己的一种理解，不是客观事实。鉴定人仅根据没有附相关的数据证明、仅有文字描述的检测报告和补充说明结论，在没有复核硬盘所有账套的前提下，没有对移动硬盘金算盘账套数据的原始凭证进行审核，仅根据 13 个账套进行鉴定，既违背会计法，也不严谨。

（3）鉴定结论不客观、不真实。金算盘软件用户数据检测报告与《003A 鉴定意见书》13 个账套同一会计期间采购数据比较，有 4 个账套数据完全相符，其他 9 个账套不相符。不相符情况表明关联数据存在矛盾。《库存进销存汇总表》8 个会计期间的库存数量及金额上期期末数与下期期初数比较，数量相符 3 次，不相符 5 次，金额全部（8 次）不相符。不相符情况与 13 个套账同属一个连续、完整的会计主体的结论相矛盾。

（4）从鉴定结论本身看，该账套不符合走私获利的本质特征，说明该账套不是凯奇真实的账套凭证。《003A 鉴定意见书》记载的黄某凯团伙涉嫌走私手机案产生的现金流量净额为人民币 -10495459.32 元，是亏损的。我们根据 13 个账套计算发现，13 个账套中的 8 个账套的销售毛利亏损笔数

93249笔，现金亏损金额59955118.77元。冒这么大的风险，干个亏本生意，这又怎么解释偷逃10多个亿税收的问题，要知道，走私获利的最主要途径就来源于偷逃税款。此外，还存在会计期间重合问题。公诉人认为是会计师做账的通常做法，把前期账目先备份再做账，所以重叠，但这一说法就本案而言并没有得到鉴定人胡某的认可。胡某当庭原话是“无法确定”。但试想，如果真如公诉机关指控的那样，组织严密、架构完整，被告人等共同录入、核对，那就只能在同一个账套内进行，怎么会出现同一期间重叠的账套，而且有的账套数据还矛盾呢？

（5）广东广深司法会计鉴定所司法会计鉴定意见书已作为辩护人质证意见组成部分，提交法庭，具体内容在此不再赘述，该鉴定意见书也充分详细地阐述了中拓正泰鉴定意见书存在的种种问题。现仅针对公诉人关于“司法会计鉴定，不适用会计法、税收征收法律法规”的这一错误说法，做一纠正。很简单的道理，司法会计鉴定是会计师作出，会计师的行为必须受会计法的调整，怎么能不适用会计法呢。况且，《海关稽查条例实施办法》（海关总署令第79号）第5条规定，被稽查人适用会计法。另外，海关核定的税额11亿多元全部都是增值税，增值税暂行条例第26条明确规定了增值税的征收管理适用《税收征收管理法》（国务院令第538号）。

（6）结论：根据《刑事诉讼法》和《最高人民法院、最高人民检察院、公安部、国家安全部、司法部关于办理死刑案件审查判断证据若干问题的规定》（其他案件，可以参照执行，2010年7月1日施行）第23条、第24条规定，存在送检材料来源不明、鉴定程序、方法有错误等诸多问题的“中拓正泰〔2009〕会鉴字第003A号”司法鉴定意见书，不能作为计税的依据，不能作为定罪的依据。

4. 拱税核字（2009）260号核定证明书（2006年2月2日到2008年1月10日）以未经核实的硬盘部分、中拓正泰鉴定意见书为基础，计算前提不真实，不符合证据形式，无证明力，不能作为定罪量刑依据。

（1）按出庭计核人员某良所称，其计税依据来自侦查机关移送的移动硬盘金算盘账套数据，依据中拓正泰《003A鉴定意见书》，自己没有核实它们真实与否，也没有其他合法、有效的原始凭证。前述已详细分析了硬盘、检测报告、补充说明、鉴定结论的种种问题，不能作为计税依据。由此充分说明稽核证明书计税依据没有合法、有效的原始凭证支持，前提错误，结论错误。

（2）《260号海关核定证明书》的计税价格为港币7453563439.16元，但其自身没有说明其核定依据的数据来源。该证明书是由对案件结果具有利害关系的海关出具，不符合《中华人民共和国海关计核涉嫌走私的货物、物品偷逃税款暂行办法》（2002年10月8日海关总署令第97号发布，自2002年11月10日起施行）第二章计核程序、第三章计核方法的法律规定；拱税核字（2009）260号证明书不属于任何一种证据形式。该证明书无证明力，不能作为定罪量刑依据。

（3）另外说明的是，其作废的拱税核字（2009）038号证明书，虽然辩护人没有看到，但其存在的本身就说明海关自己在数额的计算上也存在不同的结论，且没有说明作废的理由。凭什么认定本次的结论是正确的呢。当然，辩护人也注意到，贝某良当庭说了是因为送核数量又变化了，所说的作废理由不能成立，因为计核事项都是对移动硬盘中的统计部分，都是对硬盘内容的计核。然而，硬盘应该是固定不变的，怎么会出现数量变化的情况，难道移动硬盘内的统计数量不定，在变化？难道有两个移动硬盘？

综上，硬盘内容无原件，无人也无法确认与原件无误，无人能核实和确认是凯奇账套，检测报告不真实，鉴定结论不能作为计算依据，稽核证明书有误，公诉人指控的这部分数额不能成立。

（二）拱税核字（2008）165号证明书（2008年5月31日到2008年6月27日部分）不能作为定罪量刑依据。

1. 该证明书不符合证据形式。

2. 扣押清单就该部分计核所依据的书证无明确、详细记载，无法证明从名坷坊扣押。且蔡某升当庭说了，其随打随撕，海关让其确认的，其只是看表格类似，就签字确认了。在没有任何原始凭证印证的情况下，以来源不明的进销存汇总表作为计税依据，属无源之水，无本之木。

3. 该证明书系利害关系方出具，无证明力。

（三）拱税核字（2008）148 证明书、（06–06）270 号证明书、（08–02）0694–695 号证明书也不能作为证据使用。

1. 该证明书不符合证据形式。

2. 该证明书与黄某凯无关。

3. 该证明书系利害关系方出具，无证明力。

（四）上述三类数额认定共同存在的问题。

1. 配件合法入境，没有扣除。

2. 即使数据真实，但在控方没有提供逃避关税进口证据的情况下，不能排除在香港出售、合法入境、在境内采购三种可能性，控方就此部分的举证没能达到确实、充分的标准。

二、本案证据不能证实被告人黄某凯是走私集团的首要分子，控方的这一指控不能成立

（一）黄某凯将生意给陈某林后，所发生的任何事情均与其无关，不能要求黄某凯为他人的行为承担责任。

1. 黄某凯将生意转让给陈某林，是不争的事实。无论被告人黄某凯，还是其他被告人的供述，都提到了黄某凯将生意转让给了陈某林。尽管被告人黄某凯和其他同案被告人在转让的方式和时间上，供述有些出入，如黄某凯说是 2006 年年底，其他被告人说是 2007 年 2 月；黄某凯说没开会，其他人说开会。但就实质问题的说法是一致的，黄某凯的确将生意转让给了陈某林，且其他被告知晓。

2. 黄某凯将生意转让给陈某林后，不再参与生意上的任何事情，这也是不争的事实。即使根据本案存在问题的被告人口供、证人证言，也能证实开会后（转让），安排工作、发工资的是陈某林，不是黄某凯。这样的证据

在本案中大量存在，如本案被告人绝大部分被告人和凯奇人员都认可，转让之后是陈某林安排工作、发工资。

3. 控方的证据不能证实转让后，黄某凯以“老板”身份从事走私行为。当然，辩护人也注意到，控方对于开会转让的事实并不否认。但是，控方认为，转让只是形式，黄某凯仍然是幕后老板。为了证明这种说法，公诉人举了被告人王某洲、黄某群等人口供和一些证人证言。对此，辩护人必须强调指出：第一，转让后的真正情况只有转让的双方当事人黄某凯、陈某林最清楚，其他人无从知晓。现在，陈某林不在案，公诉方没有也不可能提供陈某林关于这方面的任何说法；而黄某凯明确说了，转让后老板是陈某林。这是最有发言权人的说法，我们有什么理由否认呢。如果否定黄某凯所说，将其定罪量刑了，而后假设陈某林又出现了，承认自己是“真凶”，自己是老板，那又怎么处理？第二，辩护人在质证时已经说了，公诉方对此所举的被告人口供、所谓的证人证言，其实质都是被告人口供，还是有利害关系的被告人口供，且要么是自己的主观判断，要么是道听途说，属主观推测和传来证据，且找不到源头印证。根据我国刑事诉讼法律的规定，证人只能就其知道的事实进行陈述，不能进行分析、判断，分析判断的内容不能作为证据使用；传来证据必须找到原始证据或其他证据印证，否则不能作为定罪依据。从这个角度说，这些材料不足为据。第三，根据《刑事诉讼法》第 55 条规定，“对一切案件的判处都要重证据，重调查研究，不轻信口供。只有被告人供述，没有其他证据的，不能认定被告人有罪和处以刑罚”。故虽然口供也可作为证据使用，但由于这些口供具有利害关系冲突，其证据效力受到限制，在缺乏其他证据相佐证的情况下，不能据此认定被告人黄某凯以老板身份从事走私行为。

4. 对老板和首要分子的正确理解。什么是老板呢？根据最朴实的理解，那就是对人和财物具有控制权的人。具体本案而言，就是谁安排工作、谁发工资、所得谁支配。什么是首要分子，法律规定得很明确，是组织、领导犯罪集团的人。可是结合本案来看，黄某凯转让生意后，安排工作、发工资、所得支配问题都与黄某凯无关。

结合上述分析，我们很自然地得出一个结论：凯奇公司转让后不管有无走私行为的存在，均与黄某凯无关，根据罪责自负原则，不能要求黄某凯替他人埋单，不能让其为他人的行为承担责任。

（二）黄某凯将生意给陈某林前，从事炒货生意，不是走私，其不是走私集团的首要分子。

1. 根据黄某凯的供述，黄某凯将生意转给陈某林前，从事炒货生意，是香港买、香港卖，深圳买，深圳卖。这个炒货本身是中性词，不是走私。可能公诉人说了，辩护人这么说有证据吗？根据《刑事诉讼法》的规定，公诉方对指控犯罪成立负有举证责任，必须提供确实、充分的证据证明犯罪的存在，必须排除一切合理怀疑。目前，控方证据显然排除不了这一合理怀疑。怎么办，按法律办，法律如何规定的呢，四个字"无罪推定"。换句最通俗的话说，如果在控辩双方所说的都可能是假设的情况下，也不能凭控方的假设定罪，而是只能根据辩方的假设不定罪。

2. 从黄某凯与同案被告的关系看，众被告不属于犯罪集团，黄某凯不是首要分子。11 个同案被告中，吕某翰没有见过黄某凯，蔡某升见没见过黄某凯有矛盾的供述，其他人绝大部分也只是在开会转让时见过黄某凯，这样的关系能说黄某凯是首要分子吗？

（三）至于邮箱、转账、招生等证据，黄某凯对这些问题均有合理解释，不能证实黄某凯是走私集团的首要分子。

在此需要澄清的是：庭审时公诉人提供了邮箱、转账、招生等证据，意图证实黄某凯是首要分子。这些材料正如辩护人在庭审时指出的一样，侦察一处提取 yestt×××@163.com 邮箱来源不明，所谓网络公司提取的光盘不能证实其合法真实，更无从证实是黄某凯在用，黄某凯也解释了自己不懂电脑，用陈某林的信箱，就此黄某凯也向法庭作出了合理的解释。在笔记本电脑中恢复的电子邮件涉及的时间是 2007 年 2 月前，而且涉及的内容与本案无关。转账问题黄某凯也做了解释，是为了将现金转换为转账的方式投资地产，将现金交给陈某林存进银行转账的，陈某林用谁的账户名，黄某凯不知情。更为关键的是，公诉方没有证据证明以他人名义转到黄某凯名下的钱来源于走私犯罪所得。至于招聘，不论在庭审时，还是在侦查阶段，黄某凯对此并不否认，实事求是地说了，那只是因为黄某凯回家，与陈某林关系很好，受陈某林之托，顺路替陈某林招工而已，而且，到现在他也不知道陈某林是否走私。这些材料本来也只是间接证据，必须有其他证据来印证，否则不能证明任何问题。但是目前，控方没有证据印证，而黄某凯本人又作了合理的解释。根据无罪推定原则，不能认定黄某凯是首要分子。

三、本节指控存在的六个问题

1. 移动硬盘内容无原件、取证不合法。

2. 大量关键事实的证明上只有王某洲一人孤证。

3. 以大量的传来证据和孤证作为指控依据，尽管公诉人发表公诉词时说本案有 120 本卷宗，有 120 多个证言，但我们不能只看到数字，更应该看到数字背后的实质。证据的作用在于其证明力，而不仅仅是数量。

4. 证据链断裂的问题：（1）关于老板的关键证人陈某林不在案；（2）关于收入所得走向的关键证人陈某林、黄某彬不在案；（3）吴某作没有证实黄某凯是老板；（4）说用信箱给刘某发信，却不清楚刘某是谁；（5）银行开户资料没有提供等。

5. 控方的另外六大错误倾向：先入为主，有罪推定；滥用形式逻辑的三段论推理；过分夸大口供的证明力；把同案犯罪嫌疑人、被告人的口供作为证言使用；简单地认定自己提供的鉴定结论就是科学证据；把模糊的辨认和指认作为定案证据。

6. 关键事实存疑无法认定：开会后老板是否为黄某凯存疑，开会前黄某凯是否走私存疑；走私数额尤其是移动硬盘部分和 2008 年 5 月 31 日到 2008 年 6 月 27 日部分，无实物和原始记账凭证印证；控方的鉴定结论和检测报告存在重大问题。

综上，请合议庭依法公正判决此案。

◆控辩交锋

一、本案的走私数额

1. 控辩共同确认的事实：（1）针对同一移动硬盘，拱北海关出具了两份不同的稽核证明书，即 260 号和 38 号。（2）移动硬盘内容无原件。（3）移动硬盘内账套在不使用正版软件和加密狗的情况下，可以打开、任意修改数据，且不留痕迹。（4）金算盘工程师王某清一审出庭作证称，只要是他打印的账套，因为使用的是正式版、加密狗，不会出现金算盘软件演示版的打印材料。侦查卷宗第 82 卷、第 8 卷明确显示是金算盘软件演示版。（5）中拓会计师胡某、海关稽核人员贝某良出庭作证均承认：没有对账套涉及的会计主体是否是凯奇，以及数据是否真实进行核实。（6）王某洲所写内容真实数据无误（即公诉方所称王某洲确认账套内数据真实无误），也只是确认书证从硬盘内打印属实而已。（7）手机配件经物流公司报关入境。

2. 控方珠海市检察院认为：本案走私数额分为五个组成部分，数额真实合法有效：

（1）从王某洲家中搜到的移动硬盘内账套的统计部分：

其一，王某洲称黄某凯为了怕病毒，要求自己备份账套。王某洲在从硬盘内打印出来的单据上签字，确认硬盘内数据真实无误。

其二，凯奇使用金算盘软件公司的正版软件和加密狗记账。金算盘软件用户数据检测报告和补充说明表明，经金算盘软件公司工程师提取出 121 个账套文件，确定其中完整的数据文件 20 个。检测报告认为：①各包含与被包含关系的账套文件中，会计期间重叠、数据记录重复部分证实，数据严谨合理，并且前后一致，准确无误，不存在人为修改的痕迹；②在部分账套中，数据可横向互为印证，即各账套存在前后关系，根据各账套数据发生期间的连续性、各账套操作人员往来单位等基础资料的一致性，以及各账套暂估期初、库存期初、库存余额等期初、期末数据对比证实，数据严谨合理，并且前后一致，准确无误，不存在人为修改的痕迹；③由账套文件的数据发生期间、最后一笔数据日期、结合账套中记录的操作日志以及账套文件的修改日期时间证实，日期时间完全吻合，准确无误，不存在人为修改的痕迹。

金算盘公司的补充说明证实数据修改需同时满足以下条件：①需要有金算盘 6Fv6.10 版硬件加密狗；②需要有金算盘 6Fv6.10.20020207sp1 版软件产品，正确安装同版本软件，正确通过同版本硬件加密狗的用户许可验证，并在打开对应版本的用户数据文件时，正确输入用户名和口令，在整个过程中，硬件加密狗必须一直处于正常运行状态等。正式版不能被轻易打开，被轻易打开、修改的就不是正式版软件。

其三，广东省中拓正泰司法会计鉴定所对扣押硬盘内涉及凯奇公司部分的 13 个账套进行了司法鉴定，确认以港币采购手机主机的数量为 5116513 台，不含税金额为 7453563442.50 港币，以港币采购手机配件的数量为 936680 件，不含税金额为 11918345.00 港币，以上数量小计 6053193 台（件），不含税金额小计 7465481787.50 港币。

由广东中拓正泰司法会计鉴定所出具说明，根据该所《关于对黄某凯集团涉嫌走私手机案的司法鉴定意见书》，账套中显示的出库数量为 7783097 台（件），金额为人民币 8398409059.16 元，销售数量为 7783097 台（件），金额为 8822274808.48 元，销售毛利为 423469190.81 元，销售毛利率为 4.80%。

其四，拱北海关缉私局根据上述司法会计鉴定认定，从 2006 年 2 月 2 日至 2008 年 1 月 10 日，走私手机数量共计 5116513 台，手机价值人民币 7685525786.95 元，偷逃税款 1116700328.02 元。

（2）根据蔡某升签字确认的 2008 年 5 月 31 日到 2008 年 6 月 27 日的进销存汇总表统计部分：走私手机共计 141789 台，价值人民币 151099345.16

元，偷逃税款人民币21954605.74元。

（3）2006年6月18日、2008年2月21日、2008年7月3日三次水客被抓现行的统计部分。

五部分走私手机共5261960台，价值人民币7841563920.56元，偷逃应缴税额人民币1139374554.45元。

3. 辩方认为：所谓本案走私的数额的证据存在重大问题，不能作为定罪量刑的依据。

（1）关于从王某洲家中搜到的移动硬盘内账套的统计部分。

其一，移动硬盘本身的来源不明，硬盘内容来源不明。涉案的主服务器，即被告人王某洲所说的拷贝原件不在案，硬盘内容充其量是个复制件，无法做到和原件核对。同案人王某洲在凯奇工作的时间是2006年2月到2007年8月，在工作期间只是负责录入销售这一块，其他两块由另外两人或多人录入，客观上不能核实和确认硬盘内账套是凯奇账套、数据真实无误。

其二，金算盘软件公司出具的检测报告和补充说明，是由利害关系方出具，不严谨，不客观，不真实，自相矛盾，相互矛盾。检测报告和补充说明超出了其专业范围，操作超出了其专业范围，不能证实其选中的20个账套就为凯奇公司真实的记账，不能排除账套被修改的可能。辩护律师当庭演示无须安装正版软件，无须加密狗，可以随意修改账套，且不留痕迹。

另外，金算盘软件的工程师是对硬盘内账套按照自己的理解和认识对账套进行了改动、取舍，不是单纯、客观地提取。按照工程师王某清当庭的认识逻辑，辩护人发现13个账套中存在前后账套期末和期初数均不一致，存在很大差异额的情况。这说明，这些账套根本不属于同一个会计主体。

其三，“中拓正泰〔2009〕会鉴字第003A号”鉴定书仅从鉴定结论本身看，该账套不符合走私获利的本质特征，说明该账套不是凯奇真实的账套凭证。

《003A鉴定意见书》记载的黄某凯团伙涉嫌走私手机案产生的现金流量净额为人民币-10495459.32元，是亏损的。冒这么大的风险，干个亏本生意，无法解释偷逃10多亿元税收的问题，而走私获利的最主要途径就来源于偷逃税款。这也和该会计事务所出具的毛利率4.80%的说明不符。

为了说明该鉴定结论和金算盘检测报告和补充说明的问题，辩方委托广东广深司法会计鉴定所做了《司法会计鉴定意见书》。辩方所作的“司法会计鉴定书”充分说明了金算盘检测报告、补充说明的不客观，充分说明了“中拓正泰〔2009〕会鉴字第003A号”鉴定书的检材不真实、不合法，鉴定过程不严谨、不合法、鉴定结论不客观、不真实。

其四，至于《260号海关核定证明书》，因为针对对同一移动硬盘中统计部分、同一内容的计核，同一海关却出具了两份不同的核定书。这一事实，已可充分证实涉案移动硬盘内容不稳定、不真实、不客观，不能作为定案证据。

（2）关于蔡某升签字确认的2008年5月31日到同年6月27日的存货进销存汇总表统计部分。海关的扣押清单没有存货进销存汇总表的明确、详细记载，无法证明从名坷坊扣押，无法证明来源。且蔡某升当庭说了，自己随打随撕，海关让其确认的其只是看表格类似，就签字确认了。且没有任何原始凭证印证的，不能认定。

二、黄某凯是否是“老板”“首要分子”

1. 控辩共同确认的事实。

（1）黄某凯的确通过一定的方式表明已将凯奇转让给陈某林，陈某林表示接受。

（2）陈某林不在案，本案没有陈某林对谁是老板的任何表述。

2. 控方认为：黄某凯一直是“凯奇”的“老板”“首要分子”。多名同案被告人指证被告人黄某凯是凯奇集团的实际控制人，不仅被告人王某洲、黄某群、蔡某升、王某丰、陈某全、黄某春等指证被告人黄某凯一直是凯奇公司的老板。大量证人直接指认被告人黄某凯是凯奇集团老板。多名被告人和证人证实被告人黄某凯掌握凯奇集团成员招募、解聘等权力。黄某凯通过电子邮箱等形式随时掌握凯奇集团的经营动向，非法收益归黄支配。

3. 辩方认为：黄某凯不是走私集团的首要分子，不是凯奇老板。

（1）无论黄某凯还是其他同案人都提到了黄某凯将生意转让给了陈某林。尽管在转让的时间上有些出入。但实质问题的说法是一致的，黄某凯的确将生意转让给了陈某林，且其他同案人知晓。黄某凯将生意转让给陈某林后，不再参与生意上的任何事情。

（2）控方大量的证人证言，其实质都是被告人口供，且要么是自己的主观判断，要么是道听途说，属传来证据，且找不到源头印证。在缺乏其他证据相佐证的情况下，不能据此认定黄某凯转让后仍以老板身份从事走私行为。

（3）黄某凯将生意给陈某林前，从事炒货生意，不是走私，其不是走私集团的首要分子。

（4）对邮箱、转账、招生等证据，黄某凯有自己的合理解释。

◆一审判决书节录

经审理查明：

一、关于走私普通货物罪部分

2001 年开始，被告人黄某凯先后在深圳市远望数码城和明通数码城及其附近地区，以凯奇商铺为掩护，亲自或通过其父被告人黄某钦招募以其家乡揭阳人为主的骨干成员，组成专门从事从香港走私手机到深圳销售牟取暴利的犯罪集团。

在被告人黄某凯的组织、领导下，该犯罪集团分别在深圳、香港设立走私犯罪据点。在深圳据点分为主机仓库、配件仓库、发货部门、外围接货部门（包括“看水”）、财务部门、人事部门以及其他部门，各部门各司其职，各负其责。被告人黄某凯、陈某林（在逃）指定成员担任各部门负责人并支付其报酬。在香港据点则先后派遣被告人陈某平、王某丰、陈某全和同案人刘某东（另案处理）等成员前往香港，负责该犯罪集团在香港购买手机，再将所购手机拆分成主机和配件，主机由该犯罪集团派往香港的成员或雇请的黄某娟（另案处理）等一大批“水客”以人身藏匿的方式走私入境，或者交由专门提供走私渠道的走私分子采用深港边境隔离地段偷卸、粤港直通车夹藏等方式走私入境。配件则交由香港真宝物流公司等物流企业走私入境。走私入境的手机主机和配件汇总到远望数码城、明通数码城的相应主机仓库、配件仓库后，销售牟利。据对本案查实部分统计，自2006年2月到2008年7月3日，该犯罪集团从香港走私入境的三星、诺基亚等品牌手机共5261960台，价值人民币7841563920.56元，偷逃应缴税额人民币1139374554.45元。其中，有以下三次走私活动被当场查获：

1. 2006年6月18日，被告人吕某瀚和洪某忠、吴某华、吴某镇（三人均因该案被判处有期徒刑八个月）等在深圳皇岗口岸旅检监管区帮凯奇集团从香港一侧偷递手机入境走私时，被深圳海关查获。洪某忠、吴某华、吴某镇被当场抓获，被告人吕某瀚逃离现场。经查，该批走私货物为诺基亚、飞利浦、摩托罗拉等品牌手机，共计2409部，记忆卡630块。经深圳海关关税部门核定，上述走私货物的价值为人民币2678675.57元，偷逃应缴税额人民币389209.42元。

2. 2008年2月21日，被告人陈某瑞在香港安排并分派手机主机给黄某赛（已判刑）等“水客”，以人身藏匿方式经深圳文锦渡口岸走私入境。同日，被告人黄某春等人在深圳文锦渡口岸接运黄某赛等“水客”走私进境的手机时，被海关缉私人员当场查获，现场查获走私手机245部及手机配件一批。经深圳海关关税处核定，上述货物的价值为人民币479489.95元，涉嫌偷逃应缴税额人民币69939.61元。被告人黄某春因该案件被判处有期徒刑六个月。

3. 2008年7月3日，被告人陈某瑞在香港上水贸易广场安排和分派手机主机给黄某娟等13名“水客”以人身藏匿方式经珠海九洲港口岸走私入境。当日上午，黄某娟等13名“水客”经珠海九洲海关旅检现场无申报通道入境时，被海关人员当场查获。共查获诺基亚、三星品牌手机1004部及配件一批。经中国检验认证集团珠海有限公司检验，该批货物为诺基亚品牌手机569部、三星品牌手机435部及手机配件一批。经拱北海关关税处核定，该批货物的价值为人民币1780621.93元，偷逃应缴税额为人民币260471.66元。

在该犯罪集团的走私活动中，本案所列各被告人和组织或参与其中，或为走私集团提供帮助。各被告人的具体作用和参与走私的犯罪金额以及应缴偷逃税款金额的查实情况如下：

被告人黄某凯组织、领导凯奇集团。自2006年2月到2008年7月，共计走私手机5261960台及手机配件一批，货物价值人民币7841563920.56元，偷逃应缴税额人民币1139374554.45元。

……

二、关于拱北海关关税处出具的核定证明书能否作为定案依据的问题

根据《中华人民共和国海关计核涉嫌走私的货物、物品偷逃税款暂行办法》第4条规定，中华人民共和国海关是负责涉嫌走私的货物、物品偷逃税款计核工作的法定主管机关，其授权计核税款的部门是负责计核工作的主管部门。作为负责计核税款的法定部门，拱北海关关税处有权就查获的走私货物的逃税金额进行计核。本案中，其计核的基础是侦查部门查获的移动硬盘中的数据和依据该数据所做出的会计报告，计核前提真实、合法，鉴定主体合法，结论正确，应当作为定案的依据。辩护人关于核定证明书的异议不能成立，不予支持。

综上，本院认为，被告人黄某凯等无视国法，有组织地进行走私犯罪活动。被告人黄某凯组织、领导走私犯罪集团长期大肆将手机走私进境，情节特别严重，其行为构成走私普通货物罪。

判决如下：

被告人黄某凯犯走私普通货物罪，判处死刑，缓期二年执行，剥夺政治权利终身，并处没收个人全部财产；犯偷越边境罪，判处拘役六个月。决定执行死刑，缓期二年执行，剥夺政治权利终身，并处没收个人全部财产。

◆辩护思路

一、辩护第一重点：全案指控的走私数额不能成立

根据当时的刑法规定，走私普通货物罪可以被判处死刑。如果指控数额成立，则被告人被宣告的刑期不容乐观。按照控方思路：

1. 全案走私手机数额来自海关的《核定证明书》。

2. 海关《核定证明书》数额来自三部分：三次被抓现行的走私数额（数额很少，每次几十万元）；同案被告人蔡某某确认的进销存汇总表统计部分（走私偷逃税款人民币2100余万元）；某司法会计鉴定书认定的最大头（走私手机数量共计5116513台，手机价值人民币7685525786.95元，偷逃税款1116700328.02元）。

3. 司法会计鉴定书认定数额来自从同案被告人王某洲处扣押的移动硬盘上存储的金算盘账套。

4. 账套经由金算盘软件公司的工程师进行了检测、提取和说明。

针对此，辩护人通过申请金算盘软件工程师出庭作证、申请海关核定人员和侦查人员出庭作证、控方司法会计鉴定人出庭作证；辩护人当庭演示移动硬盘中金算盘账套可以被随意打开，提交辩护人委托司法会计事务所对同样账套进行鉴定后的《鉴定意见书》等方式，证实并指出：

1. 控方的司法会计鉴定书鉴定过程、鉴定结论错误；鉴定人只是根据海关提供的账套计算而已，不对检材负责；不能作为定罪依据。

2. 控方司法会计鉴定的检材——金算盘账套，工程师无资质，并对其进行了改动、取舍，账套并非客观提取，已被改变了内容；该账套不是涉案的

真正账套；不是控方进行司法会计鉴定的检材。

3. 移动硬盘本身来源不明，硬盘内容来源不明。涉案的主服务器，即被告人王某洲所说的拷贝原件不在案，无法核对真假。

因此，控方指控的走私数额有误，不能成立。

二、辩护第二重点：被告人不应为本案的走私数额负责，不是首要分子

辩护人在第一重点的基础上指出：

1. 现有证据能够证实，2006 年年底，被告人将生意给陈某林后，所发生的任何事情均与其无关。

2. 转让前，被告人从事炒货生意，不是走私。

3. 至于邮箱、转账、招生等证据，黄某凯对这些问题均有合理解释，不能以此指控被告人是首要分子。

三、辩护第三重点：指出存在的六大问题，以强化前述两大重点的说服力，补充强化辩方对被告人不利之处解释的合理性，增强两大重点的说服力

◆结语

电子数据主要是利用光电、磁电信号的相互转化原理，通过计算机和其他高科技设备制作、储存、收集，具有信息量大、连续性强、精确性高、易被修改等特点的一种证据形式。它常用的介质有电脑、硬盘、光盘、磁盘等。受其特点影响，电子数据有四大问题应予关注。

1. 原件和复制件的关系。有人认为电子证据本身就是原件，不存在原件和复制件问题。但这种观点有一个无法回避的前提，即如何证实该证据没被修改。

2. 原始性。它要求电子数据的内容与形成时的状态一致，一直处于有效监控之下，没有异常。

3. 来源和提取问题。即从何而来，由谁提供，以何种方法提供、传递，用什么介质存储提供。

4. 加密问题。为了保护电子数据的安全和可靠，常用加密方式。被加密电子数据的真正内容会被表面形式掩盖，表面形式无法证明案件事实。这又需要送交鉴定机构解密，并佐以鉴定意见。

如果电子数据在上述任一方面存疑，都直接影响对其的采信。具体到本案而言，前述四大问题均被凸显。比如，涉及 2006 年 2 月到 2008 年 1 月 10 日间走私数额的移动硬盘：主服务器不在案，作为复制件的移动硬盘内账套无法与原件核对。就硬盘内容的提取来看，金算盘软件工程师对硬盘内容进行了整理和调整，该行为造成了对硬盘内容的修改，金算盘软件工程师提取的账套内容属于被“污染”的证据材料。中拓正泰司法鉴定意见书所依据的 13 个账套和金算盘软件用户数据检测报告提取的 13 个账套，在采购数据上有 9 个账套数据不一致，是否有二次污染的问题。13 个账套间库存数量及金额存在上期期末数与下期期初数不相符的情况。针对同一移动硬盘，拱北海关出具了两份不同的稽核证明书。移动硬盘内账套在不使用正版软件和加密狗的情况下，可以打开、任意修改数据，且不留痕迹等。从法律角度分析，该移动硬盘在真实性、合法性、关联性上均存有重大问题，不宜作为定罪量刑的证据，更不宜作为判处死刑案件的定罪量刑证据。

第十三讲 非法口供排除的审查重点——同步讯问录音录像

——白某某被控受贿二审案

按　语： 非法证据排除，是指违反法定程序，以非法方法获取的证据，不具有证据能力，不能为法庭所采纳。我国刑事诉讼法学界对非法证据排除的关注始于20世纪90年代中期。随着2010年《关于办理死刑案件审查判断证据若干问题的规定》和《关于办理刑事案件排除非法证据若干问题的规定》的出台，排除非法证据从笼统要求转变为具体的程序规则，并在2012年被正式上升为立法，成为我国刑事诉讼法的组成部分。非法证据排除指向的范围极广，物证、书证、言词证据均可成为排除的对象。根据《刑事诉讼法》第54条规定，对于收集方法不符合法定程序的物证、书证，“补正优先、例外排除”；对于言词证据，则绝对排除，即“采用刑讯逼供等非法方法收集的犯罪嫌疑人、被告人供述和采用暴力、威胁等非法方法收集的证人证言、被害人陈述，应当予以排除”。

可是，法律总是“死板”，案例永远“鲜活”。非法证据排除在具体案件的办理中争议很大，非法口供的排除更是如此。法律、司法解释规定，对职务犯罪取供过程应该全程同步录音录像。讯问录音录像具有其他证据方式、证明材料无可比拟的优越性，是控方证明取供合法性的最佳手段，是最中立客观，最真实可信，最科学可行的证据，只要保证了讯问录音录像的全程同步性，就可实现保障被告人合法权益，规范审讯活动，防范刑讯逼供，确保口供真实性、合法性的目标。但是，司法实践的常态是：对于非法口供排除的申请，对于讯问录音录像提出的种种意见视而不见；对于非法取供的辩解、线索、证据，不澄清，不辨伪，不证实，导致该情节“真伪不明”。偶尔也有启动排除非法证据程序，并且排除了非法口供的实例，如本案，但这与“海量”的常态案件相比，连九牛一毛都达不到。法律规定、讯问录音录像没有实现预设作用，和所欲达到的目标存在很大差距，仍需更新观念，依法办案，正本清源。

关键词： 非法口供排除　同步讯问录音录像　举证责任

◆案情简介

1. 涉嫌巨额受贿，检察院里来讯问。

白某某是某市城市管理行政执法监察支队副支队长，兼渣土办主任，2013 年 5 月 31 日上午因涉嫌巨额受贿被某区检察院刑事拘留，但没有被送往看守所，而是在检察院讯问室被连续讯问至 2013 年 6 月 1 日晚上。

2. 监视居住在宾馆，口供形成无录像。

2013 年 6 月 1 日晚上，某区检察院对白某某变更强制措施，对其监视居住，将其转至某宾馆讯问，此种状况延续到 2013 年 6 月 13 日下午。在此期间，检察院形成了十多次的有罪口供。宾馆有 24 小时的监控录像。2013 年 6 月 13 日下午 17 时 30 分，检察院将白某某送至看守所。但之后基本没有讯问。辩护律师在侦查期间多次要求会见，均被以"属于特别重大的受贿案件"不予许可。

3. 一审几多插曲，排除有罪口供。

2013 年 10 月 12 日，检察院将案件起诉到某区法院，指控白某某收受贿赂共计 24.5 万元人民币，所持证据主要是监视居住期间形成的有罪口供。白某某否认指控，指出"有罪口供系被暴力逼取、违法诱取，办案人员打骂了我，先打后做口供后录像"，并提供了线索和材料，要求排除非法口供。辩护律师也坚决要求排除有罪口供。案件经过十多次开庭审理，其间还出现了许多插曲，其中之一为：原审判长以涉及秘密为由，先将庭审转为不公开审理，后在实体审查中训斥被告人"你左拐右拐拐十八个弯，就是不认罪"。辩护律师当即申请审判长回避。后法院支持了回避申请，更换了审判长。其中之二为：检察院向法院提供了 3 次讯问录像，但在辩护人复制后，检察院撤回了录像，不再作为证据提交，拒绝向法庭提供。其中之三为：2013 年

12 月 31 日公诉方在法庭审理时播放 2013 年 5 月 31 日的讯问录像，但播放部分片断后，公诉方决定终止播放。在更换审判长后，公诉方把原先播放的录像撤回，不再作为证明取供合法的证据。

2014 年 4 月 10 日，某区法院作出一审判决，排除了所有有罪口供，但仍以白某某收受贿赂 9.5 万元，判处其有期徒刑 7 年。

4. 上诉抗诉到二审，应否排非是焦点。

白某某提出了上诉，检察院在抗诉期的最后一天下午下班前 5 分钟，提出抗诉。抗诉书和支持抗诉意见书认为："白某某在侦查阶段的供述能够和其他证据相互印证，均作有罪供述和亲笔供词，且入所时已做正常体检，庭审时亦播放了部分同步录音录像，一审法院仅以辩护人要求检察院播放全部同步录音录像而未予全程播放为由，而对有罪供述作为非法证据排除，无法律依据。""被告人白某某在庭审前的供述均系依照法定程序收集，并且与本案的其他证据相互印证，具有合法性、关联性和客观性，应当作为本案认定犯罪事实的重要证据。"某市中级人民法院经过开庭审理，于 2015 年 1 月 1 日以"原判认定部分事实不清，证据不足"发回重审。2015 年 4 月 27 日，原一审法院重新作出一审判决，仍然将白某某庭前有罪口供全部予以排除。

◆抗诉书和支持刑事抗诉意见书节录

一、《抗诉书》节录

本院依法审查后认为，该判决确有错误，理由如下：

一审判决对被告人在侦查、批捕、审查起诉阶段供述未予采纳，仅是采信被告人白某某的当庭供述和辩解，然而本案中，白某某在侦查阶段的供述能够和其他证据相互印证，均作有罪供述和亲笔供词，且入看守所时已做正常体检，庭审时亦播放了部分同步录音录像，一审法院仅以辩护人要求检察院播放全部同步录音录像而未予全程播放为由，而对有罪供述作为非法证据排除，无法律依据。

二、《支持刑事抗诉意见书》节录

本院审查后认为，抗诉正确，应予支持。

被告人白某某在庭审前的供述均系依照法定程序收集，并且与本案的其他证据相互印证，具有合法性、关联性和客观性，应当作为本案认定犯罪事实的重要证据。

一审庭审中被告人白某某以受到威胁、心里有阴影为由，对在侦查阶段及审查批捕、审查起诉时所作的有罪供述和亲笔书写的供述全部否认，辩护人也以此为由提出了非法证据排除，公诉人提供了收押登记表、入所体检情况、办案说明等证据，并在庭审中有针对性地播放了录音录像，足以证明侦查阶段取证程序合法。

从侦查人员第一次讯问白某某到公诉人对其讯问，相隔 4 个月，这 4 个月期间，讯问人员有某区检察院的侦查人员、公诉人，有某市检察院的检察人员，经过了侦查阶段、审查批捕、审查起诉三个阶段，历时 4 个月的时间，讯问主体和讯问阶段发生三次变化，白某某面对不同的讯问人，在不同阶段对自己的犯罪行为一直供认。并且在检察人员讯问他时明确问道："反贪部门在查办你的案件过程中，是否有刑讯逼供等违法行为？"白某某回答说没有，检察人员又问："今天我们对你的讯问有无违法的情况？"白某某回答说没有。其当庭翻供的理由仅仅是说心里有阴影，其辩解苍白无力，应不予采信。被告人白某某在庭前的供述合法有效，应予采信。

◆辩护词节录

白某某的庭前口供应予排除，一审判决依法对其不予采信，应予维持。

一、口供的证据能力——需具备三性

庭前口供被采信的前提是必须具备合法性、关联性、真实性，具备证据能力。合法性是必不可少的要件之一。如果是非法获取的口供，不但不能作为定罪证据，甚至连准入的资格都没有，都不能作为指控证据进入法庭。因此，并非所有的庭前口供都必须被法庭采信，更不是说庭前口供一定被采信。

二、口供合法性的举证责任在于公诉方

向法庭提供确实、充分的证据证明被告人有罪，是控方的法定义务，这是控方的举证责任。同样，证明庭前口供具有合法性，是合法取得的，不具有非法取供的情形，排除"庭前口供是非法取得"合理怀疑的举证责任，也在于公诉方。如果公诉方不能尽到举证责任，就应承担庭前口供被排除的法律后果。

三、上诉人一审时依法提供了线索，公诉方不能证明口供的合法性

上诉人白某某在一审时已经向法庭提交了侦办机关非法取供的线索，法院也依法启动了非法证据排除程序。控方应承担举证责任。但是，尽管控方提交了入所体检表、两名侦查人员的自我证明，仍不足以证明取供合法性，更不能排除"庭前口供是非法取得"的合理怀疑。

四、本案有证据证实存在非法取供情形，庭前口供存在诸多问题，应依法排除

（一）存在超生理极限的非法取供行为。

控方在 2013 年 12 月 31 日播放的 2013 年 5 月 31 日 0 时 16 分到同日 16 时 20 分的讯问录像，已充分证实在此期间，有人对白某某进行了长达 16 个小时之多的疲劳审讯、不让睡觉、长时间不间断地说教和诱供、精神折磨、

心理强制等超越人生理极限的非法取供行为。

（二）讯问笔录并非讯问情况的真实反映。

一审时，辩护人向法庭提交的2013年6月26日的讯问录像（来自控方）已经证实，这个口供是侦查人员自己整理的，“改动事实”形成的，根本不是讯问情况的真实反映，是非法形成的。而且，在录像中可以看到侦查人员还让白某某补签了一份笔录，也没让白某某核对。

（三）庭前口供存在诸多“一模一样”现象。

虽然时间、地点、讯问人、记录人不同，可是这些庭前口供（侦查阶段、批捕口供、审查起诉口供）间却存在诸多违背人类记忆认知规律的“一模一样”现象。

以2013年6月26日某市检察院提讯口供为例：

1. 其第6页的供述关于给杨某2012年中秋节送2万元的供述，与侦查卷宗第2卷第82页（2013年6月8日口供）一模一样。

2. 其第4页关于收刘某涛钱的供述，与卷宗第2卷第40页（2013年6月14日口供）的供述一模一样。

这样的反常之处充分说明口供是粘贴、复制而来，是抄来的，不是讯问真实情况的反映，只可能同假，不可能同真。其毫无真实性、合法性可言。虽然笔录能复制粘贴，但事实不能复制粘贴。同时，它还说明该口供是以前口供的衍生和延续，而以前口供属于非法证据，同样，该口供属于重复的非法口供，是毒树之果，也应排除。另外，该证据作为讯问笔录，没有进行同步录音录像，又违背了最高人民检察院、最高人民法院的规定。因此，根据《最高人民法院关于建立健全防范刑事冤假错案工作机制的意见》第8条第2款规定，“除情况紧急必须现场讯问以外，在规定的办案场所外讯问取得的供述，未依法对讯问进行全程录音录像取得的供述，以及不能排除以非法方式取得的供述，应当排除”。

（四）检方的“行为证据”证实存在非法取供情形。

1.2013年12月31日检方在法庭审理时播放2013年5月31日的讯问

录像，但播放部分片断后，检方决定终止播放，而且把原先播放的录像撤回，不再作为证明取供合法的证据。

2. 检方原先向法庭移交的包括 2013 年 6 月 26 日在内的 3 份同步录像，在辩护人查阅后，检方又主动撤回。要知道，讯问录像是证明取供合法的最有力、最直观的证据。检方有义务、有能力提供录像，为何播放了又撤回，移交了又撤回，这样的“行为证据”怎么解释？

3. 二审期间检方主动将定罪口供减少为 2 份，即 2013 年 6 月 26 日、2013 年 8 月 20 日口供，改变了抗诉书和支持抗诉意见书的观点。

（五）检方二审提交的 2013 年 8 月 20 日讯问录像，最少存在十大理由和疑点，进一步证实了非法讯问客观存在，再次说明庭前口供应予排除。

1. 检察人员未卜先知，讯问笔录是事先打好的，基本上没有记录，这在出示书证环节体现得最为明显；以致后来签字时讯问人发现时间错了，最后又改的；不存在讯问、记录的同步性；讯问笔录与录像存在实质性差异；另卷宗第 51 页不正当经济往来部分与 2013 年 6 月 28 日第 45 页一模一样，钱款去向与讯问客观事实不符。

2. 讯问过程中，白某某多次表情痛苦。至于为什么痛苦，白某某解释了原因。

3. 在被问及收了杨某多少钱的时候，白某某很不确定地向讯问人员征询意见：“不是说 15 万元吗？”如果说白某某真收了 15 万元，为何还要征求意见，除非有人给过他标准答案。

4. 讯问录像 9 分 27 秒被问及钱款的去向时，白某某回答：“当时那天不是说好了吗？”哪天？跟谁说好了呀？

5. 讯问录像 26 分 15 秒被问及总共多少钱时，白某某回答：“上次说是多少钱？”

6. 指供明显，如钱放在哪儿了，怎么花的。笔录上记的话是侦查人员说的，不是白某某说的。

7. 讯问人员多次提及认罪态度、立功。讯问录像 12 分 18 秒白某某要见张局长，为什么要见？

8. 讯问录像没有开头，不是同步录音录像，不符合“全程、全部、全面”的要求。录像开头为什么被掐了，白某某解释了——先对其威胁、安排他。录像被掐的客观事实不能证实取供合法，可以证实取供非法。

9. 被问及因公支出：白某某意思是有，但没有说，讯问人员故意视而不见。但又问及大量与案件无关之事，醉翁之意不在酒，意在施压。

10. 要注意，这份笔录非常笼统，而且建立在之前多次笔录基础之上，白某某心里强制未除，仍受非法讯问的影响，仍是非法口供。

综合以上十个理由、疑点，结合白某某的辩解，该录像不能证实、印证讯问笔录合法有效，相反恰恰证实先审后录、彩排、威胁等非法取供情况的客观存在。

五、针对抗诉书、支持抗诉意见书的驳斥、勘误和澄清

（一）一审判决是综合全案情况作出。

抗诉书第 1 页“一审仅依据未全程播放录像为由”，而对白某某口供就进行排除，纯属控方主观揣测。一审判决是综合考虑全案情况才做出排除的决定，绝非“仅依据未全程播放录像”。

（二）关于支持刑事抗诉意见书“白某某 14 次供述、7 次自书材料”之说法。

1. 数量不等于质量，不能以数量代替质量和合法性。

2. 14 次口供、7 次自书，尤其是 7 次自书，在控方不能提高证据证实“合法取得”的情形下，在纸张从何而来，白某某是否在自愿状态下书写，为什么同一天会有不同的自书，没有录像证实自书过程等，未能排除合理怀疑之前，14 次、7 次这些数量恰恰佐证取供的非法性。

（三）关于一审判决没有写采纳庭前口供与否之说法。

一审判决没有采纳庭前口供，这是非常清楚的。至于理由，按照法律规定，如果法院认定为非法口供，它就被剥夺了入门资格，就不存在所谓

的采信的评判。因此，从这一点来说，一审判决有法律依据。

（四）庭前口供不具备三性。

1. 支持抗诉意见书以“历经 4 个月”“经历三个阶段——侦查、批捕、审查起诉”“讯问主体和阶段三次变化”，但以白某某口供一直供认作为依据，否定白某某“受到威胁、心里有阴影”等辩解理由。

历经三个阶段和主体的口供，批捕前口供、批捕口供、审查起诉口供存在的诸多一模一样之处的事实，控方如何解释？这说明，“经历三阶段”等所谓的内部监督都是形式，都是只批捕不审查、只起诉不审查，都是“拿来主义”。

另外，常识告诉我们，人受外力打击后的心理阴影并不是马上消失，而是要经历一定的过程，才能疗伤。俗话说得好，“一朝遭蛇咬，十年怕井绳”。试想，白某某作为一个被审讯者，在经历了十几天宾馆生活、经历了种种非法讯问后，孤立无援，辩护律师是在被告人被采取强制措施后的 22 天才见到白某某。虽然换了侦查员、批捕员、公诉人，但对白某某来说都是检察院的人，这些人都是一体的，后来者和侦查人员对白某某来说是一样的，别说 4 个月，就是再长些时间，白某某的心理恐惧、阴影仍存。

这些恰恰诠释了白某某“受到威胁、心里有阴影”等辩解理由的事实前提和合理性。

2. 至于支持抗诉意见书以“白某某在庭前口供称反贪部门没有刑讯、没有违法”，进而认为庭前口供合法有效，白某某辩解苍白无力。其实，这种论证说法大有问题，庭前口供整体都属于是否合法的待证事项，怎么能以其中的话语来证明整体合法呢。皮之不存，毛将焉附。且其中的话语与笔录整体上都只是讯问的结果，结果不是过程，不能证实过程的合法。再说了控方又以何证明该“话语”是合法取得呢？一定不能搞循环论证。辩护人套用检方的一句话，这种论证逻辑“苍白无力”。

综上，控方证据不能证明取证的合法性；相反，在本案审理中，被告人、辩护律师不仅提供了线索，还提供了证据，非法取供的合理怀疑不仅无法排除，甚至已被证实。另外，侦查阶段对白某某指定地点监视居住、限制律师会见，印证非法取供的可能。非法取供是人类文明史、司法史上最黑暗的一页，我们真诚地希望我们生活在法治之邦，真诚希望每个犯罪嫌疑人、被告人在刑事诉讼期间依然能够活得有尊严，真诚希望每一份供述都不沾上鲜血，真诚希望每一个指控、每一份判决都合乎法理，希望这一天尽快到来。也希望这一天能降临到白某某身上。敬请合议庭真正把好证据关、程序关、事实关、法律关。

◆控辩交锋

控辩交锋的焦点是：1. 举证责任，即取供合法性的证明责任在于何方，是否举证责任倒置。2. 同步讯问录音录像不全面、不出示、不提供，或者提供、出示后又撤回，相应讯问笔录应否排除。3. 被告人在不同阶段多次有罪供述本身能否作为取供合法性的证据或推测依据。4. 非法取证方法对被告的影响力，与口供真实性、合法性之间的关系。5. 被告人在庭审前从未提过非法口供问题，是否影响排非程序的启动和实质裁决。

◆二审裁定书节录

本院认为，原审判决认定部分事实不清，证据不足。依照《刑事诉讼法》第 225 条第 1 款第（3）项之规定，裁定如下：

一、撤销某市某区人民法院（2013）薛刑初字第 228 号刑事判决书。

二、发回某市某区人民法院重新审判。

◆辩护思路

本案系二审案件，既有上诉，又有抗诉。根据刑诉法规定，本案庭审程序仍是检方在先，无论讯问还是举证、辩论，辩方在后，检方的意见对合议庭仍会有相当程度的影响，故辩护不能只攻不守，而要攻防兼备，既要阐述上诉理由，又要反驳抗诉意见。又因双方争议焦点集中在“庭前有罪口供是否属于非法证据，是否需要排除”，因此，辩护人辩护思路如下。

一、辩护第一重点：攻——阐述上诉理由和意见，立论

1. 从法理上厘清对庭前有罪口供不能一概“拿来”，必须具备三性，而且证明口供合法性的举证责任在于检方。

2. 强调辩方已经提供存在非法取供情形的线索或证据材料，尽管辩方没有此义务。

3. 用证据说法，详细罗列证据具体内容，充分说明办案机关存在非法取供情形，庭前口供存在诸多问题，应依法排除。

二、辩护第二重点：防——澄清、反驳抗诉理由和意见，驳论

1. 指出一审判决是综合全案情况作出，而非抗诉书所称“一审仅依据未全程播放录像为由”。

2. 对于支持刑事抗诉意见书以“白某某 14 次供述、7 次自书材料”之量代替合法性的观点，辩护人指出不能用被证明的对象本身，证明自身合法，在未能排除合理怀疑之前，14 次、7 次的量恰恰佐证取供的非法性。

3. 针对支持抗诉意见书以“历经 4 个月”“经历三个阶段——侦查、批捕、审查起诉”“讯问主体和阶段三次变化”，来论证口供合法的观点，存在谬误。

其一，三阶段存在诸多一模一样之处。

其二，“一朝遭蛇咬，十年怕井绳”是常识，办案主体变更了，但对白某某来说都是检察人员，都是一体的。

4. 明确指出支持抗诉意见书以“白某某在庭前口供称反贪部门没有刑讯、没有违法”，进而论证庭前口供合法有效，犯了以结果证明过程合法、以代证事项证明代证事项，循环论证的逻辑错误。

三、辩护第三重点：简要总结，得出排除口供的合理、合法结论

◆结语

非法口供的排除不是一件简单的事务，而是一项系统工程，对于控辩审三方皆是如此。对于被告人口供是否应予排除，应充分理解、把握以下方面。

一、举证责任——口供合法性的举证责任在于控方

向法庭提供确实、充分的证据证明被告人有罪，证明庭前口供具有合法性，是合法取得的，不具有非法取供的情形，排除"庭前口供是非法取得"合理怀疑的举证责任，均在于控方。这是最基本的原则。被告人提出非法取供的线索或证明材料的方能启动排非程序不等于举证责任倒置。而且，被告人和辩方何时提出排非辩解是他们的权利，不能以"以前从未提过"的理由代替控方的举证责任，被告人和辩方不提不等于不存在非法取供，被告人和辩方提出亦不等于存在非法取供，问题的关键还是控方能否完成举证责任。

二、控方不能以口供自身来证实取供的合法性

作为排非对象的口供本身，只是讯问的结果，属于是否合法的待证事项。而且结果不是过程，不能以结果来证实讯问过程的合法。正确的做法是控方——用口供之外的其他证据证实口供的合法性。否则，就是循环论证。不过需要指出，辩方可以口供自身来证实取供的非法性。

三、充分重视、发挥同步讯问录音录像对排非的作用

1. 从理论上而言：同步讯问录音录像借助于高科技的设备而形成，具有多维、立体性；可反复再现性；以连续、动态的画面直观地记载、呈现讯问过程，具有动态性、直观性，甚至能让人"沉默中听见语言""语言中听到

沉默”“否认中看出认可”“认可中看出否认”。它比讯问笔录、侦办机关和个人的说明材料，以及侦查人员或其他人员出庭说明更为客观、更为全面、更为真实可信。它是控方证明取供合法性的最佳手段，是非法证据排除最中立、客观，最真实可信，最科学可行的证据。

2. 从法律规定而言，用同步讯问录音录像审查、排除非法口供具有现实可行性。最起码对职务犯罪案件，可能判处无期徒刑、死刑的案件或者其他重大犯罪案件，具有现实可行性。

《刑事诉讼法》第 123 条规定：侦查人员在讯问犯罪嫌疑人的时候，可以对讯问过程进行录音或者录像；对于可能判处无期徒刑、死刑的案件或者其他重大犯罪案件，应当对讯问过程进行录音或者录像。录音或者录像应当全程进行，保持完整性。《人民检察院刑事诉讼规则（试行）》第 201 条规定：“人民检察院立案侦查职务犯罪案件，在每次讯问犯罪嫌疑人的时候，应当对讯问过程实行全程录音、录像，并在讯问笔录中注明。录音、录像应当由检察技术人员负责。特殊情况下，经检察长批准也可以由讯问人员以外的其他检察人员负责。”第 202 条规定：“人民检察院讯问犯罪嫌疑人实行全程同步录音、录像，应当按照最高人民检察院的有关规定办理。”《公安机关办理刑事案件程序规定》第 203 条规定：“讯问犯罪嫌疑人，在文字记录的同时，可以对讯问过程进行录音或者录像。对于可能判处无期徒刑、死刑的案件或者其他重大犯罪案件，应当对讯问过程进行录音或者录像。”前款规定的“可能判处无期徒刑、死刑的案件”，是指应当适用的法定刑或者量刑档次包含无期徒刑、死刑的案件。“其他重大犯罪案件”，是指致人重伤、死亡的严重危害公共安全犯罪、严重侵犯公民人身权利犯罪，以及黑社会性质组织犯罪、严重毒品犯罪等重大故意犯罪案件。对讯问过程录音或者录像的，应当对每一次讯问全程不间断进行，保持完整性。不得选择性地录制，不得剪接、删改。

3. 既然理论上可行，法律又明文规定必须同步录音录像，那么侦办机关作为必须依法办案的模范，以同步讯问录音录像证实取供合法，排除非法取供的合理怀疑，是顺理成章的必然结论。但是，实践中还须充分重视、发挥同步讯问录音录像对排非的作用。

4. 对于侦查机关、控方应提供、能提供同步讯问录音录像但拒不出示、拒不提供，或者提供、出示后又撤回的，审判机关对相应的讯问笔录应坚决排除。

四、对于重复口供，必须高度重视非法取供方法的余威影响力

根据相关司法解释，取供的非法方法包括刑讯逼供、冻、饿、晒、烤、疲劳审讯等非法方法，对于以此收集的被告人供述，应当排除。可问题是，在非法取得有罪供认后，在相当长的一段时间内，犯罪嫌疑人/被告人在前者基础上所做的重复有罪供述，应否排除，相关司法解释没有给出答案。笔者的意见是，对这些口供必须纳入排非范围，在充分考量非法方法的危害程度、打压强度、打压时长次数、心理强制程度等因素的基础上，结合被讯问人的心理承受能力等个体差异因素，以及和前次非法行为的间隔时长等因素，综合考评非法方法的余威影响力后，再做出排除与否的决定。客观地讲，只有当案件作出一审判决后，非法方法带给被告人的心理强制、威慑力才可能真正缓解。因此，对余威影响力的判断笔者认为应高度重视。

五、司法机关在排非时需考量“行为证据”，以便形成内心确认

有时行为本身也是证据，如对案情重大明明不符合监视居住条件的受贿案件，却偏偏指定居所监视居住；对已经是异地用警、异地关押的又频繁更换关押地；对拘留、逮捕的犯罪嫌疑人迟迟不移交看守所关押；对笔录中明明记载全程同步录音录像，却拒不提供等行为，都可成为司法机关考量的“行为证据”，用于形成内心确信。

六、“干掉”排非路上的拦路虎——摒弃两种错误思维

排非之所以难，与两个拦路虎有关。其一，证据被排非后，指控就不能成立了，犯罪嫌疑人 / 被告人就是无罪。其实绝非如此，任何案件的指控并非靠单一证据支撑，案件的最终结果是全案证据综合决定的，排非与案件实体结果之间还有很长的路。其二，证据被排非后，侦办人员构成违法犯罪。这种观点也是错误的。二者之间不能直接画等号。对侦办人员是否构成违法犯罪仍然适用“无罪推定”原则，也适用“证据确认充分”的证明标准。控方不能证明取供合法而被排非和侦办人员违法犯罪是不同语境下的两个不同概念，不能混同。该两种错误思维，一定程度上抑制了排非的启动和实质展开，必须被摒弃。

第十四讲 同步录音录像与讯问笔录不一致时，应如何采信？

——宋某被控行贿一审被判缓刑案

按　语： 2013年1月1日施行的《刑事诉讼法》第121条规定了同步讯问录音录像制度，与之相适应，《人民检察院刑事诉讼规则（试行）》《公安机关办理刑事案件程序规定》、六部委《关于实施刑事诉讼法若干问题的规定》，以及2010年7月1日《最高人民法院、最高人民检察院、公安部、国家安全部、司法部关于办理刑事案件排除非法证据若干问题的规定》等均对同步讯问录音录像的录制、调取、移送、播放等作了相应的规定。

但是，上述法律、司法解释的总的指导思想是：侦查人员讯问犯罪嫌疑人，除了可能判处无期徒刑、死刑的案件或者其他重大犯罪案件，应当录音或者录像外，对其他案件可以录音或录像；可以只录音或只录像，也可以既录音又录像。同步讯问录音录像可以作为口供排除的依据，它可以提交给司法机关、可以播放，但非"必须"。即它是"可以有"的证据，也"可以无"的物件。这导致司法实践中在录音录像的调取、移送、查阅等方面存在分歧，尤其在同步录音录像和讯问笔录不一致时，以哪一个为准，即谁更强，应该采信何者时观点不一。

关键词： 同步录音录像　讯问笔录　证据采信

◆案情简介

1. 胡某某和宋某是朋友。胡某某和时任长株潭防洪景观道路工程株洲县段工程指挥长蒋某某是同学。2009年6月，胡某某告知宋某株洲段招标的事情，并介绍宋某与蒋某某认识。之后，胡某某、宋某、刘某某三人决定共同参与投标，如中标后共同干工程，利润均分。

2. 之后，刘某某负责投标事宜。在投标过程中，刘某某告知宋某、胡某某，有人愿意出资让他们退出，三人合计了下，如对方出价合适可以考虑退出，由刘某某具体和对方谈。后刘某某和张某某方谈妥以500万元换取前者的退出。紧接着，张某某方将500万元打入刘某某账号。刘某某电话告知宋某、胡某某要拿走200万元现金，其余的再打给胡某某82万元，宋某80万元，自己留138万元。宋某不同意胡某某拿走200万元现金，还反问凭啥给他。但因其时，胡某某和刘某某关系非常好，钱又在刘某某手里，宋某无奈被动接受了80万元。

3. 2013年5月，因胡某某、刘某某涉嫌向蒋某某行贿240万元，牵扯出此事。2013年12月，南岳区检察院以胡某某、宋某涉嫌向蒋某某行贿200万元起诉到法院。检察院的主要证据是胡某某、宋某、刘某某、蒋某某四人口供；主要事实依据是2009年12月中旬，宋某因给蒋某某送200万元现金之事，特地和胡某某从北京飞到长沙入住华天大酒店，在当晚由胡某某把现金交付后，第二天飞回北京。

4. 法庭审理时，宋某辩称，从来没有人告诉过自己这笔钱是送给了蒋某某，被抓之前自己一直以为是胡某某自己多拿了200万元，对此还很生气；自己更没有为了给蒋某某送钱专程来过长沙；以前承认为了送钱专程来长沙等内容的口供是被逼供、诱供、长时间审讯形成的，与同步录音录像可证实自己的辩解。

辩护人在查看同步录音录像的基础上，支持宋某本人的辩解，并指出讯问笔录明显和同步录音录像相矛盾，不是讯问真实情况的反映，不是客观事实的反映，应以同步录音录像中宋某的无罪辩解为准，宣告宋某无罪。

◆起诉书节录

经依法审理查明：被告人胡某某伙同宋某、刘某某（另案处理）为牟取巨额不正当利益，在长株潭防洪景观道路工程株洲县段招标过程中，向时任株洲县县长、工程指挥长的蒋某某行贿200万元。胡某某、宋某分别非法牟利80万元，具体犯罪事实如下。

2009年6月，蒋某某分别授意被告人胡某某和梁某找有资质的工程公司来参与招投标。胡某某将此消息告诉了宋某。胡某某利用蒋某某到北京出差之机，向蒋某某引荐了宋某。宋某随即向蒋某某表达了想参与该工程的投标之意。蒋某某则表示自己和负责此次招投标的洞庭招投标代理公司很熟，胡某某、宋某二人中标的希望很大，具体细节到株洲来详谈。2009年8月的一天，胡某某、宋某到长沙，二人与宋某的朋友刘某某见面后，三人商定由胡某某负责联系蒋某某以获取其帮助，宋某、刘某某则负责联系工程公司参与工程招标，所得利润均分。之后，三人到株洲和蒋某某在华天大酒店的茶座见面时，蒋某某授意宋某、胡某某二人多找几家公司来参与招投标。过后，蒋某某到胡某某的房间，单独告诉胡某某说，该项目中标后，自己要200万元。在返回北京的途中，胡某某把蒋某某要200万元的意图告诉了宋某，宋某表示同意。

工程指挥部经过初审，明确了张某某和宋某、刘某某挂靠的七家公司参与招投标。2009年11月的一天，宋某向蒋某某表明了自己中标后想把工程转手的想法，蒋某某表示同意。此时蒋某某萌生了让宋某、胡某某等人中标后，让宋某、胡某某将工程以高价“转手”给梁某、张某某二人，再从胡某某、宋某处谋取贿赂的想法。之后蒋某某通过他人向张某某传话，要张某某劝退其他参与投标者并要求张某某投标前将工程报价提前告诉自己。2009年12月1日，宋某同胡某某与刘某某在长沙见面后，宋某提出中标后将工程最少以500万元“转手”，其中200万元感谢蒋某某，60万元抵偿刘某某前期垫付的资金，剩余240万元三人平分，胡某某、刘某某二人均表示同意。

2009年12月2日晚，张某某通过他人转告蒋某某，己方报价为6100万元，蒋某某马上发短信告知宋某对方工程报价。宋某便让刘某某立即在湖南水利水电总公司连夜制作标书，并在次日招投标会上以水利水电总公司的名义以6080余万元报价。

蒋某某随后分别做胡某某、宋某、刘某某以及张某某的工作，促成张某某支付胡某某、宋某、刘某某500万元。以换取刘某某等参与投标的公司弃标。工程确定由张某某公司中标后，张某某于2009年12月11日、14日汇款共500万元给刘某某。刘某某便分别汇款82万元给胡某某（其中两万元系胡某某、宋某之间中间人的感谢费）、80万元给宋某，并将200万元现金交给胡某某，请其转交蒋某某。胡某某在2012年12月中旬的一天，在长沙华天大酒店将一个装有200万元现金的旅行箱交给蒋某某派来的朱某、赵某某。朱某、赵某某二人按照蒋某某的指示分两次将200万元存入其指定的账户内。

认定上述事实的证据有：1. 被告人胡某某、宋某的供述和辩解；2. 同案犯刘某某的供述和辩解；3. 证人蒋某某等人证言；4. 任职文件等。

本院认为，被告人宋某为谋取不正当利益，与他人共同向国家机关工作人员行贿200万元，其行为触犯《刑法》第389条第1款之规定，应当以行贿罪追究其刑事责任。

◆辩护词节录

一、控方指控的事实依据和证据根据——四大事实、四大口供

1. 仔细分析起诉书和指控逻辑，控方指控宋某实施的行为主要涉及四方面事实：一是“返京途中，胡某某把蒋某某要200万元的意图告诉了宋某，宋某表示同意”；二是“2009年11月的一天，宋某向蒋某某表明了自己中标后想把工程转手的想法，蒋某某表示同意”；三是“2009年12月1日，宋某同胡某某、刘某某在长沙见面后，宋某提出中标后将工程最少以500万元转手，其中200万元感谢蒋某某，胡某某、刘某某二人均表示同意”；四

是“2009年12月2日晚，蒋某某短信告知宋某对方工程报价，宋某让刘某某连夜制作标书，以6080万元报价”。据此认为宋某和胡某某等有共同行贿的故意和行为。

2. 控方指控四大事实，所依据的证据主要是宋某口供、胡某某口供、刘某某口供、蒋某某的口供，即四大口供。

3. 控方指控能否成立的关键就是：指控宋某的四大事实是否成立；四人口供是否合法、真实、有效，能否达到确实、充分，排除合理怀疑的标准。而控方指控的四大事实又建立在四大口供的基础之上，因此，只要四大口供真实、合法、有效，达到确实、充分，排除合理怀疑的标准，控方指控就能成立。反之，则其指控不能成立。

二、关于四人口供：整体而言，控方所依据的四人口供在合法性、真实性上存在重大问题，不能作为定罪的依据

（一）宋某的侦查有罪供述（有罪讯问笔录），不能作为定罪的依据。

从合法性上讲，侦查人员对其采取强迫自证其罪的方式、指供、诱供，采取所谓“做思想工作”、威胁、利诱、欺骗、精神折磨等方式，使宋某精神上痛苦，不能自主、自愿表达，取供方式非法，宋某的有罪供述应作为非法证据排除。从内容上讲，宋某的有罪供述是讯问人员自行整理、编辑而成，不是讯问真实情况的反映，问、答、记不同步，存在严重脱节，笔录的内容有些不是被告人所说，甚至把被告人口供内容记拧了。这样的口供不能作为定罪的依据。

庭审质证阶段，辩护人已详细向法庭指出：申请排除宋某侦查阶段第四、五、八、九、十次等有罪口供。总的理由是：侦查人员存在指供、诱供、威胁或使被告人产生精神痛苦的方法非法取供；存在强迫其自证其罪的行为；被告人自主表达的意愿被扭曲；讯问笔录不是讯问真实情况的反映，不是案件真实情况的反映。辩护人亦向法庭详列了线索和证据：相关讯问录像和情况说明，并就线索、证据进行了简要说明。

1. 如宋某的第九次讯问录像显示：

（1）问、答、记严重脱节，有的没回答却记了，问时不记，不问时猛记。问答内容少，但记录的内容多而详细。有的回答了没记，甚至扭曲了本意。举例如下：

录像20时14分40秒，宋某说："这个钱不可能是我要给的，现金也不是我提出来的，我也不会提拿现金给别人。胡某某给我说的要现金。"（宋某语调明显升高）。录像20时22分，宋某说："蒋某某不可能问我要钱，要也是问胡某某要。"22时4分16秒，宋某答："蒋某某没有直接透露标底。"22时8分，宋某谈到刘某某与胡某某直接联系，"你们俩都有手机号"。

上述内容，在笔录中就没有体现。

（2）为了保证记录的真实性，要求问、记分离。但本案讯问人、记录人混同，不符合问、记分离要求。举例如下：20时45分45秒，讯问、记录人员都出去了，讯问结束了。20时46分33秒有人回来。20时54分9秒，一个留光头的讯问人员（应是刘某军，不是记录员王某）看、改电脑上的笔录，没有任何问答，一直改到21时37分。其间21时37分40秒要求宋某补签了份笔录，然后刘某军还在核改笔录，直到21时59分。从22时10分13秒至22时32分，刘某军又在看电脑笔录，改笔录。之后谭某平看，刘某军指导。

2. 第四次录像（2013年6月23日11时38分开始，除普遍存在的问题外）显示：

（1）强迫宋某按照侦查人员意思说，一旦不从，侦查人员就抢话、辩驳、斥责，对其辩解不记录。有些内容记拧了。举例如下：

14时27分00秒，宋某说，"我问蒋某某，我们是不是要感谢你，蒋某某说千万不要，我只要政绩"。刘某军斥责宋某，"你这不符合逻辑，不符合常理"。宋某说，"这是我当时的想法，他要真要，我就不做了"。14时38分23秒，宋某说，"刘某某说有人要买，和对方留电话了"。

14时47分，宋某说："胡某某提出多拿200万元，我问什么意思，胡某某说得给蒋某某钱，我说蒋某某只要政绩，以后有项目多投资就行了，不就完了吗？”胡某某坚持。

15 时 03 分，刘某军问：“来了长沙几次。”宋某答：“就来两次。”

以上内容讯问笔录中均没有体现，甚至记拧了。

（2）侦查人员有强迫宋某自证其罪的不当行为：如录像 16 时 28 分，侦查人员问：“蒋某某受贿 200 万元？”宋某答：“我真不知道，刘某某给我说是提了 200 万元现金给胡某某……”侦查人员很生气，摆脸色，并说：“你不用解释了……”

3. 如第五次讯问录像显示：

（1）威胁、精神折磨、指供。15 时 36 分刘某军开始做思想工作，一直到 17 时 2 分，仍在做思想工作。其间，刘某军说：“你的态度，我们给领导汇报了，领导看材料，看你谈话视听资料、笔录。领导笑话你、嘲笑你不懂法，无视法律。市院分管领导拍了桌子，愤怒地拍了桌子，对你评价为‘颠倒黑白、混淆是非、态度极其恶劣，无视法律’，如能改变态度……领导要树典型，准备搞个最大限度的从轻，你肯定不在其中。从重系列里面，我预计最重的就是你，从重的典型。时间紧迫，外面人着急，你朋友、家人着急。”

录像 17 时 10 分，刘某军：“我们重点打击国家机关工作人员，你要变成重点打击对象，态度不好，削尖脑袋往里钻，我们也不在乎多一个……”

要知道，侦查人员长时间做思想工作、洗脑也是一种精神折磨。

（2）指供、诱供、强迫自证其罪。17 时 27 分，侦查人员：“你们打算送蒋某某钱，为什么蒋某某还做对方工作，你家人朋友都着急，你需要这么考虑……”

17 时 57 分，宋某：“我请示一下，假如我记不清楚，你们提示一两个字。”刘某军：“今天我给你提示了多少，物证也好，书证也好。刚才我接电话，是指挥部成员，问怎么样了？”

18 时 10 分，刘某军：“胡某某态度好，我让他家人和他见了面，和家属沟通得很好。”

4. 如第八次讯问录像显示（除普遍性问题外）：

（1）指供。问话伊始，讯问人员就问：“12 月 14 日你们怎么来的长沙，你们三个人在一起……”

（2）精神折磨。15 时 42 分，刘某军：“你老婆打电话给我，说梦见你了，昨天你老婆又给我打电话，昨晚又给我打电话，她很急切，反复问……包括昨天晚上，孩子在边上，使劲儿叫爸爸，以为和你通话，闵某解释说这不是爸爸，是叔叔。我还看到你们一家几口在海边的照片，你牵一个大的，背一个小的……为什么要为了自己一些想法，何必呢，多想想。”

（3）讯问笔录与讯问实际情况严重不符，不是原话，不是原意，断章取义。

以上证据足以说明，控方宣读的第九次讯问笔录不是宋某供述的，而是侦查人员自行编撰的，是非法的、不真实的。辩护人不要求笔录和录像一模一样，那是苛求，但最起码得大致一样，总不能大面积的不一样，甚至把意思记颠倒了。况且，《人民检察院刑事诉讼规则》第 199 条要求，讯问笔录应当忠实于原话。公诉人说，侦查人员替宋某整理，对讯问情况进行了精简、浓缩、调整，有的认为无关就没记等。要知道这是侦查阶段，侦查讯问人员怎么知道哪个重要？

（二）胡某某的侦查口供，不能作为定罪的依据。

1. 胡某某的侦查口供和客观事实不符，如 12 月 14 日宋某根本就没来长沙。

2. 胡某某的侦查口供和蒋某某的口供自相矛盾，蒋某某说得很清楚，是在 2009 年 12 月开标后，蒋某某才提出 200 万元的事。

3. 胡某某的侦查口供和胡某某自己口供前后矛盾，如以前口供只是说蒋某某跟自己说要 200 万元，但没有说随后告诉了宋某。同一份口供里的内容也自相矛盾。

4. 2009 年 5 月 6 日到同年 5 月 22 日，胡某某就此问题已经被反复讯问很多次了，应该说已经回忆得差不多了，为什么从2009年5月22日到同年10月25日又有不断地增加和变化呢？按公诉人的逻辑，记忆在前的口供记得准确，那该如何解释呢？

5. 胡某某的侦查口供和宋某当庭口供相互矛盾，也不符合逻辑。如宋某提到，坐飞机宋某和胡某某都喜欢靠窗坐，两个靠窗坐的人怎么交谈？何况谁会在飞机上谈这种事。

6. 胡某某与本案存在利害关系，存在推卸责任的可能。

7. 胡某某当庭也对自己的侦查口供提出了意见。

就合法性而言，这也是胡某某被多次做思想工作后，“情绪激动、数度流泪”产生的口供。而且，庭审发问阶段，胡某某也明确说了“思想工作对自己口供的形成影响太大了”“自己到现在都不知道啥叫提篮子”。现在公诉机关没有举证证明侦查“思想工作”的合法性，其具有非法取供的重大可能，尤其是居然能让胡某某说出严重违背客观事实的供述——“12月14日宋某来了长沙”，印证了取供的非法性。

（三）刘某某的侦查口供，不真实，不合法，不能作为定罪的证据。

质证阶段辩护人也讲了，公诉人宣读的刘某某第10次口供不真实、不合法。

1. 刘某某和宋某的第9次侦查口供存在一模一样之处。如“你们所说的大家一起做这个工程，赚钱大家都有份是什么意思”，答：“意思是我、胡某某、宋某一起操作……”

2. 刘某某第10次口供和其第5次口供（2013年8月13日）存在多处大量一模一样之处。

（1）该口供第5页，即“宋某告诉我，胡某某是株洲县县长蒋某某的同学，这件事情主要是依靠胡某某的关系，他们这次来就是跟蒋某某谈工程的事情。蒋某某当时在开会，我们就一直在等他。蒋某某到了之后”，与第5次口供（刘某某口供卷第50页）一模一样。

（2）该口供第5页第2段，即“宋某回北京后，我跟他电话联系了几次，因为这个工程我的投入会比较大，所以我问他这个工程能不能中标，宋某说中标没问题。我问宋某这个工程投资量多大，宋某告诉我 9000 多万元，我就提出我们自己做这个工程，获得的利润我、宋某和胡某某三个人平分……”与第 5 次口供（刘某某口供卷第 50 页）116 个字，一模一样，标点符号也一样。

……

3. 刘某某只在第 20 次口供中提到“2009 年 12 月 14 日来过长沙”，以前从未提过，自相矛盾。且第 10 次口供自身也有自相矛盾之处，如其第 8 页称“2009 年 12 月 2 日晚三人已商定 200 万元送蒋某某”，那怎么还会在 500 万元到账后，还问宋某“钱怎么处理，宋某说他跟胡某某商量决定给蒋 200 万元”？

4. 请法庭特别注意：控方宣读的刘某某第 10 次口供（2013 年 9 月 3 日 11 时 11 分到同日 14 时 45 分，衡山县看守所）与宣读的胡某某第 15 次口供（2013 年 9 月 3 日 16 时 52 分到同日 18 时 56 分，南岳区看守所）均在同一天形成，只相差 2 小时 7 分，两地相距一个多小时的路程，为何会这么巧合，刘某某与胡某某二人同天“被拿下”？兼口供存在上述这么多问题，不得不让人产生合理怀疑。

5. 综上，其第 10 次口供在关键情节上要么以前从未提过，要么和客观事实不符，要么和刘某某以前口供大量一模一样，要么和宋某口供一模一样，大量存在关键情节一模一样，连标点符号都不差，甚至错别字都一样，严重不符合人类认知规律的问题。即便是相同的讯问人、记录人，被讯问人在不同的时间、地点答话不可能相同，记录也不可能相同。这些口供只能同假，不能同真。这些口供在关键情节上一模一样的现象本身就证明了其不是真实的。公诉人用这样的口供指控，既不严肃，更不客观。

（四）蒋某某的口供也存在不真实等问题，从关联性来讲，不能证实宋某构成犯罪。

1. 蒋某某口供“关于把对方工程报价告诉了宋某”“胡某某说宋某同意

给200万元”等内容不真实。其一，公诉人当庭承认“蒋某某把报价电话告诉了胡某某，胡某某告诉了宋某”。其二，按蒋某某的说法，他有些事是听胡某某说的，属于传来证据，而胡某某当庭提出了异议，他谈到“我都不知道提篮子怎么回事，怎么可能给蒋某某说”。尤其是宋某根本没有这么做，蒋某某怎么可能知道？其三，这也和起诉书指控有矛盾。

2. 抛开真实性而言，蒋某某的口供，与胡某某、刘某某侦查口供相比，相对客观、超脱一些。但其从关联性而言，只能证实所有重要事情如200万元的商定、送接都是和胡某某之间进行，不能证实宋某如何。

三、提请法庭注意三个问题

1. 最能说明问题的是：2009年12月14日宋某根本就没有和胡某某来长沙，但胡某某、宋某和刘某某三人口供里均称“宋某来了”。这种明显违背客观事实的口供如何得来的，不得而知；这样的口供能作为定罪的依据吗？答案当然是否定的。

2. 根据《刑事诉讼法》第53条“重证据，重调查研究，不轻信口供”的原则，“只有被告人口供，没有其他的证据，不能认定被告人有罪和处以刑罚”的规定，控方的证据除存在重大问题的四大口供外，没有其他证据证实宋某行贿。

3. 同步讯问录音录像和讯问笔录存在根本性矛盾。前者已经证实“宋某2009年12月14日没有来长沙，也不知道胡某某送钱200万元之事”“宋某的有罪供述是侦办人员明示、变相刑讯非法形成”，应以前者否定后者，并以前者认定案件事实宣告宋某无罪。

◆控辩交锋

控辩双方在证据上的争议主要集中在宋某等四人的口供是否真实、合法、有效，在事实上的争议主要集中在2009年12月14日宋某是否为行贿一事专程从北京和胡某某来到长沙。控方认为，有罪讯问笔录能够证实行贿事实，且四人口供一致、能够相互印证。辩方认为，同步讯问录音录像已经证实宋某的有罪讯问笔录系非法取得，不应采信，其他三人有罪讯问笔录居然和宋某非法有罪笔录存在相同之处，尤其是在宋某2009年12月14日根本没来长沙，但胡某某、刘某某仍众口一词地说宋某来了，这足以说明口供不真实，不应采信。在有罪讯问笔录和同步录音录像存在根本矛盾的情况下，应以后者否定前者，应以后者认定事实并宣告宋某无罪。

◆判决书节录

经审理查明……

判决如下：被告人宋某犯行贿罪，判处有期徒刑三年，缓刑三年，并处没收财产100万元。

◆辩护思路

一、辩护必须找准问题的症结，找准控方指控的关键所在，迎难而上，对其进行有力的反驳或合理解释，不能畏难退缩

1. 本案中送给蒋某某200万元的事实，应为事实，不是本案的关键，不宜作为辩护、反驳的重点。

2. 钱款是胡某某送给蒋某某的，宋某、刘某某并未参与。

3. 宋某对胡某某送钱给蒋某某是否明知，是否和胡某某达成共同的故意，这是本案的关键。

4. 控方指控宋某明知、共同犯罪所持的重要证据就是宋某、胡某某、刘某某、蒋某某四人的口供。

5. 控方指控宋某明知、共同犯罪所依据的关键事实，如“返京途中，胡某某把蒋某某要200万元的意图告诉了宋某，宋某表示同意”；“2009年11月的一天，宋某向蒋某某表明了自己中标后想把工程转手的想法，蒋某某表示同意”；“2009年12月1日，宋某同胡某某、刘某某在长沙见面后，宋某提出中标后将工程最少以500万元转手，其中200万元感谢蒋某某，胡某某、刘某某二人均表示同意”等，亦均建立在宋某等四人庭前有罪口供的基础之上。

6. 因此，控方指控能否成立的关键就是：宋某等四人口供是否合法、真实、有效，能否达到确实、充分，排除合理怀疑的标准。

二、宋某等四人庭前有罪口供是否具备证据的三性，能否作为定罪的根据，不宜只从纸质口供本身寻找辩点，更应跳出纸质口供本身，从讯问同步录音录像着手，找出排除的线索和证据，方能釜底抽薪，破除控方指控的关键武器

1. 纸质有罪口供已经形成，既是被质疑的对象本身，又可能是非法取供的产物。从其自身寻找辩点，可能是缘木求鱼，不宜作为也不能作为第一突破点。

2. 尽管控方以各种理由不提供宋某外其他三名被告人的讯问录音录像，尽管控方不同意辩护人复制宋某的同步讯问录音录像，只同意辩护人在检察院办公区查看，但经过辩护人多天核对、审查宋某的讯问录音录像，发现侦查人员确实存在指控、诱供、威胁等非法取供的行为，纸质有罪口供和讯问录音录像存在实质性冲突，宋某庭前有罪口供应予排除。因此，辩护人将此作为突破四人有罪口供的第一把尖刀。

3. 在前述基础之上，辩护人再指出胡某某等三人口供和非法取供所得的宋某庭前有罪口供存在不符合人类认知规律的“一模一样”之处，皮之不存，毛将焉附，由点到面，层层指出四人有罪口供的虚假和非法，得出控方指控关键证据不应被采信的合理结论。

三、为了更有力的佐证、强化辩护人上述第二大点，辩护人再以“2009 年 12 月 14 日宋某根本就没有和胡某某来长沙”为切入点，从有罪口供的虚假、刑诉法规定、同步讯问录音录像和讯问笔录存在根本性矛盾三大角度，再次说明宋某的有罪供述是侦办人员明示、变相刑讯非法形成，四人有罪口供不应被采信，从事实、证据、法律三大角度力证宋某无罪

◆结语

同步讯问录音录像和讯问笔录不一致时，应该采信何者？要解决这个问题，必须首先解决同步录音录像的性质、定位，它到底是个什么身份。关于此点，控审双方观点也不尽相同。

控方代表性的观点是：从学理上讲，讯问同步录音录像不仅记载着与犯罪事实有直接关联的犯罪嫌疑人口供，还记载着侦查人员讯问是否合法的内容。在证明案件事实时，它和笔录一样是犯罪嫌疑人口供的载体，在证明讯问的合法性时，它又是一种视听资料。辩护人认为，在现有法律框架内，讯问同步录音录像本身不能作为证明犯罪事实的证据，而以工作性资料对待是适宜的，出庭时，笔录仍是举证质证的法定证据，但当被告人或辩护律师对讯问笔录提出异议或提出讯问过程可能存在刑讯逼供时，录音录像可以作为证明证据合法性的证据使用。主要理由：一是从录音录像制度设立的目的看，是保障侦查讯问合法进行，是规范侦查权的重要手段，而不是查明犯罪事实。全国人大常委会 2012 年 3 月 9 日提交全国人大审议的关于《中华人民共和国刑事诉讼法修正案（草案）》的说明就指出：“为从制度上防止刑讯逼供行为的发生，修正案草案增加规定了拘留、逮捕后及时送看守所羁押，在看守所内进行讯问和讯问过程的录音录像制度。”修改后的《刑事诉讼法》第 121 条规定：“侦查人员在讯问犯罪嫌疑人的时候，可以对讯问过程进行录音或者录像；对于可能判处无期徒刑、死刑的案件或者其他重大犯罪案件，应当对讯问过程进行录音或者录像。”该条关于讯问同步录音录像的规定，实际是从工作层面而非证据角度提出的程序性要求。二是从法律依据看，证据应当是证明内容与法定形式的统一，记录犯罪嫌疑人供述内容的法定载体是笔录，而录音录像仅是选择性适用的措施，并非每案必录的法定证据形式。三是从录音录像出示的角度看，“笔录是对言词的提炼和精简记录，办案时方便审查，庭审中方便出示，而录音录像动辄几十个小时，审查、出示等都面临较大困难。因此，虽然录音录像与讯问笔录相比具有直观、全面、重现讯问过程的优点，但目前我国的立法司法现状不适宜将同步录音录像作为证明案件事实的证据看待，只能作为证明取证过程合法性的证据使用”。[①]

审判方通过《最高人民法院刑事审判第二庭关于辩护律师能否复制侦查机关讯问录像问题的批复》(2013)刑他字第239号公之于众的观点是：在审判阶段辩护律师能不能复制侦查机关讯问录像，不是看讯问录像的证据属性，而是取决于其是否属于《刑事诉讼法》第38条规定的案卷材料。从《刑事诉讼法》第172条的规定看，我国刑事起诉实行案卷移送主义，因此《刑事诉讼法》第38条所说的“案卷材料”和第172条中的“案卷材料”概念应该是一致的，包括庭审所用的一切可以公开的材料，并不限于证据材料。虽然从《人民检察院刑事诉讼规则(试行)》第342条、第344条、第345条的相关表述看，其将“案卷材料”和“讯问犯罪嫌疑人录音、录像”并列分开表述，但这是源于并非所有刑事案件都有讯问犯罪嫌疑人录音、录像。因为根据《刑事诉讼法》第121条的规定，只有对于可能判处无期徒刑、死刑的案件或者其他重大犯罪案件，才应当对讯问过程进行录音或录像。而且这是人民检察院针对自侦案件审查决定逮捕阶段的规定，而不是

① 孙谦：《关于修改后刑事诉讼法执行情况的若干思考》，载《刑事司法指南》(总第61集)，法律出版社，第10—11页。

针对审查起诉之后，且作为司法解释的规定不能否定《刑事诉讼法》第38条的基本规定，不能据此得出讯问录像不属于《刑事诉讼法》第38条所指“案卷材料”的结论。此外，从《关于实施刑事诉讼法若干问题的规定》第19条规定看，虽然没有把侦查过程的同步录音录像列入随案移送的案卷材料的范围，也就是说同步录音录像本身可以不移送给法院，但这是因为侦查过程的同步录音录像属于侦查人员对犯罪嫌疑人讯问笔录的视听资料载体，对于案件的作用不是证明案件事实本身而是证明讯问过程的合法性。如果辩方或法庭没有提出对于有关被告人讯问笔录合法性的质疑，没有启动非法证据排除程序，一般是不需要向法院移送或调取该讯问录音录像的。然而，一旦有关讯问录音录像移送法院，作为证据材料在庭审中公开使用，或者非法证据排除程序已经启动，法院已经调取并在审判阶段使用的，其应属于案卷材料，辩护律师在有权查阅的同时，当然有权复制。[①]

尽管控审双方态度有所不同，但都认为“同步录音录像不是证明案件事实的证据，只可以作为证明取证过程合法性的证据使用”。不过，笔者认为，同步录音录像是证据，不是工作资料。它不仅能证明取证过程的合法性，也能证明取证过程的非法性。它也更能证明案件事实。当讯问笔录与同步录音录像不一致时，应以后者为准。我们不能以举证操作层面的细节问题否定同步录音录像的证据性质。

一、从法律角度而言，有依据，无障碍

1. 根据《刑事诉讼法》第48条的规定，“可以用于证明案件事实的材料，都是证据”，案件事实又包括实体事实和程序事实，而同步讯问录音录像不仅证明实体事实，可以通过讯问内容证明案件实体事实，而且可以证明程序事实，通过记录、再现讯问的全过程，证明讯问笔录的形成过程，

① 王晓东、康瑛：《辩护律师复制侦查机关讯问录像问题批复的理解适用》，载《人民司法》2014年第3期。

证明讯问行为是否合法。那么，同步讯问录音录像当然是证据，这毫无争议。

既然法律、司法解释规定了同步录音录像的录制、提交、质证等事项，很显然，它的定位是证据，不是工作资料，否则法律没有必要对其作出规定。

2. 从形式而言，它已被包含在法律规定的形式——视听资料之中，无须法律对其再单独作出规定，对其可以直接适用视听资料的规定即可。

3. 从内容而言，其和讯问笔录一样。同样没有法律规定讯问笔录可以作为证明案件事实的证据，但讯问笔录不照样被作为证明案件事实的证据而且是主要证据了吗？辩护人对同等性质的问题不能做不同的判断。

二、从同步录音录像和讯问笔录自身特性比较而言，前者强于后者

（一）从同步讯问录音录像自身的特性而言，其借助于高科技的设备而形成，具有一些自身特性。

1. 多维、立体性。同步讯问录音录像对讯问过程是一种三维的展示，从时间、空间等维度对讯问环境、讯问人和被讯问人的语言（包括肢体语言，如表情、眼神、姿态、手势、声调、语气等）均能体现，不但记载陈述者叙说的内容，而且记载叙述者的表情；不但记载语言，还记载沉默；而且是以立体、多维的画面记载、呈现。

2. 动态、直观性。同步讯问录音录像以连续、动态的画面直观地记载、呈现讯问过程，具有动态性、直观性。当然这是由录制设备自身特点所决定的。它既包括画面的动态和直观，也包括讯问内容的动态和直观，它可以直观地展示讯问时的声音形象特征、被讯问者的体貌特征和精神状态等，甚至能让人“沉默中听见语言”“语言中听到沉默”“否认中看出认可”“认可中看出否认”。

3. 可反复、再现性。同步讯问录音录像通过借助于高科技设备以连续、动态的画面多维立体直观地再现讯问过程，再现讯问完整面貌，且这种再现可反复进行。

（二）同步讯问录音录像相较于讯问笔录的优越性。

1. 更为客观。就承载工具而言，讯问笔录对应的是纸和笔，同步讯问录音录像对应的是录音录像设备。相比较而言，纸和笔更易受侦查人员的操控，它们无时无刻不在侦查人员的操控之下，离开了侦查人员，讯问笔录一字都难成形，完全依赖于“人”。而录音录像设备除开启、关闭要受侦查人员的操控外，其他时段录音录像设备可自动完成录制工作，尤其是随着高科技录制设备的升级换代，录制的自动化更强，它对“人”的依赖性较弱。既如此，则讯问笔录在形成过程中无时不体现侦查人员的主观性、选择性，在形成后无处不体现侦查人员的主观性、选择性，而侦查人员的角色地位又导致他们重视有罪、罪重的信息，轻视无罪、罪轻的信息。而同步讯问录音录像除了被人为剪辑篡改之外，被客观的录制器材记载呈现的是没有主观选择的客观场景。因此，同步讯问录音录像更为客观。

2. 更为全面。如上所言，讯问笔录借助于纸和笔记载、呈现讯问过程，完全依赖于“人”。其一，受载体的限制，讯问笔录反映的信息比较有限，一般只能反映侦查人员问和被讯问人答，除此以外的场景、动作、神态等信息很难反映。其二，受“人”听、说、记、公正性等个体差异的影响，受“人”记录极限的影响，讯问笔录对发问以及被讯问人回答内容很难完整记录，只能记载记录人员主观认为重要的内容。而借助于高科技设备的录音录像能够克服这些弊端，它不仅能够记载、呈现问答的所有内容，还能反映问答之外的其他信息，如讯问场所的环境、侦查人员的语气语调及肢体动作、嫌疑人的身体状况及精神状态等。因此，同步讯问录音录像更为全面。

3. 更为真实可信。多维立体、动态直观、可反复再现的同步讯问录音录像相较于讯问笔录，给人的刺激是动态的、复合的，而非静态的、单一的，其具有再现效果的逼真性。加之，其更为客观、更为全面的特点，较于呆板、静态的文字符号更有说服力，更为真实可信。

（三）同步讯问录音录像与讯问笔录的证明力比较。

由（一）、（二）分析可知，同步讯问录音录像强于讯问笔录，尤其是在证明取供合法性方面。因此，同步录音录像具有讯问笔录无可比拟的优越性，是控方证明取供合法性的最佳手段，是案件事实、讯问过程最中立、客观的载体，也是最真实可信，最科学可行的取证方式和证据。当然，这以讯问同步录音录像的全程性、同步性、真实性、合法性为前提。

三、司法实践的需求：改变诉讼乱象，给同步录音录像“名分”，督促实务部门加大力度落实《刑事诉讼法》

（一）司法实践操作中，同步讯问录音录像在非法证据排除程序上存在四大突出的问题，即“四不”。

1. “不录制”。“不录制”突出体现在侦查机关对一些非职务犯罪案件、非命案，但有可能判处死刑、无期徒刑的案件不录制同步讯问录音录像。“不录制”的理由是：“刑诉法规定是可以而不是应当录制”“侦查时不认为可能判处死刑、无期徒刑，对刑期的认知上模糊”“受设备等客观条件限制，没能录制”等。“不录制”的后果是：不能很好地回应辩方对取供的质疑；不利于确定口供的证据资格，导致“采信”“排除”两难；不利于规范讯问过程，不利于保障被告人的合法权益，不利于保护侦办人员。

2. “不移送”。“不移送”是指在一些重大案件侦查阶段录制了同步讯问录音录像，但是侦查机关不向审查起诉机关移送（职务犯罪除外），审查起诉机关不向审判机关移送。尤其是后一种现象更为突出。“不移送”的理由主要是：“侦查机关没有向审查起诉机关移送”“现有证据确实充分，不存在刑讯逼供，辩方没有证据证实存在非法取供，没有必要移送”“职务犯罪只是规定侦查机关向审查起诉部门移送，没有规定必须向审判机关移送”“法律法规没有规定必须移送”等。“不移送”导致的后果是：被告人和辩护人反复申请移送，法院催促移送；影响案件诉讼进程，影响法官对庭前口供形成心理确信，导致取供是否合法“疑云密布”，影响侦办机关自身的公正性和权威性。

3. “不复制”。“不复制”是指在审查起诉、审判环节，尽管案卷中附有同步讯问录音录像，但公诉部门、审判机关不允许辩护律师复制。“不复制”

的常见理由有："同步讯问录音录像不是证据""同步讯问录音录像不作为证据""同步讯问录音录像涉及秘密，不能复制""检察院不同意辩护人复制""得向领导请示，等一等再说"等。上述理由，笔者在办理案件中均亲历过。比如，笔者在办理山东枣庄白某某被控受贿案中，有的同步讯问录音录像就被检察机关拒绝复制。"不复制"带来的直接影响是：被告人和辩方的辩护权被限制和剥夺，增大了庭前口供"合法取得"的可疑度。

4. "不播放"。"不播放"是指在法院审判环节，对公诉机关提供的同步讯问录音录像，不当庭播放或不全程播放。"不播放"的常见理由有："法律没有规定必须播放""检察院不将其作为证据""根据案件现有证据不需要播放""法庭没有播放的设备""录制时间太长，为了诉讼效率，不组织当庭播放，辩护人可以庭下查看"等。笔者多次遇到此种情形，如本案例中就遇到了"不播放情形"，当时法院的理由是两点：一是"录制时间太长，为了诉讼效率，不组织当庭播放，辩护人可以庭下查看"；二是"检察院没有移送法院"。后经笔者多次要求，法院与检察院协商，同意笔者庭前到检察院查看，因为录制时间确实很长，长达40多个小时，但公诉人不同意辩护人复制，且其不能长时间陪同观看，后来笔者集中三天时间查看了同步讯问录音录像并做了记录。虽然没有全部看完，但看明白了，后来在法庭上笔者发表了详细的质证意见。客观地说，法院的做法尚能说得过去，其他"不播放"的情形比这要苛刻得多。"不播放"带来的弊端是：辩方不能有效地行使质证权、辩护权；法庭没有查看讯问录像，无法就控辩双方发表的意见形成内心确信，导致控辩意见"空对空"，如同"两个黄鹂鸣翠柳""各上各的青天"；导致诉讼无效率、司法不透明，给被告人及其家属揣测"官官相护、司法不公、形式审判"提供了巨大的想象空间。

（二）司法实践操作中，同步讯问录音录像本身、司法裁判对其态度存在如下问题。

1. 同步讯问录音录像存在四大突出问题。

第一种情形：同步讯问录音录像无法播放。

第二种情形：同步讯问录音录像与讯问笔录内容截然不同，两者存在根本性矛盾。

当然，受制于人的听、说、记能力的限制，尽管从理论上讲同步讯问录音录像与讯问笔录内容应该一模一样，但在实践中我们不能要求二者必须一模一样，笔录内容比录音录像有所遗漏也在情理之中。但是，实践中存在二者大面积内容不一致，甚至全部的内容不一致，或者截然相反，存在根本性矛盾的情形。

第三种情形：同步讯问录音录像是为了“录”而“录”，显系“彩排后录制”“走形式”。按照规定，同步讯问录音录像应“全程同步”进行。全程是指从第一次讯问到最后一次讯问，同步是指“问答、记录”同时进行。但在实践中存在先审后录、先破后录、审录一体；“不认罪就不录、不记”，直到被讯问人回答内容符合讯问人要求再行录制；或者先行彩排，再行录制；或者给被讯问人书面材料，照本宣科等情形[①]。

第四种情形：滥用情感攻势，滥用人性弱点，以“思想工作”之名，行诱供指供之实。

2. 司法裁判对同步录音录像和讯问笔录的态度。

（1）忽视同步录音录像的证据价值，将其作为可有可无的“程序性工作资料”。

（2）对被告人、辩护人依据两者矛盾等提出的排除非法证据申请、确认案件事实申请、否认起诉要求，不敢排、不提排、不去排，不澄清、不辨伪、不证实，导致事实真相“真伪不明”，损害了司法公信力，也易造成错案。

一言以蔽之，无论在侦办环节，还是司法审判环节，同步讯问录音录像没有起到对排除非法证据应起的作用，没有实现保障被告人合法权益，规范审讯活动，防范刑讯逼供，确保口供的真实性、合法性的功能，更没有体现其对案件事实的证据定位和证明价值。此种现象亟须改变。

---

① 此类情形被讯问人表述得非常明确具体，而控方予以否认，定性为“涉嫌”更为恰当。

第十五讲 犯意引诱和技术侦查

——以匿名证人证言定罪的涉嫌拐卖儿童二审案

按　语：以前，“一个不愿意透露姓名的证人证实”是一个法律笑话，但现在它不再是笑话，不仅不是笑话，还被法律认可。2012年刑事诉讼法不仅规定了“匿名作证”，还规定了技术侦查，让备受争议的技术侦查从幕后走向了台前，从“转化后使用”变成了“直接拿来主义”。法律规定技术侦查涵盖了卧底侦查、乔装侦查、控制下交付、监听等多种方式，也对适用条件、程序、举证质证作了原则性规定，但“存在的都是合理的吗”？关于技术侦查涉及的证据合法性、真实性、潜在风险等争议并没有随着法律规定而终止，相反，它开启了争议的新阶段。关于钓鱼、引诱、诱惑侦查、技术侦查、匿名作证等问题可能会随着司法实践的深入而争鸣不断。

关键词：技术侦查措施　诱惑侦查　合法性

◆案情简介

1. 2010年1月初，“某某回家”志愿者“某某草”在网上发布信息，称“是广州人，做生意很成功，但没有孩子，想要一个两岁左右的孩子”，和山东人刘某贵成了“好友”。先后有人以“某某草”夫妇的名义与刘某贵就“想要孩子”事宜进行了多次QQ聊天、手机通话（注：女的是QQ文字聊天、男的是手机通话）。“某某草”方面表示：自己做生意很成功，领养孩子愿意花费大代价。刘某贵表示帮忙留意下。

2. 2008年3月，王某光和居某产下一子。2009年9月，王某光妻子离家出走，把孩子扔给了王某光。2010年1月下旬，王某光因自己无法很好地照顾孩子，就在网上发了“真心送养北京男孩”的帖子，并表明送养区域为发达地区，山东最佳，还需要看收养方证件。

3. 刘某贵看到王某光的帖子后，就和王某光取得了联系，问明了情况后，表示自己表弟想要收养一个孩子，并要了王某光儿子的照片，转发给了“某某草”方。“某某草”方提出让刘某贵到北京把孩子抱过来，他们出钱。刘某贵答复不行，人家还要见你们，还要看你们的证件。最终，双方谈妥由刘某贵先去北京，看到孩子后再给“某某草”方发照片或视频，以便让家人也看看，如果确定收养后，马上坐飞机去北京；“某某草”方出给王某光补偿费和刘某贵感谢费。至于数额，“某某草”方对刘某贵说“按你以前的标准定”，刘某贵表示“自己从未做过此类事，这是第一次”，后来确定补偿费为 7 万元左右，感谢费 2 万元；至于支付方式，补偿费由“某某草”方直接给王某光，感谢费事后再给刘某贵。后刘某贵和王某光沟通后确定补偿费为人民币 6.6 万元。刘某贵随之告知“某某草”方，并嘱咐“人家要送养给山东的，不愿送给你们南方的，你们就说是我表弟，江苏的”“人家要看证件，你们不给人家看，也必须给我看，不给对方看可以免除后患，但你们要做好多给补偿费的准备”，“某某草”方完全同意。

4. 2010 年 1 月 29 日上午 10 时许，因一个人弄不了孩子，王某光兄弟俩带着孩子和刘某贵见面后，给“某某草”方进行了单方视频聊天，“某某草”方表示极为满意，“妈妈去给孩子买衣服去了，马上飞北京，下午就到了”。下午 16 时许，“某某草”方跟刘某贵联系，说到了北京，并约定了见面地点。王某光兄弟抱着孩子和刘某贵各自到了约定地点，结果没有等到“某某草”方，等来了警察。王某光、刘某贵先后被以拐卖儿童罪拘留，后均很快被取保候审。

5. 2011 年 3 月，北京市某区检察院以刘某贵、王某光犯拐卖儿童罪起诉至法院。刘某贵、王某光辩称无罪，是送养不是拐卖。

检察院提供的主要证据是：据称是“某某草”方提供的部分文字整理版 QQ 聊天记录、手机通话录音；只有公安部门一份《情况说明》，称“某某草”系志愿者，应有关部门和“某某草”要求，无法对其取证；没有“某某草”方人员的姓名、性别、年龄、住址、工作等任何自然情况、询问笔录、报警记录、签字、指纹。控辩审三方均不知晓“某某草”的真实身份，是一人还是多人，是男人还是女人，更没有任何方式和途径向“某某草”发问，核实聊天记录、通话录音的真实性、合法性。2011 年 9 月底，北京市某区法院判决刘某贵、王某光构成拐卖儿童罪，分别判处有期徒刑一年六个月、一年两个月。刘某贵、王某光不服，提出上诉。2011 年 12 月，北京市某中级人民法院维持原判。

◆一审判决书

经查：被告人王某光与女友居某于 2008 年 3 月 5 日产下一子王某某。2010 年 1 月，被告人刘某贵在互联网上看到一收养孩子的信息后，即与发信息的人（以下称收养方）取得联系称可以为其介绍，随后在网上收集相关信息。其间，被告人王某光在网上发信息称“送养北京男孩”，被告人刘某贵看到后就与被告人王某光取得联系，并假称自己的表弟夫妇想收养该男孩。经与“收养方”商议后，被告人刘某贵代表“收养方”通过电话与被告人王某光商定，由“收养方”支付被告人王某光人民币 6.6 万元，同时，被告人刘某贵在被告人王某光不知情的情况下和“收养方”商定，由“收养方”支付被告人刘某贵人民币 2 万元作为报酬。2010 年 1 月 29 日 17 时许，在北京市朝阳区望京文渔乡餐厅西江厅内，二被告人带着王某某欲和“收养方”见面时，被告人王某光被民警当场抓获，被告人刘某贵后被抓获。

认定上述事实的证据有：

……

5. 通话录音证实：刘某贵与卖方通话谈论“收养”孩子及给予“送养方”6.6 万元补偿费用，给予刘某贵 2 万元报酬的情况。

6. 声纹检验报告证实：录音对话（收养方用手机录制的录音文件）的犯

罪嫌疑人的语音与被告人刘某贵的语音经鉴定，倾向同一。

7. 情况说明证实："某某草"系打拐志愿者，无法取证。录音光盘系北京市公安局刑侦总队提供。案件线索由公安部刑事侦查局部署。

8. 网上聊天记录证实："某风"与"某叶飘飘"网络联系"收养"孩子的情况。

9. 工作记录一份证实："某叶飘飘"和"某某草"均为打拐志愿者，是"某叶飘飘"和"某风"经网上聊天确认"某风"拐卖儿童后，才以需要老公决定此事为由将"某风"介绍给"某某草"的；被告人刘某贵和王某光系在"某叶飘飘"和"某某草"的配合下被抓获归案的。

……

16. 公安部内部传真电报证实：关于紧急查控一名拐卖儿童的犯罪嫌疑人的通话，2010 年 1 月 29 日上午 11 时许接群众举报，一名犯罪嫌疑人（可能名为：陈风）从广东拐来一名婴儿，正在北京一网吧通过视频聊天贩卖。同时，提供了"陈风"的联系方式。

……

对于被告人和辩护人提出的意见，本院认为：关于通话录音，考虑到本案的特殊性及对方的身份性质，辩护人的辩护意见尚不足以否定该证据的证据能力和证明力。关于网上聊天记录，该证据系由北京市公安局刑侦总队提供，确存在截取现象，但结合公安机关关于"某叶飘飘"身份的说明，可以确认其与本案的关联性，故对该证据作为间接证据予以确认。关于公安部内部传真电报，被告人王某光之辩护人认为"从广州拐卖来儿童"的内容与事实相悖，刘某贵之辩护人认为该证据反映出对方存在引诱、虚构报案的情况。案件材料来源能够简单证明有犯罪行为发生即可，至于犯罪行为的真实情况，需要经过侦查机关侦查后予以明确，报案人没有义务对犯罪行为的准确内容作出判断，故对该证据予以确认。关于辩护人提出"某某草"虽系打拐志愿者，但其身份不影响作证义务，应当庭接受质询或者提供书面言词证据的意见，因公安机关已就"某某草"身份属于保密信息的情况作出说明，现有证据足以证明案件事实，对此意见不予采纳。

本院认为，被告人王某光、刘某贵无视国法，以出卖为目的，共同向他人贩卖儿童，已构成拐卖儿童罪，依法应予严惩。二被告人共同故意贩卖儿童，系共同犯罪，且作用相当。鉴于二被告人已着手实施的犯罪行为因犯罪意外原因未得逞，系未遂，故对而被告人所犯罪行依法予以减轻。

一、被告人王某光犯拐卖儿童罪，判处有期徒刑二年三个月，罚金人民币三千元。

二、被告人刘某贵犯拐卖儿童罪，判处有期徒刑二年，罚金人民币二千元。

◆辩护词节录

一、一审判决认定上诉人王某光拐卖儿童，无证据支持，无事实根据，认定事实错误

（一）上诉人王某光因抚养儿子力有不逮，家庭环境不利于孩子的成长，确有送养儿子的现实背景和真实想法，但绝无出卖的故意。

上诉人王某光因 2009 年儿子的妈妈居某离家出走，儿子的爷爷奶奶闹离婚，无人帮助照顾儿子，自己一个年轻男子不会照顾，也照顾不好孩子，且上班挣钱养家糊口与照顾孩子间存在冲突。基于这种无奈的现实情形，为了让孩子有个更好的成长环境，王某光才有了送养的想法。

（二）上诉人王某光送养孩子不以获取金钱为目的，对于送养范围设有明确的条件，并非不考虑对方是否真正具有抚养目的。

1. 上诉人王某光对于收养方设有一定的条件，并非什么人收养都同意，更不是给钱就行。如果是这样的话，估计不需要上网送养了。王某光希望收养方经济条件要好，能给孩子提供更好的成长环境；只想把孩子送给山东的，而且在送养前一定要和收养方见面，查看证件，核实对方情况后，才

能决定送养与否。这从王某光、刘某贵的一审口供能得到充分证实，也和真实性、合法性存在问题的刘某贵侦查口供、通话录音能够印证。

2. 关于钱款问题，网上“钓鱼”的“某某草”，在王某光还没有发“送养”的帖子之前，就主动给刘某贵提到和许诺了（见刘某贵一审供述），在联系上王某光之后，又是由“某某草”再次要求刘某贵问问对方要什么条件（刘某贵卷第19页），刘某贵问及王某光要多少补偿费时，王某光方才被动地谈到补偿费的问题。由此可见，上诉人是以给孩子争取一个好的成长环境为目的的真正送养，并非以获取金钱为目的。一定不能以“某某草”的假收养、真收买，倒推王某光也是假送养、真出卖。

3. 至于判决书第10页“不考虑对方是否真正具有抚养目的”之说，毫无根据。因为王某光还没有见到“收养方”，还没有查看证件、核实对方，还不具备能够“考虑对方是否真正具有抚养目的”的客观条件时，就被公安人员抓起来了，他怎么考虑啊。再说了，不能要求王某光未卜先知，他当时根本不知道“收养方”是“钓鱼”的。我们不能以案发后，“某某草”“钓鱼”真相的曝光，其毫无抚养目的的确认，来倒推上诉人“不考虑对方是否真正具有抚养目的”。

（三）2010年1月29日，上诉人王某光也只是想和“收养方”见面沟通，是送养前对收养方的考察，不存在“当天只要对方给钱就一定把孩子送给对方”这唯一、确定的念头。

无论是根据本案存在问题的侦查证据（包括书证和言词证据），还是根据上诉人王某光和刘某贵的一审口供，都可以证实，2010年1月29日当天也只是和“收养方”见面，双方相互考察而已。见面是为了考察，是为了决定双方能否达成收送养的合意，并不是说当天必须完成“收送养”，也不是收养方给钱就立即可把孩子抱走，更不是说见面是为了“交易”。

（四）6.6万元的性质是补偿费，从量上说并非巨额，不存在一审判决书第10页认定的“意图非法获利”。

1. 6.6万元的性质是补偿费，不是一审判决书中认定的“营养费”“感谢费”，且补偿肯定包括经济补偿和精神补偿。

2. 这个数额并非巨额，它基本上和抚养一个孩子到两岁的基本花费差不多。这个方面不需要举证说明，谁抚养孩子还记账，只要是在北京自己抚养过孩子的普通人都可以对此有个大概的认知。更何况，孩子送人后，家长精神上的损失和对孩子的不舍、愧疚，更是无法估量的。

3. 既然钱款的性质是补偿，数额和实际的支出不存在巨额差价，一审判决书中“意图非法获利”的说法不能成立。

（五）本案的真相是送养，不是以此“掩饰”。

1. 辩护人不否认王某光接受了 6.6 万元的提议，但王某光不是基于钱款才送养。涉及钱款也并不改变送养的性质。一定要注意，是送养性质决定钱款性质，不是钱款的量改变送养的性质。我国法律对送养收取营养费等是明确认可的。可能一审判决认为数额过高，上面辩护人也说了，一是数额本身不高，二是质决定量，不是量改变质，只要是送养，多给补偿费也改变不了行为的性质。

2. 辩护人不否认，王某光等人的行为不符合收养法的规定，但这同样改变不了送养的性质。行政违法不等于刑事犯罪，形式上违法不等于实质上违法和犯罪。不能将之作为认定犯罪的理由。

3. 本案性质很好界定，也很好解释。我打一个通俗的比喻，本案就相当于：一个媒婆不认识男方、女方，但把男、女撮合到一块儿，男方提出给女方送彩礼，女方同意，媒婆提出要红包，男女双方还不准备办理结婚登记。这样的行为是拐卖妇女吗？如果是，我估计我国的监狱爆满。本案中刘某贵就是那媒婆，王某光就是女方家长。同样地，他们不构成犯罪，本案不是什么拐卖儿童。绝不能仅以“在之前不认识的刘某贵的居间介绍下”，就带着有罪推定的眼光认定本案构成犯罪。

4. 综上分析，本案的真相是送养，不是买卖儿童，不是一审判决第 10 页“系以送养为掩饰”。如果说本案存在掩饰，那是“某某草”在掩饰，是以“收养”掩饰实施“钓鱼”行为。我们一定不能以钓鱼者“某某草”的掩饰，来推断王某光也是“掩饰”，一定不能以“某某草”的“假收养”“真买卖”，来推断王某光是“假送养”“真出卖”。

（六）上诉人王某光没有实施拐卖行为。

拐卖妇女儿童是指以出卖或收养为目的，拐骗、绑架、收买、贩卖、接送、中转妇女、儿童的行为。本案中上诉人王某光的行为仅是抱着孩子和刘某贵见了面，和对方视频了，这一行为肯定不是拐骗、绑架、收买、贩卖、中转行为。那么是不是接送行为呢？也不是。因为接送必须是在以出卖为目的的情况下实施的，才是拐卖。而王某光是为了送养，不是以出卖为目的。

（七）一审判决漏查重要事实。

一审判决对所谓“收养方某某草”与刘某贵之间就“收养”进行的沟通、交流等情况，“某某草”对刘某贵居间介绍行为的决定和影响作用，以及其对王某光被动接受6.6万元提议的间接影响等事实，没有调查和核实，而这涉及本案真相的查明，涉及案件的定性。一审判决属于漏查重要事实。

二、一审判决错误地采信不合法、不真实的证据，是导致认定事实错误的根源

1. 本案没有关键证人“某某草”“某叶飘飘”的证言，一审时其没有出庭作证接受法庭的质询，甚至连是一个人还是两个人都没有查明，“某某草”“某叶飘飘”真实身份不明。

2. 一审判决采信的聊天记录、通话录音不是原件，存在明显的截取现象，且来源不明，没有“某某草”“某叶飘飘”对此的签字确认，公安机关没有说明提取的过程。无论真实性、合法性均存在重大问题。无论是根据《刑事诉讼法》，还是非法证据排除规则，这样的证据都不应被采信。

3. 公安机关关于“某某草”是打拐志愿者，无法取证等情况说明，于法无据。一审判决对此采信，明显违背《刑事诉讼法》。根据法律规定，法律只是规定这样的证人可以不出庭作证，再放宽一点来说，也只是对其证言不公开质证，但其必须提供证人证言，接受审判人员的核实。这是法律

的明确规定。“某某草”不是法外公民，不享有作证豁免权，更没有“钓鱼”权利。故，一审判决书中“本院认为，公安机关已就‘某某草’身份属于保密信息的情况做出说明，同时，现有证据足以证明案件事实，故本院对辩护人的该意见不予采纳”，属于对法律的公然藐视和违反。

4. 至于王某光和刘某贵的侦查口供，一审时二人提出了异议，也提出了理由。辩护人抛开他们的侦查口供真实、合法与否不谈。如果真的按照一审判决书中所写，“至于二被告人是否以出卖为目的，并不能通过被告人的自认予以确认，应当通过二被告人的行为和其他证据进行认定”，二人的口供就不应被采信。那么，其他证据如聊天记录、通话录音肯定不能作为定罪的依据，除此之外无其他证据可以定罪了。至于二被告人的行为要通过证据来体现，抛开了二人口供、聊天记录、通话录音，王某光和刘某贵的行为又怎么来证实呢？因此，一审判决主要还是根据被告人口供来定罪的。这违背了仅有口供不得定罪的基本原则。

5. 一审判决不是没有看到证据的问题，而是因为受口供主意和侦查中心的影响，带着有罪推定的眼光看证据，把对证据的审查变成了对公诉证据的简单确认，导致证据审查流于形式，导致认定事实错误。

三、一审判决适用法律错误

1. 根据 2010 年 3 月 15 日最高人民法院、最高人民检察院、公安部、司法部印发《关于依法惩治拐卖妇女儿童犯罪的意见》的通知第 16 条和第 17 条的规定，结合本案事实，王某光将儿子送养有真实、正当、合理的背景和原因，收取的是补偿费，数额并非巨大，上诉人因和“收养方”尚未见面，尚不具备考虑对方是否具有抚养目的及有无抚养能力的客观条件，不属于根本不考虑对方是否具有抚养目的，为收取钱财将子女“送”给他人的情形。一审判决对其定罪，混淆了借送养之名出卖亲生子女与民间送养行为的界限，适用法律错误。

2. 根据 2000 年 3 月 24 日《公安部关于打击拐卖妇女儿童犯罪适用法

律和政策有关问题的意见》第2条第（6）项规定：出卖亲生子女的，由公安机关依法没收非法所得，并处以罚款；以营利为目的，出卖不满十四周岁子女，情节恶劣的，以拐卖儿童罪立案侦查。本案中上诉人既不是以营利为目的，也不属于情节恶劣，也不应被定罪处罚。

3. 如“某某草”“某叶飘飘”是打拐志愿者，不享有任何豁免权，如上诉人构成犯罪，则“某某草”“某叶飘飘”也构成共同犯罪。但他们没有被追究任何刑事责任的事实，也充分说明一审判决适用法律错误。当然，他们未受法律追究的事实，也足以否定“买卖儿童”事实的存在。

4. 即使本案存在犯罪，一审判决在没有排除犯意引诱的情况下，定罪不当。根据本案现有证据，“某某草”确有犯意引诱的行为，（抛开上诉人构成犯罪与否不谈），对于犯意引诱，因为其是在制造犯罪，不符合司法正义；同时因被引诱的整个过程全在被控制之下，不具有《刑法》第13条规定的社会危害性，应判处无罪。我国司法实践就是持此种观点，如最高人民法院刑事审判参考总第72集第604号指导案例——吴晴兰非法出售珍贵、濒危野生动物案（犯意引诱型案件如何处理），对犯意引诱案件判处了无罪。

5. 即便按照一审判决认定的事实，定罪尚值得商榷。实践中有该罪和遗弃罪的分歧。北京市海淀区法院曾对相类似的案件（收到了钱）作出了遗弃罪的判决，虽经检察院抗诉，后又撤回抗诉（参见《人民司法》2011年第6期，出卖亲生子女的定性和处罚）。虽然我国不实行判例法，但这例判决说明本案适用法律值得商榷。

四、从案件的法律效果、社会效果等角度考虑，不应对上诉人定罪处罚

1. 从案件的法律效果分析，如对“钓鱼”引发的证据作为定罪的依据，在关键证人不出证的情形下，把尚未实施犯罪的被引诱人定罪处罚，会助长“特务”社会的形成，进一步导致社会诚信的缺失，不利于公正司法，也

会动摇法制的根本，不利于和谐社会的形成。很简单的道理，如果这样的案件被定罪判刑，那么，我们把本案换个角度来说明，假如“钓鱼”者“某某草”自己根本没有孩子，但发帖说自己送养孩子，然后引诱真心收养的收养方提出给钱，在所谓见面洽谈时，将收养方抓获，这样的案子也要定罪。用一个不存在的假孩子就可以制造出一起犯罪、制造出罪犯，这样的判决是否荒谬？答案一目了然，会丧失法治的根基。定上诉人罪事小，然而负面影响深远。

2. 从社会效果分析，如对上诉人定罪，则会使上诉人感到司法不公，既会给其亲友造成对法律的悲观、失望，也会使幼小的孩子在失去母爱的同时，承受两年多失去父爱的痛苦，给其成长留下阴影，负面影响不亚于真正“被拐卖”。这使得本已困顿的家庭雪上加霜，饱尝痛苦。

3. 如宣告上诉人无罪，不仅能扶社会正气，利于司法公正，提高司法公信力和权威性，利于诚信和谐社会的构建；也能使孩子免受痛苦，使上诉人和亲友深感司法公正，法治之人道，社会之正气！

综上，请依法宣告上诉人无罪。

◆辩审交锋

争议有两大焦点：一是“某某草”方面提供材料是否具备合法性、真实性，“某某草”方是否具备拒绝作证的前提，其有无侦查权，有无诱惑侦查、“钓鱼”侦查权，是否具备刑事豁免权。在没有任何材料证实“某某草”的自然情况、社会情况，在无法对其质询、核实的情形下，能否将聊天记录、通话录音作为定罪依据。二是本案定性为收养还是拐卖，6.6 万元补偿费是否过高。

很显然，一审法院认为“某某草”方的证据可采，而辩护方认为具有侦查权的人员尚无诱惑侦查的权利，何况一个不具有侦查权的志愿者？如采信这样的证据，既无法律依据，也不利于保障人权，且隐患无穷。

◆二审判决书节录

二审审理查明的犯罪事实与一审查明的事实相同。该事实有一审判决书所列举的、经一审法院庭审质证并予以确认的证据证实，本院审核属实，亦予以确认。

本院认为，上诉人王某光伙同刘某贵以出卖为目的，向他人贩卖儿童，其行为均已构成拐卖儿童罪，依法应予惩处。二上诉人共同故意贩卖儿童，系共同犯罪，且作用相当。鉴于犯罪系未遂，依法对王某光、刘某贵予以减轻处罚。上诉人王某光所提没有拐卖孩子，要求改判无罪的上诉理由，经查，王某光在与刘某贵协商好补偿费后，企图将孩子贩卖给他人，并实施了贩卖的行为，构成拐卖儿童罪，其上诉理由不能成立，本院不予采纳。王某光的辩护人所提一审判决认定事实错误、采信证据错误、适用法律错误、不应对王某光定罪处罚的辩护意见，经查，王某光以非法获利为目的贩卖儿童，有视听资料、声纹检验报告、工作说明、被告人供述等合法有效的证据在案证实，且本案并非近亲属之间发生的拒绝抚养的遗弃行为，应该予以刑事处罚，上述辩护意见不能成立，本院不予采纳。原审法院根据王某光、刘某贵犯罪的事实、性质、情节对社会的危害程度所作出的判决、定罪及适用法律正确，量刑适当、审判程序合法，应予维持。依照《刑事诉讼法》第225条第（1）项的规定，裁定如下：

驳回上诉人王某光、刘某贵的上诉，维持原判。

本裁定为终审裁定。

◆辩护思路

一、检视法律

本案涉案儿童系王某光亲生儿子，不同于其他拐卖类案件。本案如何定性，应充分检视 2010 年 3 月 15 日最高人民法院、最高人民检察院、公安部、司法部印发《关于依法惩治拐卖妇女儿童犯罪的意见》、2000 年 3 月 24 日《公安部关于打击拐卖妇女儿童犯罪适用法律和政策有关问题的意见》关于入罪、出罪的相关规定，准确界定是送养，还是出卖牟利，如是前者，则王某光无罪，如是后者，则王某光有罪。

二、梳理事实

检视过相关法律规定后，辩护人又从事实角度进行分析，送养有无客观的真实背景、原因、实际行为、程序要求，送养是名还是实，王某光的辩解能否成立。辩护人梳理后发现，王某光因妻子离家出走，自己的父母因感情问题无法帮带孩子，其既上班又带儿子，力有不逮，为了给孩子一个好的成长环境，萌生了送养的念头，并对送养区域、家庭提出了具体的要求，并要查验身份证件和户口，送养是真实、合理、可行的。反向观之，一审判决之所以认定为拐卖，是因为提到了 6.6 万元的补偿费，但这个补偿费用的提出、数额的确定不是王某光，是刘某贵。此外，刘某贵是在受到“某某草”先行提出要给刘某贵大红包、钓鱼引诱下，考虑到“‘某某草’是做生意的，图个吉利”，和“某某草”商量好了比“某某草”所说数额更少的 6.6 万元后，才向王某光提出，王某光没有反对。两相比较，送养是客观存在的事实，拐卖是法律评价后的事实，送养比拐卖更具有基础，出罪事实强于入罪事实。

三、质疑一审证据

一审判决之所以认定拐卖的法律事实，是因为采信了钓鱼者“某某草”“某叶飘飘”提供的的聊天记录、通话录音，但均不是原件，存在明显的截取现象，且来源不明，没有“某某草”“某叶飘飘”对此的签字确认；该二人不享有作证豁免权，但一审时其没有出庭作证接受法庭的质询，甚至连是一个人还是两个人都没有查明；况且“某某草”“某叶飘飘”没有技术侦查的权力。这样的证据真实性、合法性存在重大问题，不应采信。

四、析理

一审判决认定系拐卖的原因之一是认为6.6万元补偿费过高，但其实生育、抚养过孩子的父母都知道，从备孕到怀孕，到生产，再到抚养，父母、家庭付出的心血、经济支出远远高于6.6万元。从常理说，不应因此而入罪；从社会效果说，将失去母爱孩子的父亲再送入监狱，也有违人性关怀。因此，辩护人就此进行了析理。

五、辩护词成文

辩护思路的形成源于上述思考，但辩护词的成文，并非循之而成，而是按照事实、证据、法律等角度、顺序进行了分析和论证。亦即，思路和成文并非毫无二致。

◆结语

一、关于技术侦查措施

1. 如同其他概念一样，技术侦查措施有广义和狭义之分。广义的技术侦查措施是指所有涉及技术运用的侦查手段，如鉴定、勘验等。狭义的技术侦查措施是指为了侦查某些特定犯罪而采取的特殊侦查措施、手段，包括电子监听、电话监听、秘密录像、秘密邮件检查等。本文讨论的是狭义的技术侦查措施。1996年《刑事诉讼法》没有规定技术侦查措施，2013年1月1日施行的《刑事诉讼法》首次将其列入基本法律。此前，1993年2月22日第七届全国人民代表大会常务委员会第三十次会议通过施行的《中华人民共和国国家安全法》第10条提到了“技术侦察措施”[①]，1995年2月

① 1993年《国家安全法》第10条规定：“国家安全机关因侦察危害国家安全行为的需要，根据国家有关规定，经过严格的批准手续，可以采取技术侦察措施。”

28日第八届全国人民代表大会常务委员会第十二次会议通过的《人民警察法》第16条规定了“技术侦察措施”，但非“技术侦查措施”[①]。

2. 毫无疑义，技术侦查措施在收集、固定证据，侦破案件方面具有常规侦查手段无法比拟、无法替代的高效作用。但它是一把“双刃剑”，其高效作用是建立在侵犯公民隐私权、通信自由权等基本权利的基础之上。因此，严格规制技术侦查措施的使用，确保侦查和基本权利之间的平衡，是立法必选之路。我国《刑事诉讼法》（2012年）第148条[②]明确规定了其适用的案件范围、指向对象，第149条[③]、第150条[④]对技术侦查措施的提起、程序、期间、主体作了原则性规定。

二、关于诱惑侦查、犯意引诱

1. 诱惑侦查俗称“钓鱼”，是指负有侦查权的人员，依照法定程序，在发现犯罪嫌疑人具有某种犯罪意图或正在实施某种犯罪行为时，为了获取证据、抓获犯罪嫌疑人，合理、适当地向其提高客观条件，帮助后者在被控

---

① 1995年《人民警察法》第16条规定：“公安机关因侦查犯罪的需要，根据国家有关规定，经过严格的批准手续，可以采取技术侦察措施。”

② 《刑事诉讼法》第148条规定：“公安机关在立案后，对于危害国家安全犯罪、恐怖活动犯罪、黑社会性质的组织犯罪、重大毒品犯罪或者其他严重危害社会的犯罪案件，根据侦查犯罪的需要，经过严格的批准手续，可以采取技术侦查措施。人民检察院在立案后，对于重大的贪污、贿赂犯罪案件以及利用职权实施的严重侵犯公民人身权利的重大犯罪案件，根据侦查犯罪的需要，经过严格的批准手续，可以采取技术侦查措施，按照规定交有关机关执行。追捕被通缉或者批准、决定逮捕的在逃的犯罪嫌疑人、被告人，经过批准，可以采取追捕所必需的技术侦查措施。”

③ 《刑事诉讼法》第149条规定：“批准决定应当根据侦查犯罪的需要，确定采取技术侦查措施的种类和适用对象。批准决定自签发之日起三个月以内有效。对于不需要继续采取技术侦查措施的，应当及时解除；对于复杂、疑难案件，期限届满仍有必要继续采取技术侦查措施的，经过批准，有效期可以延长，每次不得超过三个月。”

④ 《刑事诉讼法》第150条规定：“采取技术侦查措施，必须严格按照批准的措施种类、适用对象和期限执行。侦查人员对采取技术侦查措施过程中知悉的国家秘密、商业秘密和个人隐私，应当保密；对采取技术侦查措施获取的与案件无关的材料，必须及时销毁。采取技术侦查措施获取的材料，只能用于对犯罪的侦查、起诉和审判，不得用于其他用途。公安机关依法采取技术侦查措施，有关单位和个人应当配合，并对有关情况予以保密。”

制下完成或实施犯罪行为。它又分为机会提供型和犯意引诱型两种。其对公民基本权利的侵害远大于“技术侦查措施”，它一方面在毒品、假钞类案件中发挥着打击犯罪的积极作用，另一方面又因制度缺失、规范失衡，存在公权力滥用、严重侵害公民基本权利、影响司法公信力的消极作用，侦查机关甚至受到了是“制止犯罪”还是“制造犯罪”的强烈质疑。

2. 我国法律严格禁止“犯意引诱型”诱惑侦查，对“机会提供型”诱惑侦查语焉不详。比如，2008 年最高人民法院“法（2008）第 324 号”第六部分确实规定了“特情介入”的问题，但“特情介入”不等于“诱惑侦查”，两者有交叉，但不同点更多。尤其是 2013 年施行的《刑事诉讼法》不仅未赋予“诱惑侦查”“特情介入”合法性，相反，其第 151 条旗帜鲜明地规定“隐匿侦查不得诱使他人犯罪”“对涉及给付毒品等违禁品或者财物的犯罪活动”，只是“可以实施控制下交付”。鉴于《立法法》关于立法权限的规定，“法无授权即禁止”“把公权力关进笼子里”等原理，结合实践，我们必须得出这样的结论：绝对禁止“犯意引诱型”侦查，“机会提供型”侦查严格限制使用。

三、关于技术侦查、诱惑侦查所得“证据材料”的采信

1. 关于严格依照法律规定通过技术侦查、隐匿侦查、控制下交付收集的证据。它们可以作为证据使用，但并不当然具有证据资格（具备合法性、真实性、关联性）和证据能力，没有“免检”特权，仍要经过出示、接受质询、核实，最后由审判人员决定是否采信。这是一般原则。

当该证据使用可能危及有关人员人身安全，或可能产生其他严重后果时，应当采取不暴露身份、技术方法等保护措施，但该证据依然没有“免检”特权，仍要经过出示、接受质询、核实，最后由审判人员决定是否采信。只是出示、接受质询、核实的方式做了保护而已，仍没有突破一般原则。当然，一般原则也有例外，即“审判人员在庭外对证据进行核实”，不在法庭上出示、接受质询。但它需具备两大条件：（1）可能危及有关人员人身安

全，或可能产生其他严重后果。（2）必要的时候。该种方式的使用，亦由审判人员裁量。

可见，无论如何保护，无论如何保密，该类证据都必须经过审判人员的核实，不存在“不核即采”的例外。

2. 对于诱惑侦查取得的证据材料必须进行区分，如果是“犯意引诱型”侦查所得，应该绝对排除；如果是“机会提供型”侦查所得，必须严格依照法律规定，谨慎采信。更须经过出示、接受质询、核实，最后由审判人员决定是否采信，对其采信的标准更应严格。

3. 综上，根据我国法律，不存在审判人员“不核即采”的例外，不存在犯意引诱型的证据采信例外。

第十六讲 证据关门：控辩取举证期限大不同

——方某被控诈骗、盗窃罪二审案

按　语：民事诉讼中设置了举证期限、“证据关门”制度，刑事诉讼中是否也应如此，这是个一直让人困扰的问题。司法实践中，一方面，坚决贯彻在惩罚犯罪的目的下，公检法三机关都参与调查取证，在侦查、审查起诉、审判（甚至二审，发回重审后的一审、二审）都可以补充侦查，导致案件久侦不决、久审不决，甚至一个很小的案件，几轮补充侦查下来，已远远超过被告人即便真的构成犯罪所应判处的刑期了。另一方面，虽然理论上表示要保障被告人的合法权利，但又限制辩方的取证权，对辩方举证设置障碍，推行“证据关门”。

关键词：证据关门　公权和私权　打击和保障　立法原意

◆案情简介

1. 事发 1995 年，未被列为嫌疑人。

1995 年 1 月，北京某利贸易公司被盗走价值 11 万余元的羊绒衫、羊绒背心。1994 年 6 月 30 日，北京某电子有限公司（以下简称某公司）被人以北京宝顿实业发展总公司的名义，使用面额为人民币 7.22 万元的作废支票和伪造的身份证，骗取康柏 486/50m 电脑 2 台和 LQ–1600k 打印机 1 台。当时，方某被作为证人做了谈话笔录，并未被列为犯罪嫌疑人，也未被采取强制措施。

2. 时隔十年被调查，证据不足，被取保候审、不予批捕。

2004 年方某还领取了新身份证。2005 年 8 月 14 日加入外国国籍。2005 年 9 月 22 日，方某被以涉嫌盗窃罪刑事拘留，同年 10 月 28 日因“现有证据不足以证实方某涉嫌盗窃”被取保候审，方某缴纳保证金4万元。

2006年2月5日北京市检察院某分院出具《意见书》，认为：方某涉嫌诈骗罪已过追诉时效，应不予追究；现有证据只有同案人员杨某一人的供述和指认，不能证实方某涉嫌盗窃；决定不予批捕。2006年10月9日，公安机关经工作，未获取新证据，对方某解除取保候审，并退还保证金。

此后，方某在京和国外均有停留，并多次出入境，均无任何机关和个人阻止或调查方某。

3. 又时隔6年，证据未增，旧事重提被定罪。

2011年3月6日方某从国外回来，因涉嫌诈骗被逮捕。之后被以犯盗窃罪、诈骗罪起诉到法院。一审法院在实体证据无任何增加的情况下，认定指控成立，判处方某有期徒刑十三年。

4. 二审惊现奇事，辩方举证被质疑，控方补充证据获批准，厚此薄彼为哪般。

方某不服一审判决，提起上诉。笔者作为辩护人参与二审辩护。开庭前三天，北京市高级人民法院通知辩护人开庭。开庭前两天，北京市检察院向法院补充提交了侦查机关出具的《工作记录》等材料。

二审庭审伊始，审判长特地告知辩护人“有向法庭提交证据”等权利。在法庭调查阶段，审判长亦发问“辩护人是否有证据向法庭提交”。因一审时控方和辩方均未将2005年取保候审决定书、2006年北京市检察院某分院不予批捕决定书、2006年公安机关解除取保候审决定书等向法庭作为证据出示，这影响了本案的实体处理，故辩护人答复审判长辩护人有证据向法庭出示。

孰料，审判长拒绝接收和组织质证。辩护人问其法律依据，其称因辩护人未在开庭五天前向法庭提交。辩护人答复法庭，辩护人在三天前才接到开庭通知，无法判断开庭五日前是何时，再者这也没有法律依据，何况检方也是前两天才提交补充证据，审判长在庭审时两次告知、要求辩护人提交证据，那为何又不接收辩方的证据。审判长再答称“五天之限只约束辩方不约束控方”，笔者深感诧异。后来检察员打了圆场：“可安排辩方举证，如检察员能当庭质证就当庭质证，否则咱们再另行开庭。”

◆一审判决书节录

经审理查明：

1. 1995年1月16日夜晚，被告人方某伙同杨某（已判刑）、张某某（另案处理）租乘出租车到北京某利贸易公司（以下简称某利公司），利用杨某事先偷配的钥匙打开公司门锁，窃取该公司羊绒衫、羊绒背心共300件，价值人民币11.4万元，并将窃取的羊绒衫、羊绒背心运到张某某家中。案发后起获被盗羊绒衫及羊绒背心42件，扣押在案人民币800元，均已发还被害单位。

上述事实，有下列经庭审举证、质证的证据证实，本院予以确认：

（1）被告人方某的供述证明：1994年一天他和杨某、张某某吃饭后，杨某说让他俩一起去杨某的公司拿东西。三人打车去了杨某的公司后将办公室的羊绒衫搬到了出租车上并运到张某某家里。之后他就回家了。过了几个月，杨某送给他两件羊绒衫，还给过他5000元人民币。他们一起盗窃的羊绒衫是张某某处理的。一共盗窃了多少件他不清楚，当时没有数。盗窃的羊绒衫卖了多少钱他也不知道，就给了他5000元人民币。他知道杨某被抓是因为羊绒衫的事情。

（2）同案犯杨某的供述证明：1994年他在某利公司干临时工，当时公司进了300件羊绒衫。方某找他时看到羊绒衫，于是二人商量准备以代销的名义将羊绒衫骗到手。方某找到一名姓刘的人找某利公司谈代销羊绒衫的事情。1995年元旦前后，某利公司的经理王某林在签订《代销协议》时发现对方所使用的公章为假章，因此诈骗未得逞。1995年1月底一天夜里12点多，杨某、方某和张某某三人乘出租车一起前往某利公司预谋盗窃羊绒衫。他用事先偷配的钥匙打开公司门锁，三人进入办公室将5箱羊绒衫搬上出租车并锁上公司门。后三人将羊绒衫运到张某某家中。张某某和方某卖了其中250件，王某倩称也参与销赃，每件售价200元。方某和张某某共分给他1.2万元。1995年8月底9月初，杨某将剩下的50件更换商标后交与要某某出售，要某某给了他400元。

（3）同案犯杨某的辨认笔录证明：同案犯杨某从12张不同男性免冠照片中辨认出7号照片上的男子是被告人方某。

（4）证人要某某的证言证明：1995年9月初，杨某找他代销过羊绒衫，并说羊绒衫经过清河毛纺厂检验，含绒量95%以上。杨某还买来一卷商标，让他找人重新缝上商标。杨某一共给了他47件羊绒衫和羊绒背心，让他按照200元一件价格出售。他卖了5件，每件卖200元。他给了杨某400元。他手里还有42件。

（5）证人刘某某（某利公司经理）的证言证明：1994年9月公司的王某林进了300件羊绒衫，价值11.4万元，货放在了公司会计室。王某林于12月到清河北京市毛麻丝织产品质量监督检验站鉴定，羊绒衫含羊绒95.4%，羊毛4.6%。1994年4月至1995年5月，杨某在他们公司当临时工。杨某称可以联系国贸大厦的朋友代销。签好《代销合同》后，王某林发现对方使用的公章为假章，之后对方没有再次出现。1995年1月16日，他们晚上8点下班后就把公司门锁上走了。第二天早上他上班发现300件羊绒衫不见了。案发当天，案犯是用钥匙将公司门打开后盗窃的，锁没被撬。公司钥匙他和王某林、杨某红有，杨某没有。但王某林的钥匙经常放在桌上，杨某有机会接触钥匙。案发后他们向北京市公安局宣武分局报案。

（6）北京市海淀区价格事务所出具的《京海价刑鉴字〔1995〕第599号赃物估价鉴定结论书》证明：涉案羊绒衫300件，每件单价380元，共计11.4万元。

（7）北京公安局扣押物品清单、照片、海淀分局刑警大队出具的收条、要某某出具交款证明、某利公司出具的申请材料及领条分别证明：从要某某处扣押羊绒衫37件，羊绒背心4件，人民币800元；1996年6月8日，某利公司领取扣押在案的羊绒衫及羊绒背心 42 件。

（8）某利公司营业执照证明该公司的注册登记情况。

（9）同案犯张某某在逃人员登记信息表证明：同案犯张某某于 2005 年 3 月 16 日被列为网上在逃人员。

2. 1994 年 6 月 30 日，被告人方某伙同杨某、赵某某、要某某、应某（均已判刑）等人经预谋后，冒用北京宝顿实业发展总公司的名义，使用面额为人民币 7.22 万元的作废支票（系北京斯马特自动化有限公司被盗支票，已挂失）和伪造的身份证骗取某公司康柏 486/50m 电脑 2 台和 LQ–1600k 打印机 1 台。

被告人方某因涉嫌盗窃罪于 2005 年 9 月 20 日被北京市公安局刑事拘留。并于同年 10 月 28 日被取保候审。2011 年 3 月 6 日因涉嫌诈骗被北京市公安局逮捕。

以上事实，有以下证据证实：

……

（23）北京市公安局海淀分局（96）起字第 81.82.6 号起诉意见书，北京市海淀区人民法院（1996）海刑初字第 1104 号刑事判决书，我院（1996）一中刑终字第 2962 号刑事裁定书证明：同案犯杨某、赵某某、要某某因本案已被判刑的情况。

（24）到案经过及北京出入境边防检查站查获控制对象登记（移交）表证明：2011 年 3 月 6 日被告人方某从首都机场入境时被抓获归案。

（25）被告人方某拘留证、逮捕证等法律手续材料证明：被告人方某于 2005 年 9 月 20 日被拘留，于 2005 年 10 月 28 日被取保候审，于 2006 年 10 月 13 日被解除取保候审，于 2011 年 3 月 6 日被逮捕。

（26）被告人方某户籍证明、护照、国籍认定材料、出入境记录等证据材料证明：被告人方某的自然情况和出入中华人民共和国边境情况。

对于被告人方某的辩护人申请调取被告人方某 2005 年之前出入中华人民共和国边境记录的申请，经查：公安机关已经通过法律程序调取了被告人方某的相关出入边境材料，2005年之前的出入边境材料与本案追诉和定罪量刑并无直接关系。对于被告人方某的辩护人上述申请，本院不予采纳。

对于被告人方某所提其没有参与诈骗犯罪的辩解，经查：在案经查证属实的被告人方某和同案犯杨某、赵某某、要某某、应某等人的供述在共同诈骗的时间、地点、情节和具体分工等细节上相互印证，且与相关证人证言及书证等证据亦能相互印证。在案经查证属实的各证据之间形成完整的证据链条，被告人方某所提其未参与诈骗犯罪的辩解无事实和法律依据，本院不予采纳。

对于被告人方某的辩护人所提诈骗犯罪已过追诉时效，不应提起公诉的辩护意见，经查：被告人方某的诈骗行为发生在1994年，据犯罪时和审判时的法律规定，其诈骗犯罪的法定最高刑均为十年。被告人方某在1995年1月又实施了盗窃犯罪，根据法律规定，对其诈骗罪的追诉期限应当从其所犯盗窃罪之日起计算，即被告人方某诈骗罪的追诉期限应当自1995年1月起计算。公安机关于2009年11月对其开具了逮捕证，当时方某在逃。被告人方某属于公安机关在追诉期限内采取强制措施后，逃避侦查或者审判的情况，根据《最高人民法院关于适用刑法时间效力规定若干问题的解释》第1条和1979年《刑法》第77条的规定，其诈骗行为不受追诉期限的限制。同时，该案亦符合1997年《刑法》第88条的规定。故对被告人方某的诈骗行为依法应予追诉。对于被告人方某的辩护人所提诈骗犯罪已过追诉时效，不应提起公诉的辩护意见，本院不予采纳。

对于被告人方某的辩护人所提方某在共同诈骗犯罪中系从犯，且积极退赃，应从轻、减轻、免除处罚的辩护意见，经查：被告人方某事先与同案犯共谋实施诈骗，积极参与犯意提起、实施、销赃、分赃全过程，其与同案犯分工配合共同完成诈骗行为，在共同犯罪中并非起次要或辅助作用，不应认定为从犯。对于被告人方某的辩护人关于方某系从犯的辩护意见，本院不予采纳。对于被告人方某的辩护人所提方某的家属代为退赃的辩护意见，本院酌予采纳。

对于被告人方某所提其没有盗窃故意和其辩护人所提公诉机关指控被告人方某犯盗窃罪证据不足的辩解和辩护意见，经查：同案犯杨某的供述证明被告人方某参与盗窃。被告人方某在供述中虽未明确承认其有盗窃故意，但对其进入某利公司搬运羊绒衫、羊绒背心的过程予以供认。综合分析本案作案时间为深夜，在无其他公司人员在场的情况下，从公司搬运数百件羊绒衫、羊绒背心且租车将上述大量物品运输至张某某家中等具体情节，显然不符合公司正常经营活动特点，足以证明被告人方某明知杨某实施盗窃犯罪，仍积极参与，伙同杨某和张某某共同窃取被害单位财物的事实。对于被告人方某及其辩护人的上述辩解和辩护意见，本院不予采纳。

本院认为，被告人方某以非法占有为目的，伙同他人秘密窃取公私财物，数额特别巨大；其还以非法占有为目的，伙同他人采用虚构事实、隐瞒真相的方式骗取他人财物，数额巨大。被告人方某的行为分别构成盗窃罪、诈骗罪，依法应予惩处，且应数罪并罚。北京市人民检察院第一分院指控被告人方某犯盗窃罪、诈骗罪的事实清楚，证据确实、充分，指控罪名成立。鉴于被告人方某的家属代为退赔诈骗犯罪部分赃款，本院对其诈骗犯罪酌予从轻处罚。根据被告人方某犯罪的事实，犯罪的性质、情节和对于社会的危害程度，依照《刑法》第264条、第266条、第6条第1款、第12条、第88条、第25条第1款、第26条第1款和第4款、第52条、第53条、第69条、第61条、第64条、1979年《刑法》第77条及《最高人民法院关于适用刑法时间效力规定若干问题的解释》第1条，《最高人民法院、最高人民检察院关于办理诈骗刑事案件具体应用法律若干问题的解释》第1条，《最高人民法院关于适用财产刑若干问题的规定》第5条之规定，判决如下：

一、被告人方某犯盗窃罪，判处有期徒刑十一年，并处罚金人民币一万一千元；犯诈骗罪，判处有期徒刑三年，并处罚金人民币三千元；决定执行有期徒刑十二年，并处罚金人民币一万四千元。

二、继续追缴方某犯罪所得。

◆辩护词节录

一、一审判决据以认定上诉人方某构成盗窃罪的证据，既不确实，又不充分，更达不到排除一切合理怀疑，得出唯一结论的标准

（一）一审判决采信的证据不能证实方某伙同他人盗窃。

一审判决据以定罪的只有 9 个证据，但其中只有 2 个涉及方某盗窃。辩护人下面就 9 份证据逐一分析。

1. 关于一审判决采信的 2005 年 9 月 20 日的方某口供：方某从没承认 1995 年时知道是盗窃，只是公安人员在此之前告知其涉嫌盗窃，公安问话提及盗窃字样而已。方某从没有像一审判决第 4 页认定的那样，说过赃物"是张某某处理的"，其原话是"我不清楚，都是张某处理的"。但这个张某应不是张某某，因为在口供的同一页，张某某的名字就是被写成张某某，而且还特别按了指纹。因此，张某不是张某某，应指杨某，但辩护人只是推测。当然一审判决认定张某就是张某某也是推测。这也说明一审判决对口供存在取舍、截取等不当之处。当然辩护人也注意到，检察员当庭也明确表示，方某口供确实不能证实其盗窃，只能证实其搬运东西了。辩护人赞同检察员的这种观点。的确，方某的口供没有承认自己盗窃，仅凭方某口供既不能认定方某有非法占有他人财物的故意，也不能认定方某实施了秘密窃取的犯罪行为。

2. 关于杨某的口供：杨某与本案存有利害关系，避重就轻，口供不真实，存在自相矛盾之处。从数量上来讲又属于孤证，如"和方某商量骗、夜里 12 点多去、方某卖的赃物、方某给他分赃款"等均是孤证，而且已被本案证据证明为假。杨某推脱责任的意图非常明显。该口供不能作为对方某定罪的依据。

同时说明一点，方某口供和杨某口供均属被告人口供，且方某口供和

杨某口供在方某是否有窃取故意上，内容截然相反，在数量上，又是一对一。根据重证据，不轻信口供，只有被告人口供不得定罪的法律规定，在无其他证据佐证方某盗窃的情况下，不应认定方某构成盗窃罪。

3. 一审判决采信的证据，只能证实杨某盗窃，不能佐证方某盗窃，反而证实认定方某盗窃存有疑点：如为什么杨某自己在其所述的“1995 年 1 月 16 日预谋”之前很早就事先偷配了钥匙；为什么是杨某找要某某销售赃物，而不是方某；刘姓男子是谁，为何没有查找；到底东西谁卖的等。并且，这些疑点均没有得到合理的解释和排除。

4. 相较而言，我们所举 2009 年的“借卷说明”足以说明本案证据不足。对此，法庭调查时，检察员说那只是检察院认为没有达到逮捕标准，认为不应适用最严厉的强制措施，但不影响本案的定罪。对此，必须强调指出，定罪是比逮捕更严厉的处罚，判处方某 11 年的量刑是比逮捕有天壤之别的重处罚，一个连逮捕的证据标准都没达到的案件，在无新证据的情形下又谈何定罪和量刑呢？这种说法实难成立。

另外，检察员还谈到 2009 年并没有做出实体处理，因为没有撤案，没有做出不起诉决定。不错，的确没有撤案和不起诉，但要知道，正如检察员举证所证实的本案“没有受案立案材料”，既然没有受案立案，当然不需要撤案和不起诉了。不能以此否定司法机关做出实体处理的事实。否则，岂不是可以无限侦查？对此，辩护人还可以结合法庭调查时的“小插曲”说明这种说法的不成立。比如，审判长根据《最高人民法院〈关于执行中华人民共和国刑事诉讼法〉若干问题的解释》第 119 条（暂不说这条规定该如何理解），认为辩护人提交证据晚于开庭前五日，不应组织质证，证据应该关门。按照这种认知，辩护人证据的提交尚且如此严格，那侦查取证早就应该在 2005 年、2006 年，最迟至 2009 年也该“关门”了，怎么能延续到 2011 年呢？

5. 方某从不否认自己确实帮杨某搬过东西，但只是出于帮杨某的忙，主观上没有非法占有他人财物的主观故意，更没有和杨某共同盗窃的故意，对此，不能客观归罪。

综上，一审判决认定犯罪的证据从量上说，因张某某不在案，只有方某和杨某的口供，不充分；从质上来说，方某和杨某的口供均属于被告人口供，杨某口供不真实，存在诸多问题，不确实，不能作为定罪依据，合理怀疑没有排除，得不出方某明知杨某非法占有他人财物，而积极参与的唯一结论。

（二）一审判决第 14 页说理部分纯属推定，不是证据证明的事实，且缺乏推定的基础。

1. 一审判决说理部分："经查：杨某供述方某参与盗窃，方某虽未明确承认其有盗窃故意，但对其进入公司搬运羊绒衫、羊绒背心的过程予以供认。综合分析本案作案时间是深夜，在无其他公司人员在场的情况下，从公司搬运数百件羊绒衫、羊绒背心且租车将大量物品运输至张某某家等具体情节，显然不符合公司正常经营活动，足以证明方某明知杨某实施盗窃犯罪，仍积极参与，伙同他人共同盗窃的事实。"从表述来看，显属一审合议庭的推定。

2. 这属于有罪推定。我国刑事诉讼法要求，必须有充分的证据证实构成犯罪，才能定罪，不能以上诉人不能证明无罪，就认定为有罪。否则就是有罪推定。我国法律允许无罪推定，禁止有罪推定。一审判决的推定与法相悖。

3. 这一推定无证据和事实基础：所谓作案时间"深夜"仅建立在不真实的杨某口供这一孤证上；没有任何一人提到搬运是为公司搬运，是公司行为，方某一直说的是杨某说替他个人搬东西，没说搬公司的财物，不存在"显然不符合公司正常经营活动"这一前提。

4. 如果说推定，辩护人也来推定：当时并不晚，杨某和方某等关系很好，杨某还用钥匙开的两道门，方某不知杨某在公司的身份，方某没有处理赃物。再说了，如果方某知道是盗窃，1995 年到 2005 年十多年的时间过去后，他的口供肯定会避重就轻，会连去现场都否认，完全可以说就没去，没有必要说得这么复杂，这么具体。综合这些，可以推定方某完全可能是被杨某蒙蔽，没有盗窃的故意。

（三）一审判决认定赃物价值 11.4 万元，证据不足，事实不清。

1. 到底多少件，五箱还是六箱？事实不清，证据不足。

2. 到底箱子内有什么，是只有羊绒衫还是还有羊绒背心？证据间存有矛盾，但从起获的情况看，确实既有羊绒衫，又有羊绒背心。

3. 羊绒衫和羊绒背心各多少？没有任何证据证实。根据常识，羊绒衫和羊绒背心价格不可能完全一样，羊绒背心的价格应该低一些。因此，关于赃物的价值无法做出准确的认定。

4. 价值如何得出？鉴定结论没有给出具体的鉴定过程和依据，而且，海淀区价格事务所是根据 300 件全部是羊绒衫，按每件 380 元，得出 11.4 万元的结论。这和赃物既有羊绒衫，又有羊绒背心的事实不符。根据非法证据排除规定，不应采信这一结论。

5. 提请合议庭注意，根据一审判决第 5 页刘某某的证言，1994 年 9 月进的货，到 1995 年 1 月 16 日，这么长时间难道一件也没卖出去？

6. 关于数量问题，现在本案证据有五箱和六箱两种说法，哪一种都没有旁证证实。按照法律规定，五箱和六箱都不应该被采信。即便按一审判决采信的证据，那也只能就低不就高，不能采信六箱（300 件），应为五箱（250 件），价值应为 250×380 元=9.5 万元。这是以 250 件全部是羊绒衫来计算的，更何况不全是羊绒衫，还有比它价格低的羊绒背心呢。

二、一审判决认定诈骗罪证据不足，事实不清，应予纠正

1. 方某没有参与诈骗，现有证据不足以证实方某参与诈骗。

2. 方某的行为仅是：在家接到电话，对打电话的人说你打错了，这是公用电话。这个行为属于诈骗既遂后的事后行为，不是预谋分工时方某被分工的行为，不属于诈骗行为。

3. 对于退赔的分析：同样属于事后行为，不能倒推方某构成诈骗。方某

的家人误以为方某涉嫌诈骗，替赔合乎情理。现在方某到底构成诈骗与否，控辩审三方尚存争议，又怎么要求方某家人当时能够做出准确的法律判断呢？

4. 一审判决关于证据间能够相互印证之说不成立。杨某、赵某某、要某某、应某四人口供自相矛盾，相互矛盾，在方某具体做了什么行为的问题上，不能印证，不能得出方某具体做了某行为的唯一结论。鉴于一审辩护律师已就此详细阐述，具体理由不再赘述。

5. 即便方某构成诈骗，也已过追诉时效。因为从 1994 年到 2011 年 3 月 6 日前，没有受案立案材料，没有对方某采取强制措施，没有任何人告知方某被侦查了。而且 2006 年、2007 年存有方某多次出入境记录，1999 年到 2002 年多次往返，方某也没有逃避侦查。从 1994 年到 2011 年，经历了近 17 年的时间。根据 1979 年《刑法》第 76 条、第 77 条的规定，已经过了追诉时效。

三、本案必须指出的几个问题

（一）关于盗窃罪的判处，违背了一事不再理原则。

1. 2005 年、2006 年已作实体处理，两次不逮捕，后又解除取保候审，退还保证金。

2. 2009 年的借卷说明，检察院经复查再次承认盗窃罪证据不足。检察院是司法机关，已经做出了实体处理，不追究刑事责任了。

3. 本案较之 2005 年、2006 年、2009 年的证据无实质性变化，仍是证据不足。

4. 检察员也举证证实无受立破案材料，尤其 2011 年关于盗窃没有这些材料。既然已经做出了实体处理，又无新证据，2011 年对盗窃再行审判，就属于重复追究，违背了一事不再理原则。

（二）从刑罚目的角度分析本案。

刑罚目的无非是一般预防与特殊预防，即适用刑罚于犯罪人，防止其重新犯罪，同时威慑社会上的潜在犯罪人，防止这些人走上犯罪道路。纵使方某构成犯罪，现在其已加入外籍，且表现良好，从无不良记录，2005年到2006年查处方某，本次又再查处，刑罚目的已经实现。再行判处，追究的意义又有多大，效果又会如何？请合议庭考虑。

（三）本案对中国司法形象、司法权威和公信力的影响。

可以说本案对我国司法来说，只是众多案件的微小的一件而已，微不足道。但同样涉及司法形象、公信力和权威问题。同时，这对方某及其家人来讲，就是天大的事件，可能是他们一生中涉及的唯一案件，这一案件已影响和将影响方某及其亲友对法律的理解和感知。辩护人在会见方某时，方某多次表达对本案法律适用的不解、困惑和无奈，家属也表达了同样的感触：2006年检察院都已经处理过了，怎么又旧事重提，本次处理过后，会不会还会有侦查和审判呢？何时是尽头？最起码司法权威和公信力在方某和其家人处已经打了折扣。而且，本案还是一个涉外案件，处理结果也涉及我国司法形象问题。请合议庭以客观公正地判决，重新彰显我国司法的形象、司法权威和公信力。

（四）本案对方某及其家人的影响。

方某自己没参与犯罪，被涉及案件，主要是交友不慎，交了杨某这个朋友，难道因为交友不慎，就让方某和家人在2005年、2006年、2011年生活在梦魇下，永久背负沉重的十字架，永远生活在阴影下吗？

四、针对检察员答辩意见的回应

（一）关于检察员对上诉人和辩方关于盗窃辩解的论证。

对此，检察员提到因杨某是临时工，搬东西为什么不找别人，而找方某，虽然预谋盗窃故意不足，但接触物品后，方某是个成年人，应有帮助的故意，为什么搬到张某某家是方某个人的想法等，所以认为辩解不成立。毫无疑问，检察员的分析也是推定。但法律规定，辩护人的辩护可以进行推定，审判必须是证据确实充分，才能定罪，否则就是无罪。不能以方某不能解释疑点，不能自证无罪，就认定构成犯罪。这样就是法律禁止的有罪推定了。

（二）关于检察员认为诈骗罪没过追诉时效的回应。

1. 检察员的计算是以盗窃罪构成为前提。但盗窃罪不成立，检察员计算的起止点错误。

2. 检察员所举的杨某的刑事判决书等法律文书，只能说明对杨某采取措施了，但杨某不等于方某，不能把二者等同。

3. 只有侦查了，而且方某知道侦查了，才存在逃避侦查的可能。而本案没有证据证明方某知道，又何况确实没有受立案，没有侦查。至于检察员所说方某的母亲和姐夫知道公安人员找方某了，但他们知道不等于方某知道，找不等于是强制措施。

（三）关于检察员所说盗窃基本证据充分，基本事实清楚，形成证据链条的回应。

1. 方某搬运东西是基本事实，但不能以此客观归罪。

2. 关于印证和形成证据链条的形成，前提是每个证据都是确实的，能作为证据采信的，否则，谈不上印证和形成证据链条。

3. 杨某口供涉及的内容已被证伪，失去和其他证据印证的资格。

4. 检察员两个基本之说无法律依据。法律要求事实清楚，证据确实、充分才能定罪。推定不能只说合理性，还必须具有合法性。

5. 关于某利公司的证明材料，检察员说不能证明时间，只能证明物品种类、数量、价格。检察员有截取证据材料之嫌，与客观、全面、公正指控法定义务不符。同时，辩护人再次强调，材料说的是六箱 300 件，一箱是 50 件；全是羊绒衫和事实不符；11.4 万元是六箱 300 件乘以 380 元得出的结果。而本案一审判决认定是五箱 250 件。

（四）关于检察员对于辩护人的推定无事实基础的回应。

辩护人的推定有无合理事实和基础呢？我们靠事实说话。仅举一例说明，辩护人推定方某口供里“是张某卖的”，应为杨某，我们只要仔细看一下口供就会发现，张某某两处都特别标识，加按指纹。这不足以说明问题吗？

（五）至于检察员其他诸如关于盗窃不违反一事不再理等答辩。

因公诉方没有提出实质性的新意见，辩护人在第一轮也已经阐述过了，在此不再一一回应。

（六）关于检察员所说盗窃主观故意的特殊性，辩护人也谈谈特殊性。

本案涉外，是否特殊？ 1995 年之事，多次不批捕，证据无增加又定罪量刑，特不特殊？检察员所说的是案件内的小特殊，如果小特殊都要考虑，那么这些大的特殊更应考虑，更不应定罪。

◆控辩交锋

控辩争议焦点在于：1. 时隔多年，在无任何实质新证据的情况下，能否再行启动刑事诉讼程序？ 2. 在已有实质裁处结论后，时隔多年再启刑事诉讼程序，是否违背一事不再理原则，或过追诉时效？ 3. 二审期间，控辩双方的举证权有无不同限制？

◆二审判决书节录

经本院审理查明：

1. 1995 年 1 月中旬的一天晚上，上诉人方某伙同杨某（已判刑）、张某某（另案处理）搭乘出租车前往杨某工作的某利公司。杨某用事先偷配的钥匙打开公司门锁，三人窃取该公司羊绒衫、羊绒背心共 300 件。并运至张某某家中，赃物价值 11.4 万元，部分羊绒衫、羊绒背心被销赃。案发后，起获被盗羊绒衫、羊绒背心 42 件和赃款 800 元，均已发还被害单位。

上述事实，有以下证据证实：

（1）证人刘某某（某利公司经理）的证言证明：1994 年 9 月，某利公司由王某林购进 300 件羊绒衫，价值 11.4 万元，货放在了公司会计室。同年 12 月，王某林到北京市毛麻丝织产品质量监督检验站鉴定羊绒衫含羊绒

95.4%，羊毛 4.6%。杨某于 1994 年 4 月至 1995 年 5 月在公司当临时业务员。杨某称可以联系国贸大厦的朋友代销羊绒衫。签好《代销合同》后，王某林发现对方使用的公章不像真章，准备送交派出所，之后对方没再出现。1995 年 1 月 16 日晚上 8 点下班后，刘某某就把公司门锁上走了。第二天早上其上班后发现 300 件羊绒衫不见了，就向北京市公安局宣武分局报了案。案犯是用钥匙将公司门打开后盗窃的，锁没被撬。其和王某林、杨某红有公司二道门钥匙，杨某只有一道门的钥匙。但王某林的钥匙经常放在桌上，杨某有机会接触钥匙。被盗羊绒衫有红色的、驼色的、黑色的、豆青色的、粉色的等，样式很多，有鸡心领的、圆领的、套头的、开身的。

（2）证人杨某的证言：1994 年年底其在某利公司干临时工，当时公司进了 300 件羊绒衫，装了五箱，价值 10 万元左右。方某经常到公司找他，看到了羊绒衫，二人就商量准备以代销的名义将羊绒衫骗到手。方某找到一名姓刘的人到某利公司谈代销羊绒衫的事情。1995 年元旦前后，某利公司的经理王某林在签订《代销协议》时发现对方所使用的公章为假章，因此没骗成。同年 1 月底一天夜里 12 点多，其和方某、张某某预谋盗窃羊绒衫，三人乘出租车一起前往某利公司，其用事先偷配的钥匙打开公司门锁，三人进入公司里屋将五箱羊绒衫搬上出租车并锁上公司的两道门，将羊绒衫运到张某某家中。张某某和方某卖了其中 250 件，每件售价 200 元。方某和张某某共分给其 1.2 万元。同年 8 月底 9 月初，其将剩下的 50 件交与要某某出售并买了 50 个上海“宝马牌”的商标给了要某某，要某某给了其 400 元。羊绒衫有圆领的、鸡心领的、半高领的、开身的，还有背心的，有紫色的、红色的、黄色的、白色的、黑色的、粉色的，还有其他颜色的。

（3）证人要某某的证言：1995 年 9 月初，杨某找他代销过羊绒衫和羊绒背心，一共 47 件，并说羊绒衫经过清河毛纺厂检验，含绒量 95% 以上。因为羊绒衫没有商标没法卖，杨某还买来一卷商标，找人缝上商标。杨某让其按照 200 元一件跟他结账。其卖了 5 件，每件卖 200 元。给了杨某 400 元。朋友拿走 4 件，还有 38 件。

（4）公安机关出具的辨认笔录及照片的书证：杨某对侦查人员出示的12张不同男性免冠照片进行辨认，指出7号照片上的男子是方某。

（5）被告人方某的供述：1994年的一天晚上，其和杨某、张某某吃饭后，杨某说一起去他的公司拿东西。三人打车去了杨某的公司后，将办公室的羊绒衫搬到了出租车上，并运到张某某家里。其就回家了。过了几个月，杨某送给其两件羊绒衫，还给其5000元。盗窃的羊绒衫是张某某处理的。一共盗窃了多少件，其不清楚，当时没有数，卖了多少钱，他也不知道。他知道杨某被抓是因为羊绒衫的事情。

（6）北京市海淀区价格事务所出具的京海价刑鉴字〔1995〕第599号赃物估价鉴定结论书证明：涉案羊绒衫300件，每件单价380元，共计11.4万元。

（7）北京市公安局扣押物品清单、物证照片、北京市公安局海淀分局刑警大队出具的收条、要某某出具交款证明、某利公司出具的申请材料及领条等书证：1995年10月，公安机关从要某某处扣押羊绒衫38件，羊绒背心4件和800元;1996年6月8日，某利公司领取扣押在案的羊绒衫、羊绒背心共计42件和800元。

（8）工商行政管理机关出具的营业执照的书证：某利公司的注册登记情况。

（9）公安机关出具的在逃人员登记信息表书证：2005年3月16日张某某被列为网上追逃人员。

（10）北京市海淀区人民法院（1996）海刑初字第1104号刑事判决书，北京市第一中级人民法院（1996）一中刑终字第2962号刑事裁定书：经审理认定被告人杨某伙同方某等人共同盗窃某利公司羊绒衫、羊绒背心300件。被告人杨某因犯盗窃罪已被判刑。

在本院审理期间，上述人方某的辩护人当庭宣读、出示了方某2005年9月20日、9月22日在侦查机关所作的供述，北京市人民检察院第一分院于2009年9月26日出具的借卷说明和2005年10月27日、2006年10月

13 日对公安机关以方某涉嫌犯盗窃罪、诈骗罪提请《批准逮捕书》作出的《不予批准逮捕决定书》，北京市公安局出具的《解除取保候审决定书》《退还保证金决定书》《通知书》等书证，拟证实方某不明知帮杨某搬东西是盗窃，没有参与盗窃的主观故意，认定方某犯盗窃罪的证据不足，检察机关已对方某涉及该案的行为作出实体处理，不应再重复追究。检察员认为辩护人所举证据来源合法，但上述证据只能证明检察机关、公安机关依法对方某涉嫌犯罪采取强制措施的程序，不予逮捕和解除取保候审，并不是对案件作出实体处理的结果，现依法对方某提起公诉和审判，不属于对一事重复处理。

经审查，辩护人提交质证的上述证据客观属实，但不能支持辩护人所提方某行为不构成盗窃罪，对方某以盗窃罪作出判决属于一事重复处理的辩护意见。

2. 1994 年 6 月 30 日，被告人方某伙同杨某、赵某某、要某某、应某（均已判刑）等人经预谋后，冒用宝顿公司的名义，使用面额为 7.22 万元的斯某某公司被盗并已挂失的作废支票和伪造的身份证，骗取某公司康柏牌 486/50m 型电脑 2 台和 LQ–1600k 打印机 1 台。

方某因涉嫌盗窃罪于 2005 年 9 月 20 日被北京市公安局刑事拘留，同年 10 月 28 日被取保候审，2006 年 10 月 13 日解除取保候审；因涉嫌犯诈骗罪于 2009 年 11 月 24 日被批准逮捕，2011 年 3 月 6 日被执行逮捕。

以上事实，有以下证据证实：

……

（11）公安机关出具的辨认笔录及照片的书证：应某对侦查人员出示的 12 张不同男性免冠照片进行辨认，指出 6 号照片上的男子是方某。

……

（14）工商行政管理机关出具的营业执照的书证：某公司的注册登记情况。

（15）某公司出具的报案材料的书证：1994 年 6 月底该公司被他人使用

假转账支票诈骗 2 台计算机和 1 台打印机的基本情况。

（16）北京市海淀区三江电子技术服务部和某公司分别出具的销货发票书证：1994 年 6 月 28 日某公司向三江服务部购买 2 套 50m 型电脑和 1 台 1600k 型打印机，总价 6.998 万元；同年 6 月 30 日宝顿公司购买了上述 2 台电脑和 1 台打印机，总价 7.22 万元。

……

（17）斯某某公司出具的证明书证：该公司出纳戴某利于 1994 年 1 月 15 日将公司号码为 3746937—3746950 的 14 张转账支票丢失，该丢失支票已挂失。

……

（19）北京市公安局出具的（95）文字第 499 号刑事科学技术鉴定结论：送检的中国银行转账支票（号码为 IX III 03746945）上的宝顿公司财务专用章不是该公司真印章所盖。

（20）公安机关出具的物证照片的书证：被骗计算机、打印机的外观特征。

（21）北京市公安局海淀分局甘家口派出所出具的证明和姓名为“周勇”的身份证复印件等书证：经查，该所管界内并无“周勇”身份证上所记载的地址和周勇其人。

（22）证人陈某出具的交款条，某公司出具的收据、收款证明等书证：陈某已将代方某退赃的 1.898 万元，赵某某退赃的 2.7 万元，杨某退赃的 2.4 万元交给公安机关，北京市公安局海淀分局刑警大队于 1995 年 10 月 20 日发还某公司。

（23）北京市海淀区人民法院（1996）海刑初字第 1104 号刑事判决书，北京市第一中级人民法院（1996）一中刑终字第 2962 号刑事裁定书证明：经法院审理，认定被告人杨某、赵某某、要某某伙同方某等人共同诈骗某公司的电脑、打印机，被告人杨某、赵某某、要某某等因犯诈骗罪已被判刑。

（24）公安机关出具的到案经过及北京出入境边防检查站查获控制对象

登记（移交）表的书证，2011 年 3 月 6 日，方某从首都机场入境时，被中华人民共和国边检站工作人员抓获归案。

（25）公安机关出具的拘留证、逮捕证等法律手续的书证：方某因涉嫌盗窃罪于 2005 年 9 月 20 日被拘留，同年 10 月 28 日被取保候审，2006 年 10 月 13 日被解除取保候审，因涉嫌犯诈骗罪于 2009 年 11 月 24 日被批准逮捕，2011 年 3 月 6 日被执行逮捕。

（26）公安机关出具的户籍证明、护照、国籍身份初步认定书、加拿大驻华使馆出具的照会、出入境记录等书证：方某，男，1971 年 3 月 8 日出生于中华人民共和国北京市，加拿大国籍；2005 年 8 月至 2011 年 3 月 6 日多次往来加拿大至中华人民共和国的情况。

……

本院经审理认为，一审判决认定方某犯罪的事实清楚，证据确实、充分。对上诉人方某及其辩护人分别所提上诉理由和辩护意见，本院综合评判如下：

1. 方某的行为是否构成盗窃罪。经查，在案证据证实，方某伙同杨某、张某某，趁夜间某利公司无人之机，利用杨某偷配本单位的钥匙打开门，将某利公司的货物偷运至非某利公司员工的张某某家中，后方某接受杨某给予的 2 件羊绒衫和人民币 5000 元等款物，足以证明方某具有伙同他人共同盗窃的主观故意和客观行为，依法构成盗窃罪。

2. 方某是否参与共同诈骗犯罪。经查，杨某、要某某、赵某某、应某的证言和被骗单位送货人张某某、出租车司机刘某某等人的证言，均能证实方某参与诈骗犯罪的预谋和实施了具体的犯罪行为。在实施诈骗过程中，方某在杨某等人购买的作废空白支票上加盖伪造的公章，并与应某负责守候公用电话以应对被骗单位的查询电话，伙同要某某接应骗取的货物并甩掉送货人，将骗取的赃物转移至杨某家，最终分得部分赃款，方某的行为已构成诈骗罪。

3. 对方某所犯诈骗罪是否应当追诉。经查，根据修订前后的《刑法》的规定，方某涉嫌犯诈骗罪的追诉期限均为15年。方某于1994年6月30日所犯诈骗罪的追诉期限应至2009年6月29日，但方某于1995年1月又犯盗窃罪，故对前罪追诉的期限依法应从犯后罪之时起计算，即对方某所犯诈骗罪的追诉期限应延至2010年1月。又查，方某承认与杨某、赵某某等人关系甚好，来往密切，1996年12月人民法院对杨某、赵某某、要某某作出刑事审判并公开宣判，裁判文书中已明确认定方某参与了共同盗窃、诈骗犯罪，此时方某尚在中国境内，对杨某等人判刑情况应当明知。之前公安机关多次通过方某家属转告其接受侦讯，但方某始终未向公安机关进行说明或接受调查，北京市人民检察院第一分院于2009年11月24日以方某涉嫌犯诈骗罪依法作出了逮捕决定，直至被羁押，符合在追诉期限内，对犯罪嫌疑人采取强制措施后逃避侦查的，不受追诉期限限制的规定。故对方某所犯诈骗罪予以追诉于法有据。

综上，方某及其辩护人所提上诉理由及其辩护意见，均无事实及证据支持，辩护人请求宣告方某无罪的辩护意见，法律依据不足，不能成立，本院均不予采纳。

本院认为，上诉人方某以非法占有为目的，伙同他人秘密窃取公私财物，其行为已构成盗窃罪，且盗窃数额特别巨大，依法应予以惩处；方某还以非法占有为目的，伙同他人采用虚构事实、隐瞒真相的方式骗取公司财物，其行为已构成诈骗罪，且犯罪数额巨大，依法亦应惩处并应与其所犯盗窃罪并罚。鉴于方某的亲属代为退赔诈骗犯罪的部分赃款，对其所犯诈骗罪可酌予从轻处罚。一审法院根据方某犯罪的事实，犯罪的性质、情节和对于社会的危害程度所作的判决，定罪及适用法律正确，量刑适当，审判程序合法，应予维持。北京市人民检察院所提原判认定的事实清楚，证据确实、充分，定罪正确，审判程序合法，建议二审法院依法公正处理的出庭意见正确。据此，本院依照《刑事诉讼法》第225条第（1）项之规定，裁定如下：驳回上诉，维持原判。

◆辩护思路

鉴于：1. 本案是一起陈年旧案，方某亦被多次调查，均因证据不足，不能定罪，侦检机关做出了方某无罪的实体结论。如事发之时 1995 年方某作为证人接受询问；时隔十年后即 2005 年方某再被调查，因"现有证据只有同案人员杨某一人的供述和指认，不能证实方某涉嫌盗窃，决定不予批捕"，2006 年某分院出具《意见书》：方某涉嫌诈骗罪已过追诉时效，应不予追究；2006 年 10 月 9 日，公安机关经工作，未获取新证据，对方某解除取保候审，并退还保证金。

2. 此次（2011 年）系旧事重提，但指控证据如前几次一样，并无实质性新证据，仍只有同案杨某一人的供述和指认。

3. 一审时，控方对于前述 1 有利于方某的证据未予出示，辩方亦未将其作为辩方证据出示。

辩护人的辩护思路为：1. 在具体两个罪名的辩护上，仍然从证据不足的角度入手，在将原有证明方某因证据不足被做出无罪实体处理的证据提交二审法庭质证的基础上，将一审判决定罪证据与其相比较，说明仍是事实不清，证据不足，一审判决错误。

2. 着重指出，在案件已有实质裁处结论后，在无任何实质新证据的情况下，一审判决判处方某 13 年有期徒刑，违背了一事不再理原则，尤其是关于盗窃罪部分。此种做法，将损及中国的司法形象和公信力。

3. 根据检方庭审辩论的观点，辩护人逐一进行二轮回应，尤其是针对公诉方所说"盗窃基本证据充分，基本事实清楚，形成证据链条"及时回应，指出公诉方两个基本之说无法律依据。法律要求事实清楚，证据确实、充分才能定罪。证据链条形成的前提是每个证据都是确实的，能作为证据采信。而杨某口供内容已被证伪，失去和其他证据印证的资格。辩护人通过即时回应，呼应、细化、强化、再证无罪的辩护观点。

◆结语

控辩双方的取证、举证权既涉及惩罚犯罪，又涉及保障人权，对其设定的规则，奉行的原则应以实现惩罚犯罪和保障人权的平衡为标准。基于此，笔者主张：

一、刑事诉讼和民事诉讼不同，不宜设定“证据关门”

民事诉讼涉及私权自治，为防止“当事人躺在权利上睡觉”，保证效率和公正并行，规定了“证据关门”制度。而刑事诉讼涉及公权和私权，其公权关涉惩罚犯罪的侦控审权力，涉及私权——人身自由和生命权，对公权“证据关门”可能会导致放纵真正的犯罪，对私权“证据关门”可能导致错案、错判、错杀，公权、私权均最终涉及司法公信力，故不宜设定“证据关门”。

二、控辩双方行使的权力（利）不同，取证、举证能力不同，不宜设定同一的取证、举证期限，对辩方的要求应更为宽松

控方行使的是公权，是权力；辩方行使的是私权，是权利；从“权”的性质而言，控辩已不对等。控方以侦查权为后盾，可以要求侦查机关补充侦查，也可以侦查取证，而侦查权又具有强制性，且方法多样、能效大。辩方的取证权只是以私权委托为基础，尽管法律赋予其取证权，但其取证方式单一，无强制性，常常“取证不能”。故从取证、举证能力方面而言，控方远远强于辩方。既如此，从实质公平的角度考虑，对控辩双方不宜设定同一的取、举证期限，对辩方的要求应更为宽松。绝不能以“控辩平等”为由设定同一标准，那是形式公平、实质的不公平。

三、控方取证、举证应依“法”进行，不能超越法律规定，自我授权。应本着良法善治善解的原则，保障当事人人权的原则进行

公权力的行使应遵循“法无明文授权即禁止”，控方取证、举证应依“法”进行，此“法”仅指《刑事诉讼法》。“依法”取举证是指主体合法、期间合法、方式合法、内容合法。实践中常见的问题和争议有：案件已经移送审查起诉后侦查机关在无侦查权期间调取证据，案件在二审期间侦控方又取证、举证，甚至案件在发回重审后侦控方又进行两次取证、举证等。对此，控方常持的依据是《人民检察院刑事诉讼规则（试行）》第377条“人民检察院对侦查机关移送的案件进行审查后，在法院作出生效判决前，认为需要补充提供法庭审判所必需的证据的，可以书面要求侦查机关提供”，第476条“检察人员在审查第一审案卷材料时，应当符合主要证据，可以询问原审被告人，必要时可以补充收集证据、重新鉴定或者补充鉴定”，以及《刑事诉讼法》第231条“第二审法院审判上诉或者抗诉案件的程序，除本章已有规定的以为，参照第一审程序的规定进行”，第228条“原审人民法院对于发回重新审判的案件，应当另行组成合议庭，依照第一审程序进行审判……”等。对此，笔者秉持的观点是：侦控权力的行使必须以法律明文授权为前提，侦查司法机关对《刑事诉讼法》规定应本着良法善解、忠于立法原意、保障人权的原则解释、细化，不能超越法律规定，扩大权力范围，进行自我授权。否则，那是法治之殇。当然辩方取证、举证也应依法进行。

四、控方取证、举证不能违背“一事不再理”原则

尽管我国法律没有明确规定一事不再理原则，但其作为刑事诉讼基本原则已被法学理论公认。尽管赋予更多的控方取证、举证权可能有利于查明事实真相、惩罚犯罪，但是权力必须有边界，不能无限期行使，起止均应有限，即便终止取证、举证可能“放纵犯罪”，也应“宁可错放，不可错判”，不能违背“一事不再理”原则。

第十七讲 被害人提交"证据材料"的转化和审查

——朱某涉嫌巨额诈骗被不起诉案

按　语：刑事诉讼中，被害人提交证据材料的情况比较普遍，提交的材料类型也多种多样，有证言、证明、录音、录像、实物等，其对刑事诉讼的启动、进展、走向、结局有时起着至关重要的作用。诉讼各方因立场不同、心态各异对该材料或全面排斥，或全盘采纳，不一而足。因此，其是否需要转化及如何转化，以及如何对其进行审查和采信，就成为需要研究的课题。

关键词：证据材料　形态转化　合法性补强

◆案情简介

1. 丈夫被拘捕，表姐来相帮。2010 年 5 月，朱某的丈夫梁某男因涉嫌诈骗被公安机关抓获，当时，朱某因刚生完孩子，与婆婆达某某、公公梁某某居住在一起，朱某的表姐单某彤、表姐夫徐某探望朱某时了解到这一情况。因之前单某彤、徐某曾和达某某、梁某某见过几次面，单某彤、徐某说过徐某是某国家机关干部。于是，梁某某、达某某请求单某彤、徐某看在亲戚的分儿上，一定要给梁某男帮忙。单某彤、徐某答复说"那问问吧"。之后，单某彤、徐某二人多次到朱某家，对朱某、达某某、梁某某说已经找到了相关领导或领导的女儿（名字均耳熟能详）可以帮忙，不过需要给他们送钱，并提出了具体的数额。于是，梁某某、达某某准备好钱以后，由朱某按照单某彤的指示，送到指定地点，交给指定的人。每次送完钱后，单某彤、徐某都会到朱某家，告知朱某、梁某某、达某某钱已送到。2013 年 4 月梁某男被判处 15 年有期徒刑入狱服刑。

2. 2014 年年初，梁某男向朱某提出离婚，并要求朱某放弃巨额财产，遭到朱某拒绝，之后，梁某男向法院起诉离婚。其间，梁某男的妹妹梁某女，以聊天的方式先后和朱某、单某彤就“救助梁某男送钱事实”进行了“录音取证”，录音时长十多个小时。录音中单某彤承认朱某经手送的钱款是其要求送的，并且送到了相关人员手中。

3. 2014 年 4 月，梁某某、达某某控告朱某、单某彤、徐某三人诈骗。在公安机关侦查期间，梁某女提交录音复制件——光盘，也提交了录音书面整理稿，但是没有提交录音原件，理由是“录音笔坏了”。公安机关将录音光盘、录音书面整理稿均作为证据材料附卷移送。

4. 检察院审查起诉期间，辩护人要求复制录音，公诉人不同意，理由是“被害人家属提交的证据是书证，即录音整理稿，不是录音”。辩护人表示对此“难以苟同”。公诉人又称，“该录音真实与否尚无法确定，需退补鉴定，如鉴定为真，再说复制的事”，辩护人答复，“应依法安排复制，不能另设障碍”“不管鉴定是否启动，不管鉴定后的结论如何，被害人家属提交经公安机关接收并附卷的证据材料，均属于律师复制的范畴”“审查起诉阶段，审查被害人家属提交的证据材料是公诉人的义务，也是辩护人的权利”。后来，辩护人复制全部录音，并进行了详细整理，也和其他证据进行了比对，在综合分析全部证据的基础上，提出了“应对朱某不起诉”的律师意见。2015 年 4 月初，北京市检察院某分院对朱某做出了不起诉决定。

◆起诉意见书节录

经我局侦查终结，证实犯罪嫌疑人单某彤、徐某、朱某有下列犯罪事实：

2010 年 5 月到 2011 年 10 月，犯罪嫌疑人单某彤伙同徐某、朱某在北京市某区某乡某小区某楼某单元某号房内，以帮助梁某男免予刑事处罚为由，骗取事主梁某某、达某某人民币 1971 万元，后被抓获。

犯罪嫌疑人单某彤、徐某、朱某的行为触犯了《刑法》第 266 条的规定，涉嫌诈骗罪。

◆律师意见节录

辩护人总的意见：综合分析本案的证据、事实，根本不存在起诉意见书所指称的“朱某和单某彤、徐某共同诈骗梁某某、达某某 1971 万元”之事，贵院应依据《刑事诉讼法》第 173 条第 1 款的规定作出不起诉决定。

第一部分　朱某没有犯罪事实，不构成诈骗罪

一、本案的两大关键和三大节点

1. 两大关键。如欲准确认定本案事实，正确适用法律，必须厘清本案的两大关键，一是诈骗罪所涉及的基于非法占有目的，通过“虚构事实隐瞒真相，进而占有他人财物”主客观构成要件是否齐备；二是共同犯罪所涉及的共谋、共同犯罪故意、共同犯罪行为等要件是否具备。如两大关键不能成立，则不能认定朱某伙同他人诈骗。

2. 三大节点。而要辨析两大关键点，又必须解决三大节点：（1）钱款的去向，朱某是否个人占有或伙同他人共同占有了涉案钱款。（2）本案是否存在虚构事实隐瞒真相，如果有，是谁在虚构事实隐瞒真相；是否是朱某和其他二人共同虚构事实，即朱某有无虚构事实、隐瞒真相。（3）朱某是否具备非法占有梁某某、达某某财物的直接故意。只有三大节点均得到肯定结论，即朱某占有了涉案钱款，虚构了事实、隐瞒了真相，具有非法占有的故意，才可能得出朱某诈骗的结论。否则，朱某无罪。

二、关于钱款的去向：没有一分涉案款被朱某占有（包括个人占有和共同占有）

1. 凡是朱某经手的钱款，均是在单某彤、徐某和梁某某、达某某、朱

某等人提出需送给某某多少钱款后，并在梁某某、达某某、朱某等人达成一致意见后，由梁家人委托朱某（或和李某，梁某某的女婿），按照单某彤、徐某的要求送给指定的人、指定的地点。朱某送完后，单某彤、徐某二人又到梁某某家，“确认钱款收到”，就连存有问题的达某某证言第56页对此亦基本认可。

2. 经过侦查阶段以及审查起诉阶段的两次补充侦查，公安人员也详细查询、调取了三名涉案人的银行存款、房产、车辆等情况，不可辩驳的事实是：从2010年5月至2011年11月，乃至到今天，没有任何一分涉案款进入朱某的账户或物化成车、房子等；从2010年5月至2011年11月乃至到今天，朱某没有无法说明来源的大额支出、大额收入、大额财物交易。

3. 当然，辩护人注意到，2010年5月到案发前，单某彤家（包含徐某）确实存在大额财产收入、大笔钱款支出、大额房产买入的情形，但这些事情均与朱某无关，更不为朱某掌控。套用单家人的话：是单某彤的父亲、单某彤、徐某如何挣钱买的。不管单家人能否解释清楚钱款来源，这均和朱某无丝毫关联。这也是不可辩驳的事实。

4. 为使梁某男之事能圆满解决，朱某个人还为之支出了部分钱款，如找河南算命先生还花了一大笔钱。

三、关于所谓虚构事实、隐瞒真相：本案不存在虚构事实、隐瞒真相之事

1. 朱某个人没有虚构事实、隐瞒真相，其所知悉传达的事实、真相和梁某某、达某某知悉的内容并无二致，且信息源头均来自单某彤、徐某，并非朱某编造。比如，回某某、傅某某、刘某、单律师、梁将军等信息、沟通情况均来自单某彤、徐某，梁某某、达某某获知的情况和朱某知悉传达的一致。

2. 朱某也没有和单某彤、徐某共同虚构事实、隐瞒真相。“事实、真相”系由单某彤、徐某生成、传递，朱某对其二人“事实、真相”如何生成毫不知情、更未参与，其和梁某某、达某某一样，只是被动的信息接收人。尽

管单某彤、徐某对此有过不同的说法，但无论是案发前录音（梁某女和单某彤谈话录音，这是被害方提供，因无录音原件，虽辩护人无法判断其真实性，但无疑梁某女对此录音是认可的，该录音也可以作为辩护人分析依据），还是案发后不断变化的二人口供，均认可回某某、傅某某、刘某、梁将军、单律师等人是他们主动提供、介绍，并认可他们在回某某、刘某等和梁家人（梁某某、达某某、朱某）间的沟通进行了安排、主导、把控。比如，其中1000万元的送出，收回700万元，以及再次送出的事实，就足以说明问题。

3. 本案不存在“虚构事实、隐瞒真相”。单某彤、徐某没有虚构事实、隐瞒真相。他们确实为了梁某男的事找了回某某、刘某、单律师、梁将军等人，并且这些人也都帮忙了，钱也送给了相关人员，他们把这些情况又告知了梁家人。比如，单某彤、徐某安排给回某某送了1000万元，也带着朱某参加了刘某的慈善晚会，徐某还上台合影留念，确实买了恐龙蛋，单某彤、徐某也对梁家人说了办不成钱不退等，亦说明他们真在帮梁家人，他们没有虚构和隐瞒行为。

四、关于非法占有他人财物的故意

朱某没有“以帮助梁某男免予刑事处罚为由，非法占有他人财物”的故意，也没有和单某彤、徐某形成非法占有他人财物的“共同故意”。

1. 朱某仅有“帮助梁某男”的意志追求，绝无骗取梁某某、达某某财物的动机、故意。其一，就身份而言，当时朱某不仅是梁某男的妻子，也是梁某男的同案嫌疑人，因第二个孩子仅有两个多月处于哺乳期，其被取保候审而已。其二，就从属的阵营而言，朱某和梁某某、达某某所处的地位一样，是求助方，而非施救方，他们求救的对象是单某彤和徐某。其三，就利益而言，梁某男案件得到圆满处理，朱某将是最大的利益获得者，帮助梁某男也就是帮助朱某，坑骗梁某男也就是坑骗朱某。没有任何人比朱某更期盼梁某男之事能圆满解决。因此，帮助梁某男是朱某仅有的意志追求，根本没有骗取财物的动机、故意。

2. 朱某的认知、希望和积极追求是“花钱办事”“把钱花出去”，而非“将梁家的钱”左口袋出，再右口袋入——据为己有。单某彤、徐某向梁家人推介的大姐回某某、哥们儿傅某某、北京市某主要领导的女儿刘某、梁将军、徐某国家安全局的卧底身份等信息，使朱某认为“单某彤、徐某能够帮助梁某男”。并且，朱某基于“单某彤、徐某所讲办事就需要花钱”的主观认识，也一直认为钱款已送达单某彤、徐某请托的人，其希望并追求“把钱花出去，把梁某男之事办妥”，而非“以帮助梁某男之名，把梁家的钱收入自己手中”。在这点上，朱某和梁某某、达某某的认识因素、意志因素也是相同的。

3. 单某彤、徐某是否具有非法占有他人财物的故意，他们没有给朱某说过，朱某不知道他们有此故意（当然他们也没有），三人之间不存在合谋、合意、共同故意。相反，从始至终，朱某一直相信，而且有充分的依据、理由相信单某彤、徐某是在真心帮忙，钱款送给了单徐请托的人了。因为单某彤、徐某的表姐、表姐夫身份，单某彤、徐某请托人员的大名头、高地位、高话语权，钱款送出去后单某彤、徐某亲自到梁家认账的行为，约出刘某、童某某的事实，参加刘某慈善晚会的亲身体会等，都让急切救夫的朱某对单某彤、徐某深信不疑、言听计从。置身朱某当时的境地，她所做的一切均是在相信单某彤、徐某，积极救夫的主观心理支配下进行的，而非在非法占有的共同故意下进行的。

4. 所谓“骗奶粉钱”之说与事实不符，也难以自圆其说。

综上，只有当两大关键均成立、三大节点均是肯定结论，方可能得出朱某诈骗的结论，但现在两大关键不成立、三大节点均为“否”，那必然的客观结论是朱某没有犯罪事实，不构成诈骗罪。

第二部分　本案真相：离婚惹的祸

梁某男被判服刑后，报案人梁某男、梁某某、达某某均对单某彤、徐某的“工作”认可，深表感谢。但为何在距 2011 年 10 月两年六个月之久的

2014年4月刑事举报？这是因为梁某男服刑后，考虑到自身年龄已经很大了，刑期又是15年，提出了离婚，并提出了财产分割、子女抚养方案，未得到朱某同意；梁某男父母家人还曾多次带人到朱某住处要车要钱要房；梁某男已向法院起诉离婚，而梁家人在离婚事宜上不占优势，为了给朱某施压，通过刑事举报解决离婚财产争议，这才找了“后账”，产生了本案。一言以蔽之：离婚惹的祸。

综上，朱某没有犯罪事实，请法院依法作出不起诉决定。

◆控辩交锋

1. 双方关于程序上的交锋：主要是围绕被害人的女儿梁某女提交的录音材料而展开。

（1）关于辩护人能否复制。公诉人认为“被害人家属提交的证据是书证，即录音整理稿，不是录音”。辩护人认为录音整理稿不是证据，它是录音的另一表现形式而已，真正的证据是“录音”，整理稿也不属于《刑事诉讼法》意义上的书证。

（2）关于辩护人何时复制。公诉人认为，因该录音真实与否尚无法确定，需退补鉴定，如鉴定为真，可作为证据使用了，再说复制的事。辩护人认为，只要案件移送审查起诉之日起，辩护人有权复制本案的全部证据材料，与退补、鉴定无关。

（3）关于谁对被害人家属提交的证据材料享有审查权，律师有无此种权利。公诉人虽然没有明确说“审查是公诉人的职权，辩护人无此权利”，但其“需退补鉴定，如鉴定为真，可作为证据使用了，再说复制的事”的言下之意，是将律师排斥在外的。辩护人认为，不管鉴定是否启动，“不管鉴定后的结论如何，被害人家属提交经公安机关接收并附卷的证据材料，均属于律师复制的范畴”“审查起诉阶段，审查被害人家属提交的证据材料是公诉人的义务，也是辩护人的权利”。

2. 双方关于实体上的交锋：主要是针对朱某是否虚构事实隐瞒真相，是否非法占有了涉案财物。而这又涉及对证据的审查和采信。

◆不起诉决定书节录

本案由北京市公安局某分局侦查终结，已被不起诉人涉嫌诈骗罪，于2014年8月7日向北京市某区检察院移送审查起诉。北京市某区检察院于2014年11月26日报送本院审查起诉。本院受理后，已依法告知被不起诉人有权委托辩护人，告知被害人有权委托诉讼代理人，依法讯问了被不起诉人，询问了被害人，听取了辩护人意见，审查了全部案件材料，退回侦查机关补充侦查两次，延长审查期限三次。

北京市公安局某分局移送审查认定：2010年5月到2011年10月期间，犯罪嫌疑人单某彤伙同徐某、朱某在北京市某区某乡某小区某楼某单元某号房内，以帮助梁某男免予刑事处罚为由，骗取事主梁某某、达某某人民币1971万元，后被抓获。

经本院审查并退回补充侦查，本院仍然认为北京市公安局某分局认定的基本犯罪事实不清，证据不足，被不起诉人朱某虽有经手大部分诈骗钱款的行为，但证明其客观上实施了虚构事实的行为以及主观上具有非法占有目的的证据不足，不符合起诉条件。依照《刑事诉讼法》第140条第4款的规定，决定对朱某不起诉。

◆辩护思路

1. 审查起诉阶段，是否提交详细的书面意见，是辩护律师经常纠结的问题。办理本案过程中，辩护人也曾有过“交还是不交”的困惑，如果不交，可能会让委托人失去一次辩解、不起诉的机会。研阅全案证据材料后，辩护人认为本案定罪证据严重不足，提交详细的书面意见极有可能阻却刑事程序的继续进行，遂决定提交。

2. 朱某涉嫌的罪名是诈骗罪，起诉意见书认定的事实是“朱某伙同他人以给其老公免受刑事处罚为由，骗取其公婆 1971 万元”。这就需要考虑钱款的去向，朱某有无占有钱款；如果钱款系他人占有，朱某是否与他人构成共同犯罪；本案有没有存在虚构事实、隐瞒真相之事，如果有，朱某是否知情并参与；朱某是否具备诈骗的动机、故意。经过梳理事实发现，当时，朱某也是梁某某案的嫌疑人，其与丈夫梁某某是命运共同体，帮助丈夫就是帮助自己，不存在诈骗动机；朱某没有占有一分涉案款，虽然单某某等家里在涉案期间有大额收入，但系单某某占有、使用，单某某也称是自己及家人所创收入；朱某只是单某某、徐某与其公婆之间的传话筒，所有的说辞来源于单某某、徐某，且单某某、徐某二人收到钱款后，均到其公婆家进行过确认。朱某既无犯罪故意，又无犯罪行为。基于此，辩护人从本案的两大关键和三大节点着眼，梳理出案件焦点，再从朱某未占有钱款，未实施虚构、隐瞒的行为，确实没有非法占有的故意三大焦点，论证朱某无罪。

3. 为了让检察官对本案有更清晰的认识，辩护人没有止步于就事论事的分析，而是将举报背后的真相予以解释——离婚惹的祸，有助于检察官从法理、情理、常理等角度全方位考量本案证据和事实，从而获得有利于朱某的审查结论。

◆结语

据以定罪的证据必须具备真实性、合法性、关联性，这一要求同样适用于“被害人提交的证据材料”，但因其在形成、来源、表现形态等与侦办机关侦查取得证据存在不同，我们更应注意以下方面。

1. 因被害人与案件存在利害关系，对其提交的证据材料必须持有高度的怀疑精神和审慎态度。

2. 严格审查该证据材料形成的时空背景、形成机制、形态和保存方式，以甄别真实性、合法性。

（1）审查证据材料的来源和形成过程，审查其主客观两方面。比如，该证据材料在什么时间、地点、环境、何人参与下形成，被害人在什么动机驱动下提取、提交该材料，想达到什么目的，都是我们考查其真实性和合法性要关注的内容。

（2）审查其形态和保存方式，以审查其是否保持了原始面目，有无被修改、失真。一般说来，物证、书证形态的材料较好保存，如被修改也容易查明，但是电子数据、录音录像形态的材料容易被修改，且不易被查明。因此，形态、保存方式也是审查的重点。

3. 审查该证据材料是否已被“转化形态”或已被“合法性补强”。

（1）“转化形态”既包括获取提交人的转化，也包括材料形式的转化。比如，被害人提交证据材料后，侦办人员针对该情况也进行了调查取证，形成了同样的证据材料，这就是“获取提交人的转化”。如果侦办人员进行调查取证后，将录音录像转化成“询问笔录”，这属于“形式的转化”。很显然经过转化的证据材料在证明力上大于未转化的。

（2）被害人提交证据常被质疑“合法性”，是否被补强会影响采信。补强包括被害人自身进行的补强，也包括侦办人员进行的补强，方式也多种多样，如提供证人证言、提供线索等。前1所述的“形态转化”就是一种补强方式。

4. 该证据材料和侦办机关提取的证据材料一样，属于“控方证据”，因此对其同样适用非法证据排除规则。具体理由不再赘述。

5. 在程序上，侦办机关对于该证据材料必须如实收取、附卷，辩护人在审查起诉阶段有权对此复制、审查，公诉机关不得以任何借口拒绝。这是侦办机关如实全面提取各种证据的法定要求，是控辩平等的地位要求，也是兼听则明的目的要求。

虽然因本案以不起诉而告结束，公诉人对被害人方提交的证据材料的实体意见无法获悉，但是控辩双方对其程序方面存在的争议值得我们思考。

第十八讲

如何理解证据的“确实、充分”：让证据“说”真相

——刘某稳被控受贿、滥用职权无罪案

按　语：根据《刑事诉讼法》的规定，只有当指控证据达到了“确实、充分”的标准，才能对被告人定罪和处以刑罚。何谓“确实、充分”？《刑事诉讼法》第55条规定，“证据确实、充分，应当符合以下条件：（一）定罪量刑的事实都有证据证明；（二）据以定案的证据均经法定程序查证属实；（三）综合全案证据，对所认定事实已排除合理怀疑”。

对于证据“确实、充分”的标准，公安部、最高人民检察院、最高人民法院分别做出了相应规定。

公安部2012年12月3日通过的《公安机关办理刑事案件程序规定》第66条规定：“公安机关移送审查起诉的案件，应当做到犯罪事实清楚，证据确实、充分。证据确实、充分，应当符合以下条件：（一）认定的案件事实都有证据证明；（二）认定案件事实的证据均经法定程序查证属实；（三）综合全案证据，对所认定事实已排除合理怀疑。对证据的审查，应当结合案件的具体情况，从各证据与待证事实的关联程度、各证据之间的联系等方面进行审查判断。只有犯罪嫌疑人供述，没有其他证据的，不能认定案件事实；没有犯罪嫌疑人供述，证据确实、充分的，可以认定案件事实。”

最高人民检察院2012年10月16日通过的《人民检察院刑事诉讼规则（试行）》第63条规定：“人民检察院侦查终结或者提起公诉的案件，证据应当确实、充分。证据确实、充分，应当符合以下条件：（一）定罪量刑的事实都有证据证明；（二）据以定案的证据均经法定程序查证属实；（三）综合全案证据，对所认定事实已排除合理怀疑。”

2012年11月5日通过的《最高人民法院关于适用〈中华人民共和国刑事诉讼法〉的解释》第105条规定：“没有直接证据，但间接证据同时符合下列条件的，可以认定被告人有罪：（一）证据已经查证属实；（二）证据之间相互印证，不存在无法排除的矛盾和无法解释的疑问；（三）全案证据已经形成完整的证明体系；（四）根据证据认定案件事实足以排除合理怀疑，结论具有唯一性；（五）运用证据进行的推理符合逻辑和经验。”同时第106条规定：“根据被告人的供述、指认提取到了隐蔽性很强的物证、书证，且被告人的供述与其他证明犯罪事实发生的证据相互印证，并排除串供、逼供、诱供等可能性的，可以认定被告人有罪。”

比对相关规定就会发现，《公安机关办理刑事案件程序规定》和《人民检察院刑事诉讼规则》的规定和《刑事诉讼法》并无二致，是后者的再次宣示，没有解释《刑事诉讼法》第53条。只有《最高人民法院关于适用〈中华人民共和国刑事诉讼法〉的解释》拓宽和解释了“确实、充分”。

尽管《刑事诉讼法》和《最高人民法院关于适用〈中华人民共和国刑事诉讼法〉的解释》规定和解释了证据“确实、充分”的标准，但都过于原则，不易把握和理解。本篇试图通过一例无罪案件予以诠释。

关键词：证据　确实充分　排除合理怀疑

◆案情简介

刘某稳原系枣庄市市中区城市管理局局长，2011年12月被调至枣庄市市中区科技局任局长。2012年8月30日，枣庄市市中区检察院以涉嫌受贿罪决定拘留刘某稳，2012年9月12日对其决定逮捕。

1. 检方先控受贿，疑点重重，难以成立。2013年11月15日，刘某稳被枣庄市市中区检察院以受贿罪起诉至市中区法院，指控：“2010年1月至2011年11月间，刘某稳利用担任城市管理局局长的便利受贿20万元。”

就该项指控，先后经过了三次开庭，证人（所谓行贿人）王某伟、刘某昌先后出庭作证，关键证人薛某拒不出庭作证，但其询问笔录和录音录像完全不符。另外，本案书证能够证实涉案款被薛某占用使用了。控方指控疑点重重，不能成立。尤其是其间甚至发生了“证人刘某昌被以涉嫌伪证罪当庭抓走”的惊人一幕，使事实真相昭然若揭。

2. 检方补充侦查，再诉“滥用职权”，意图“保底”。面对此种情形，枣庄市市中区检察院申请退回补充侦查，并于2013年6月28日以刘某稳犯滥用职权罪，追加起诉。

3. 2013年12月27日，一审法院坚持证据裁判原则，宣告刘某稳无罪，对其取保候审，刘某稳重获自由。

4. 后检察院提出抗诉，2014年5月13日二审法院作出终审判决：驳回抗诉，维持原判。

◆起诉书节录

1. 枣庄市市中区检察院第一次起诉书节录：2010年1月至2011年11月，被告人刘某稳利用担任枣庄市市中区城市管理局局长的职务便利，在门头改造工程承接、工程款结算等方面为个体经营户刘某昌、王某伟提供帮助，刘某昌、王某伟多次表示对刘某稳进行酬谢。2011年12月，刘某稳以“借款”形式向刘某昌、王某伟索取贿款20万元。

本院认为：刘某稳身为国家工作人员，利用职务便利为他人谋取利益，索取他人财物20万元，其行为触犯了《刑法》第385条、第386条，犯罪事实清楚，证据确实、充分，应该以受贿罪追究其刑事责任。

2. 枣庄市市中区检察院补充起诉书节录：2011年10月，刘某稳在担任枣庄市市中区城市管理局局长期间，在未经规划部门许可的情况下，没收辖区内六块大型立柱广告牌，后滥用职权违规委托枣庄市诚信拍卖行有限公司将上述六块广告牌经营权进行拍卖，并故意违反规定确定租赁期限为15年，在李建某以275万元的价格竞拍成功后，枣庄市市中区城市管理局与李建某签订《租赁合同》，李建某同时向枣庄市诚信拍卖行有限公司支付13.75万元的拍卖佣金。因拍卖标的产权不清，李建某在竞拍成功签订合同后无法正常行使权利，造成经济损失17.7万元，其多次上访，并在大众论坛发帖质疑政府公信力，造成恶劣的社会影响。2012年7月，枣庄市市中区城市管理局与李建某签订《解除广告牌使用合同》，退还竞拍款，退赔拍卖佣金及期间利息，给枣庄市市中区城市管理局造成经济损失25万元。

本院认为，刘某稳身为国家机关工作人员，滥用职权违规进行拍卖和违规确定租赁期限，造成经济损失42万元，引发恶劣的社会影响，其行为触犯了《刑法》第397条，《最高人民法院、最高人民检察院关于办理渎职刑事案件适用法律若干问题的解释（一）》第1条第（2）项、第（3）项，犯罪事实清楚，证据确实、充分，应当以滥用职权罪追究其刑事责任。

◆一审辩护词节录

第一部分　关于受贿罪

一、公诉机关指控刘某稳索贿无确实、充分的证据证实，无事实根据和法律依据

（一）公诉机关指控刘某稳索贿无确实、充分的证据证实，与事实相左，与法律相悖。

1. 公诉机关指控的关键环节是薛某是否将30万元交给了刘某稳。公诉机关指控被告人犯罪由以下环节构成：（1）刘某稳利用职务便利为刘某昌、王某伟谋取利益；（2）刘某昌、王某伟多次表示酬谢；（3）刘某稳向刘某昌、王某伟提出借给薛某30万元；（4）薛某收到30万元后将钱交给刘某稳。这其中最为关键的环节就是薛某是否将30万元交给了刘某稳，即谁是30万元的最终占有者，是薛某还是刘某稳。这既是判断借款到底是实质还是形

式的关键，也是判断本案是否符合受贿罪“权钱交易”本质的关键。我们可以抛开牟利环节不谈，也可以抛开表示要酬谢不谈，还可以抛开提出借款环节不谈，因为只要这个钱不是刘某稳占有，而是薛某使用了，只要公诉机关的证据不能证实第 4 个环节成立，哪怕是控方证据不足，不能排除合理怀疑得出刘某稳占有 30 万元这唯一结论，不管前三个环节是否存在，被告人都不构成受贿罪。

2. 控方没有确实、充分的证据证实 30 万元被刘某稳占有，即被告人占有 30 万元的事实不存在。

（1）所谓薛某将 30 万元送给被告人的证据既不确实，又不充分。

其一，关于此节的证据只有薛某一个人的说法，即只有一个证据，属于孤证，从量上来说，根本谈不上充分；从质上来说，薛某与本案存在利害关系，其在“是否缺钱”“是否找被告人帮忙筹钱”“被告人是否帮助借到过钱”这样基本事实上都说了假话，其证言不真实，更谈不上确实。而被告人对此予以坚决否认，证据上呈现一对一，根据孤证不得定罪的原则，不能认定薛某将 30 万元送给了被告人。

其二，公诉人讲“薛某英、高某能够印证薛某所说”，这种说法是错误的，是不能成立的。理由如下：

薛某英、高某只是听薛某说，属于传来证据，源头来自薛某，不管薛某有没有告诉薛某英、高某，原始证据还是薛某一个人的证言，仍然是孤证。而且所谓原始证据——薛某证言已被证实虚假，在法庭调查阶段，公诉人当庭播放的 2012 年 10 月 17 日对薛某询问的录像明确证明：录像中薛某的语言内容与公诉人出示的 2012 年 10 月 17 日薛某询问笔录大相径庭，询问笔录是侦查人员自己加工的，不是薛某所说，薛某询问笔录明显虚假。对此，公诉人解释为“薛某 2012 年 9 月 4 日笔录真实”，但公诉人在有能力、有条件当庭播放薛某 2012 年 9 月 4 日同步录像的情形之下，却不当庭播放，只含糊说“三天后将录像提交法庭”，除了心虚这个原因外，别无他解。

辩护人在质证阶段已经指出，薛某英的证言也是不真实的。具体理由不重复。

对于高某证言，辩护人再次强调，高某证言根本不能证实薛某告诉了高某，“用薛某的卡替刘某稳收了钱，之后拿自己的备用金给了刘某稳”。因侦查卷宗第2卷第85页明确记载：“在去上海的途中我们闲聊的时候，我问薛某我姑父的事情他是否参与了。薛某跟我说，‘只是刘局（刘某稳）安排往他卡里存了些钱，然后我按照刘局的要求把钱提出来交给他了，其他的事情我没有具体参与’。我当时想这个事情很正常，也就没有再问，我们就一起在上海玩了。”按此记录，薛某只是告诉高某，“自己帮着把刘某稳卡里的钱提现后，交给了刘某稳”，绝不是告诉高某，“用薛某的卡替刘某稳收了钱，之后拿自己的备用金给了刘某稳”。这两者有本质的区别。对于前者，高某当然觉得很正常了。而且还要注意，薛某和高某的谈话时间是2012年8月31日所谓的被告人案发后，不是2011年12月17日或18日。

（2）不存在所谓“刘某稳给薛某10万元归还刘某昌”的事实。因为关于此节的证据也只有薛某一个人的证言，证据不确实、不充分，不能认定。具体理由同上，不再赘述。

（3）薛某所谓送给被告人的30万元现金来源不清，无证据证实薛某手里有30万元现金。30万元有没有交给被告人的前提是有没有30万元的现金存在，只有薛某手里有30万元现金，才谈得上去送。但是综观本案证据，除了薛某、薛某英二人的证言外，没有其他证据印证。对此，辩护人在质证时已经说了具体理由，不再重复。但辩护人要强调指出的是，30万元不是个小数目，薛某英不可能不记账。现在30万元现金没有出处，没有说明如何筹集来的，也没有账册佐证，这个问题绝不是薛某英所说“我记不清楚那些钱是谁给的了，反正那些钱是我帮薛某保管的现金”这一笼统说法能够蒙混过关的。因此，我们不得不得出一个客观结论——30万元现金来源不清。

（4）直到现在为止，赃款下落不明，检察机关也没有查明这20万元的真正去向，更没有从刘某稳处起获赃款。应该说检察机关查案很积极主动，但是为何没有从被告人处起获呢？按照薛某询问笔录，刘某稳给他 10 万元让他还给刘某昌的钱是从银行取得，所以刘某昌看了一眼就收下了，按照这个说法，刘某稳应该把钱存银行了，很好查找、起获。但为什么找不到赃款呢？所谓“赃款”下落不明的事实最起码说明，本案存在刘某稳没有收到 30 万元的合理解释。这个问题请法庭予以高度重视。

3. 公诉机关指控被告人索取贿赂款的事实不清，证据不足。

（1）同样，所谓向刘某昌索取贿赂的证据只有刘某昌的证言，向王某伟索取贿赂的证据只有王某伟的证言，暂不说刘某昌、王某伟证言存在的问题，仅从证据量上来说，均属于孤证，而孤证不得定罪。更何况，这两个人的证言正如我质证时所说，无论真实性、合法性、关联性上均存在问题，不能作为定罪的证据。

（2）请法庭高度重视这样一个问题，如果是借款时索贿，那 2012 年春节前还了 10 万元，又怎么解释？

4. 所谓刘某昌、王某伟多次表示酬谢的指控，只有刘某昌或王某伟一人的说法，孤证不得认定。具体理由不再展开。

5. 针对“被告人为他人谋取利益”指控的澄清。通过庭审已经查明，被告人对于刘某昌、王某伟承包工程、结算，没有给予比其他人更为优惠、优先的照顾，对该二人与其他人一视同仁，刘某昌、王某伟也有大量款项未结。而且，对其他人，被告人作为城市管理局局长也履行着同该二人一样的审批签字手续。这说明被告人只是在履行自己作为局长的义务而已，与受贿罪要求的“为他人谋利”不能等同。判断被告人的行为是否属于“为他人谋利”，必须要看是否符合受贿罪所要求的权钱交易的对应性和因果性。不能将客观履责的行为简单认定为受贿罪所要求的“为他人谋利”。

（二）辩方向法庭提交的证据已充分证实控方“证据”，尤其是三名关键证人即“刘某昌、王某伟、薛某”的证言存在重大问题，不能作为定罪的依据。

1. 法庭调查时，另一位辩护人向法庭提交的律师对刘某昌、王某伟、薛某三人的谈话录像等证据，充分证实三人以前在侦查机关的笔录是虚假的，不是案件的真实情况，真相就是借款，三人也解释了以前笔录虚假的原因。

2. 对此，公诉人认为录像等的真实性、合法性、关联性无法保证，辩护人没有提前五天提交法庭，建议法庭不予组织质证。公诉人的这种说法毫无法律根据和事实根据。我国没有任何一条法律规定如果辩护人没有提前五天向法庭提交证据，法庭就可以拒绝接收证据。相反，我国刑事法律规定刑事案件的审判原则是“以事实为根据”“有错必纠”，只要有新证据，别说是一审阶段，哪怕是二审，哪怕是二审判决生效后，都需要启动司法程序。

而且，证据的三性如何与取证主体的身份无关，并不是公权力机关人员所取证据的三性、效力就高于辩护人所取的证据。具体到本案而言，辩护人虽不敢说有确实、充分的证据证实侦查机关存在非法取证的情形，但可以肯定地说存在侦查机关非法取证的可能，不能排除这种合理怀疑。

况且，我们别忘了，公诉人当庭播放的薛某询问录像也没有提前五天提交法庭，甚至比辩护人提出的时间还晚，但法庭组织质证了，这又怎么解释呢?

（三）公诉机关的指控存在三大自相矛盾问题。

1. 借款 30 万元与指控索贿 20 万元的矛盾。刘某昌打给薛某 20 万元、王某伟打给薛某 10 万元，总共 30 万元，但指控数额是 20 万元，从表面看很好理解，因为 2012 年春节前薛某还给刘某昌 10 万元，30–10=20，似乎对被告人有利。但这体现出一个自相矛盾的问题，因为 30 万元的性质应该是一样的，是借款就都是借款，是索贿就都是索贿，现在 10 万元是借款，20 万元是索贿自相矛盾。数额认定为 20 万元表面上看对被告人有利，但实际上这样的指控掩盖了事实真相，混淆了钱款的性质。

道理很简单，如果已还的 10 万元是借款，那剩下没还的 20 万元也是借款；如果已还的 10 万元也是索贿，那又为什么要还呢，那就不可能还。

2. 索贿时点的矛盾。起诉书指控索贿时点是 12 月，那犯罪既遂也应该是 30 万元到账，还 10 万元是 2012 年春节前，不是 12 月，时点矛盾。

3. 表示酬谢与索贿的矛盾。从法律规定来讲，索贿不存在事前约定，如果存在事前约定，就是一般受贿，不是索贿。现在既指控刘某昌、王某伟表示酬谢，存在事前约定，又指控是索贿，而这不可能并存。又属于自相矛盾。

（四）公诉机关的指控不合常理、情理、法理。

一个准确的指控，必然合乎常理、情理和法理。违反常理、情理、法理的指控必然存有问题，必然不能排除合理怀疑、得出唯一结论。但遗憾的是，公诉机关的指控的确不合常理、情理、法理。

不合常理。比如，指控被告人以借款的形式索贿，那么有唯恐别人不知道自己索贿，把两个被索贿人加上薛某弄到一块，还通过银行转账进行索贿的吗？这样的指控不符合索贿人趋利避害、只愿天知地知你知我知、唯恐他人知晓的常理逻辑。再如，薛某卡里明明有 30 万元可以提现一次交给被告人，那为什么薛某舍近求远，自己难为自己，分两次找薛某英拿现金？况且 20 万元现金不是很轻、很少，薛某两次分别拿个袋子跑到政府机关科技局三楼刘某稳的办公室送钱，能有多少可能性？这样的过程、地点不合常理。又如，如果被告人为了怕人知道才找薛某替自己收钱，那薛某分两次明目张胆地提着钱去刘某稳的办公室，刘某稳敢收吗，他难道不怕别人知道吗？

不合情理。比如，刘某昌帮助介绍薛某借刘某昌、王某伟的钱，与刘某稳帮助薛某借别人的钱性质是一样的，并不因为刘某昌、王某伟做过城市管理局的工程而有所不同，何况被告人还曾经借过钱给刘某昌呢。如果认为做了工程，被告人帮忙介绍借款就是索贿，不合情理。再如，薛某一再说自己分两次送钱到刘某稳办公室，但为何对具体的时间一概不提，甚至连上午还是下午都不敢明确？这又怎么解释。

不合法理。2011 年 12 月 16 日被告人已经调到科技局，介绍薛某向刘某昌、王某伟借款不存在“职务上的便利”，却被指控为利用职务便利索贿，不合法理。

二、本案证据充分证实：涉案的20万元是经刘某稳介绍和担保，刘某昌、王某伟提供给薛某的借款

（一）本案证据已形成完整的证据链条，已确实充分地证实20万元系属薛某向刘某昌、王某伟的借款。

1.薛某英证言、薛某证言、刘某稳口供证实，2011年11月薛某在陕西开矿需要借钱。

2.刘某稳口供、薛某证言、朱某证言、陈某证言证实，薛某要求刘某稳帮忙借钱。

3.刘某昌、王某伟领取工程款的书证和证言、刘某稳口供证实该二人有富余的钱款可以外借，被告人知道这一情况。

4.刘某昌证言、刘某稳口供证实以前刘某稳曾借给刘某昌钱，平时关系还可以，有经济往来。

上述4点共同证实被告人介绍薛某向刘某昌、王某伟借款有正当的、合理的借款事由。

5.汇款凭证，借条，刘某昌、王某伟、薛某等证言，刘某稳口供证实，涉案20万元（总额30万元）汇入薛某账户，2011年12月22日薛某将该30万元转支，钱款的去向是流向薛某、薛某英使用。

6.刘某昌、薛某证言，刘某稳口供等证实，2012年春节前，薛某还了刘某昌10万元，有归还的行为。

综上分析，刘某稳介绍借款有正当、合理的理由，钱款去向也是指向薛某支出，有借有还，有来龙，有去脉，环环相扣，形成了闭合的证据链条。且每一环节的证据都是多个，量上充分。从证据形式看，有言词证据，有书证；且证实事项均是不争的事实，质上确实。因此，涉案款项的确属于借款，借款是实质，而非形式。

（二）被告人能够合理解释借条为什么存放自己处。

公诉人提出为何薛某借刘某昌、王某伟的钱款，借条却在被告人处？对此被告人已经解释了12月16日当天因为没汇款，所以借条没有给刘某

昌和王某伟，其他涉案人员也可以证实此点，这个解释是合情、合理、合法的。之后，借条为什么还在被告人处，被告人也说了，“后来打电话要求他们（刘某昌、王某伟）来拿，他们忙，没来拿，还说与薛某不熟，你是担保人，薛某不给找你要，就没有拿条”。被告人自己一手托两家，所以借条就在被告人处了。这个解释是合理的，是能够成立的。况且，最重要的不是借条在谁处，而是有没有借条。

第二部分　关于滥用职权罪

一、从客观方面分析，被告人刘某稳的行为不构成指控的犯罪

（一）本案不存在所谓的“重大损失。”

1. 所谓的 11.25 万元和 13.75 万元城市管理局损失并不存在。

（1）无论是李建某的证言还是本案的书证都清晰显示，直到 2013 年 6 月 28 日起诉时，城市管理局并没有支付上述款项，所谓的损失没有实际发生。该笔款项只是停留在城市管理局和李建某的解除协议中，是一个数字而已。

（2）同时，必须指出的是，这个数字也仅是双方协调的结果，不是也不能算作城市管理局必然发生的损失。道理其实很简单：比如，13.75 万元佣金如果说退还，也应该由拍卖行退还，因为这笔钱是拍卖行得的，且拍卖行有过错、有责任。双方解除协议其实也清楚地说明了这点，协议第 2 条明确约定城市管理局返还佣金后，自动取得向拍卖公司追偿拍卖佣金的权利。

（3）辩护人注意到，法庭调查时，公诉人当庭出示了起诉后另行取得的书证，意图证明起诉后又支付了 40 万元。公诉人的这一举动充分说明公诉人也认识到起诉时损失并未发生，但为了某种目的先行指控，是否是“司马昭之心，路人皆知”，是否违法取证等，辩护人不作分析。辩护人要说明的是，无论是 2006 年，还是 2012 年的司法解释都规定得非常明确：损失必

须是实际发生的，且发生在提起公诉前。很显然，根据法律的规定，这 25 万元根本不属于实际损失。

（4）在此，另外请法庭高度关注：该协议第 5 条明确约定“李建某放弃其他所有权利”。意即只要城市管理局支付了 11.25 万元利息和佣金，李建某就放弃其他所有权利。也就是说，即便按照指控分析，城市管理局 25 万元损失和李建某 17.7 万余元损失二者只能居其一，要么是城市管理局损失 25 万元，要么是李建某损失 17.7 万元，两个损失不能并存，不能并行指控。

2. 无确实、充分的证据证实李建某存在 17.7 万元的经济损失。

（1）200 万元贷款与本案无关。当然，辩护人注意到，公诉人就此出示了 2012 年 3 月 14 日的李某军贷款 200 万元合同、证人证言等材料。质证时辩护人已经指出，这些均不能证实是李某军贷款、李建某还款、李建某使用，它只能证明是李某军贷款，李建某是抵押人。既不能单凭几个与本案有利害关系、对刘某稳“恨之入骨”的证人证言，就认定是李建某贷款；更不能单凭这样几个证人证言就认为这 200 万元贷款是买广告牌导致占用了资金，是为了挽回损失。抛开李某军借给李建某买广告牌钱数的种种矛盾不谈。来看一个客观事实：李建某家是一个从事多种经营、规模很大的家族，这么大一个家族难道就只有买广告牌这一点钱，买广告牌后就无法进行其他经营，干其他事就非得等这“200 万元下锅”？这种说法与客观实际严重不符。况且，这个 200 万元是贷转存，每个月每个月倒腾，公诉机关提供的证据只从 2013 年 3 月开始，之前的李某军卡明细、李某军贷款合同没有提供，怎么能排除这 200 万元不是在很久之前的贷款转化、延续而来？质证时辩护人提出了合理怀疑，当时公诉人回应称“不排除他们之前贷了款，也不排除贷款额还高于这 200 万元，但那都与本案无关”。公诉人的这个观点，请法庭关注，在认证时予以充分考虑。

（2）200 万元的贷款利息支付了多少，为何作鉴定结论？在此，辩护人要说明的是，为了证明此节公诉人还出示了鉴定结论。其实，根本不需要进行会计鉴定，这是个非专业问题，甚至是常识问题。支付了多少利息，只要把实际支付的利息数额加在一起就行了，很简单，不需要鉴定。本不需要做却做了，为何舍简取繁？司法会计检验报告的真实目的无非是：弥补证据缺失，化事实问题为专业问题，以“科学证据”形式支持指控，施压于司法审判。另外，这个鉴定结论涉及的200万元贷款利息与11.25万元利息存在重复计算、重复指控。

（3）200万元贷款利息根本不属于法律规定的“经济损失”。虽然公诉人把这个利息界定为李建某的“直接经济损失”，但这个观点严重违背法律规定，不能成立。具体理由不阐述，详见司法解释。其实，它不但不属于直接损失，连间接损失都不是。因为司法解释对后者也界定得非常清楚，是“为挽回渎职犯罪所造成损失而支付的各种开支、费用”，是必需的开支。比如，为了挽回损失进行的必要的起诉费用、差旅费等，才属于此列。具体到本案中，只有李建某为了反映问题去信访产生的交通费、打印费等才属于间接损失，其他均不属于。

为了把问题说清楚，我们假设李建某就此事起诉城市管理局，把这200万元的利息作为损失进行民事索赔，他这要求肯定不会被支持。民事责任与刑事责任相比更为宽泛、宽松，民事上都得不到支持，何况刑事上？

（4）1.4万元的广告牌制作损失除了存在利害关系、严重不负责任的证人证言外，无书证佐证，不应认定。

结合前述（1）（2）分析，因25万元损失没有实际发生，贷款利息不属于经济损失、1.4万元不能认定，无论怎么计算，损失数额都达不到司法解释所要求的立案的最低数额要求——30万元。连立案的条件尚且达不到，谈何指控？

3. 没有证据证明存在“恶劣的社会影响”。

（1）社会影响是个比较弹性、无形的东西，但它也必须由有形的、实实在在的证据来证实。恶劣的社会影响需要靠证据证实，不能靠渲染、夸大、人为升级。恶劣与否必须有统一的客观评判标准，不能搞莫须有化、空洞化、口袋化。

（2）法庭调查时，辩护人讲了刑警大队的证明从主体、形式、内容方面都不合法、不真实，不能作为证据，且124个回复中回复人员重复，其中仅一人就回复了26次，这个链接根本打不开等，因此这个帖子仅局限在极小的范围之内、有限的人员知道，谈不上有“社会”影响，更谈不上“恶劣的社会影响”。至于李建某上访，除了人数五人以外，没采取任何过激的方式，而五人信访也是合法的，故无论从哪方面分析，它都没有造成恶劣的社会影响。因此，不管采取什么标准，本案都不存在恶劣的社会影响。

（3）信访是公民的权利，信访本身并不一定都是合理合法的，不是说有信访，被信访的对象就一定有问题。如果有影响，还一定要分清是信访本身造成的影响，还是因为职权行为造成的影响。不能把二者混为一谈。

（二）指控刘某稳滥用职权事实不清，证据不足。

法庭调查时已经查明，就拍卖问题刘某稳开了数次会，甚至开了全体正科级大会，咨询了律师，请示了领导，走了该走的程序，不存在滥用职权的行为。

当然，公诉人对此有不同的看法，认为被告人滥用职权，说其“未经规划部门许可，没收广告牌”，滥用职权违规委托拍卖，故意违反规定确定租赁期限为15年等。既然说刘某稳违规了，那首先要说明这个规是什么、规在哪里，刘某稳违反了哪些规定，这个规定必须是客观存在、明确规定的，不是含混不清的。如果是含混不清的，就说明规是不确定的，违不违规就无法判断了。而滥用职权罪最起码的要求是必须违规，但违规不等于滥用职权，如果连违规都不能确定，根本不构成滥用职权罪。必须注意到涉案的广告牌属于没收物，本身具有特殊性，对其拍卖更具有特殊性，对其如何处理不能简单套用正常的国有投资广告牌相关法律法规。目前，我国确实对此没有专门的法律规范。尽管公诉人宣读了一些法律规定，但这是针对正常设置、正常拍卖国有产权广告牌租赁期限的规定，并不适用于本案违规设立的广告牌。相反，对于城市管理局有权没收违法广告牌，法律法规有明确的规定，公诉人所谓违法没收的说法，无法律根据。因此，公诉人指控刘某稳违规事实不清，违反了什么规定，规定不清楚。既然规定不清，就要遵循刑罚的谦抑性，不应指控，即便指控，也不能成立。

（三）指控的所谓损失和刘某稳的行为之间不存在刑法上的因果关系。

滥用职权罪的一个基本要求是：损失和滥用职权行为之间存在刑法上的因果关系。这个因果关系是不以人的意志为转移的，是客观存在的、符合逻辑的因果关系。不是所有的因果关系都是刑法上的因果关系，切忌因果关系的扩大化。即便按照起诉书的指控，损失和刘某稳的行为之间不存因果关系。

1. 刘某稳 2013 年 11 月 1 日就调走了，他的行为在这一天已经戛然而止，退一万步讲，即便之前滥用，如果后续处理得当，没有损失，肯定不能定罪。后期不是刘某稳来处理了，城市管理局、其他人处理不当产生的后果不能要求刘某稳承担。

2. 即便李建某存在损失 17.7 万元，也与城市管理局的拍卖行为无关。要注意，广告牌的产权清晰，不是产权不清。李建某不能正常行使权利是其他案外人如蒋某、光明街道办等违法阻挠导致，介入了其他因素，并且这些人的阻挠无任何合法根据。这个阻挠与 15 年租赁期限、规划许可都没有任何关系。不能将他人的侵权后果算在被告人身上。

二、从主观方面来说，被告人刘某稳从没有滥用职权范围的犯罪故意，其主观上想通过合法的行为执法

当然主观上怎么想，要通过客观行为来体现。而我们看到的客观行为是：刘某稳请示领导、咨询律师、多次开会、委托拍卖行把关等，均表明其没有滥用职权的故意。很简单的道理，他要想滥用职权，何必多此几举呢？

◆控辩交锋

1. 关于受贿罪的交锋焦点。

（1）刘某稳是否占有款项。本案是否有确实、充分的证据证实薛某将款项送给了刘某稳。

（2）薛某、刘某昌、王某伟等三人的侦查证言是否合法、真实、有效。

（3）本案书证——借条、银行转款凭证、账户明细证实“30万元是薛某用了”，还证实“是薛某还给了刘某昌10万元”，这个怎么看？

2. 关于滥用职权罪的交锋焦点。

（1）是否存在重大损失，或（和）造成恶劣的社会影响。

（2）刘某稳有无滥用职权的行为。

（3）所谓损失和刘某稳的行为之间是否具有因果关系。

3. 交锋的实质焦点——证据：前述1、2只是交锋的表象，交锋的实质是证据，是如何理解证据的“确实、充分”。

◆一审判决书节录

本院认为，公诉机关指控刘某稳犯受贿罪证据不足。证人刘某昌、王某伟出庭作证时当庭翻证，当庭证实是通过刘某稳借给薛某的钱，薛某向刘某昌、王某伟借款，是在刘某稳作为证明人的情况下在其办公室当场出具了借条。证人薛某在侦查阶段的证言与录音录像不一致，通知其出庭作证，在没有说明不出庭理由的情况下拒绝出庭作证。故在侦查阶段刘某昌、王某伟、薛某的证言，本院不应采纳。薛某在侦查阶段证言中称，交给刘某稳30万元款项的来源和去向没有查明，没有确实证据印证刘某稳收到30万元现金，钱款的去向指向薛某，其间有还款10万元的事实。综上所述，按照证据裁判原则，公诉机关所指控刘某稳犯受贿罪证据不足，不能成立。

关于公诉机关指控刘某稳犯滥用职权罪，本院认为，刘某稳在担任枣庄市市中区城市管理局局长期间，无权决定没收辖区内违法设立的广告立柱，并擅自决定拍卖违规没收的广告立柱，违规将广告牌的租赁期限设置为15年，其行为属于滥用职权。对于其行为造成的经济损失的认定，根据枣庄市市中区城市管理局与李建某签订的《解除广告牌使用合同协议》的约定，刘某稳的行为给城市管理局实际造成损失为25万元，由于广告立柱产权不清，李建某竞拍成功后花1.4万元制作的广告被他人撕下，该1.4万元能够认定为刘某稳滥用职权行为对李建某造成的经济损失。滥用职权造成的损失应该是客观上实际的损失，而不能用司法会计检验报告书的方式予以证明，并且《解除广告牌使用合同协议》中明确约定的利息是从2011年10月31日至2014年8月31日的利息，除此之外不应再有其他利息。综上，刘某稳的行为造成的经济损失为26.4万元，经济损失数额尚未达到定罪标准。虽然李建某上访并发帖，但是尚未达到造成恶劣社会影响的程度。刘某稳的行为不构成滥用职权罪。经本院审判委员会讨论决定，依照《中华人民共和国刑事诉讼法》第195条第（2）项、第（3）项之规定，判决如下：

被告人刘某稳无罪。

◆辩护思路

世界上没有相同的两片树叶，也没有相同的两个案件，尽管存在罪名相同、事实相似、指控逻辑一致的案件，但具体案情上肯定存在实质上的差异。因此，辩护思路也应因案而成，因案而异。

具体到本案，滥用职权罪是控方指控被告人受贿罪多次开庭受阻后，而进行的保底性指控、报复性指控。最初的辩护思路也只能是围绕受贿罪进行，在控方补充指控滥用职权罪之后，辩护思路才将二罪一并考虑。

关于受贿罪：

1. 被告人刘某稳以中间人的身份，提议并见证了刘某昌、王某伟借款30万元给薛某的借贷过程，在借款未打到薛某账户之前保留借条，在借款到位之后受委托保管借条，一手托两家，随后，催促薛某还了刘某昌10万元。这都是事实。

2. 控方指控受贿的逻辑是，薛某在收到这30万元借款后，从自己公司提取现金30万元送给刘某稳。后刘某稳又给薛某10万元，以薛某名义还给刘某昌。即薛某借款是形、是名义，刘某稳索贿是质、是实。那么，本案的事实焦点就是20万元钱款谁占有使用了，是薛某还是刘某稳，如是后者，则被告人有罪。反之，则为无罪。

3. 控方所依托的证据是薛某证言、刘某昌证言、王某伟证言。刘某稳从未做过有罪供述。因此，证据上争议焦点即为：该三人证言是否真实、合法、可信；控方证据是否确实、充分，排除一切合理怀疑。

4. 顺着控方指控脉络梳理，辩护人发现：只有薛某一人证言称“收到借款30万元后，又从自己处取出30万元现金送给刘某稳”，“还款10万元也是刘某稳又给自己的”，即刘某稳占有使用20万元的证据仅有薛某一人证言。刘某昌、王某伟虽有承认行贿的证言，但只是说为了酬谢刘某稳给了30万元，但明显和还款10万元的事实相矛盾，也不能印证薛某证言。尤其是辩护人在向王某伟取证时，王某伟明确表示，是借款，其之前证言是侦查机关刑讯取证的产物，是虚假的。而在案其他证据如银行汇款凭证等客观书证证实，薛某收到了30万元，薛某还刘某昌10万元。而且，控方在已经掌握薛某收到30万元后，再行汇给他人的相关书证，但拒不提供给法庭。结合刑事诉讼法规定以及前述3点，很显然，控方指控显属事实不清，证据不足，根本排除不了合理怀疑。至此，辩护思路基点确立。

5. 随着诉讼程序的进展，第一次开庭时辩护人申请王某伟出庭作证，王某伟也主动在法庭外等待出庭，却被法庭拒绝；经辩护人反复申请，法庭当庭播放的侦查机关询问薛某的录音录像证实，“询问笔录和询问实际情况存在根本不符，笔录内容是询问人员对薛某指证、喂证、诱证后形成，不是薛某真实的意思表示”；第三次开庭时，刘某昌当庭作证时被检察官以伪证罪举报带离。这种种行为事实，再次让辩护人坚信本案指控证据既不确实，更不充分，排除不了合理怀疑。所以，辩护人重点从控方证据存在的问题入手，指出指控证据不确实、不充分；再从辩方证据着眼，力证事实真相，同时充分说明指控不能排除合理怀疑，应宣告刘某稳无罪。

至于滥用职权罪：

因为其是控方指控受贿罪受阻后，公诉机关自行侦查、自行审查带有特定目的的补充起诉，且按照控方逻辑立案时的损失达不到立案标准，法院对此心知肚明，无须过多解读，法院也能洞察真相。因此，辩护人根据滥用职权罪的构成要件逐项进行了反驳。

◆结语

对于证据“确实、充分”的理解，应注意以下几点。

1. 综合分析全案证据的前提：单个证据本身均是真实、合法、有效的，具备证据能力和证据资格。非法、不真实、无关联的证据无从综合，如同一堆谬误凑在一起，只能是更大的谬误，不同的谎言凑在一块只会产生更大的谎言一样。单个证据的证据能力是证据“确实、充分”标准第一层面的要求。

2. 不能以所谓“单个证据之间能够相互吻合、相互印证”，倒推单个证据具备证据能力。“单个证据之间能够相互吻合、相互印证”解决的是证据的“证明力”，不是“证据能力”，而证据“确实、充分”首先解决的是“证据能力”。没有“证据能力”就谈不上“证明力”，不能以后者反推前者，不能反向证明，这种证明方式、论证逻辑是错位的、颠倒的。而且司法审判实践已经证实，“相互吻合、相互印证的证据”也可能是虚假、非法的，往往还是错案的根源。

3. “定罪量刑的事实都有证据证明”不仅要求证据具备证据能力和证明力，而且要求证据的数量不能是“孤证”。每个案件涉及的事实很多，既有定罪事实，又有量刑事实，且每一方面的事实又可分解为若干个小事实，其中又有关键事实和非关键事实之分。但是，凡是能够影响定罪和量刑的事实，均是关键事实，如果关键事实只有一个证据，不符合“充分”的要件，也有违“孤证不得定罪”的原则，不应以此做出“不利于被告人”的认定。

4. “综合全案证据，对所认定事实排除合理怀疑”等同于“得出唯一结论”。“排除合理怀疑”和“得出唯一结论”是同质的。何谓“排除合理怀疑”，就是“得出唯一结论”，只要能“得出唯一结论”，就“排除了合理怀疑”。

5. 证据“确实、充分”及前述四点只适用于控方的指控和控方证据，不适用于辩方的辩护和辩方证据，这是法律赋予控辩双方的不同要求。只要辩方的辩护或证据达到使人对控方指控、证据产生合理怀疑，不能得出唯一结论的程度，就应否定控方主张，支持辩方主张。

6. 作为法律人，分析案件，应从证据入手，紧扣证据三性，用证据说话，严格把握证据确实充分的标准；同时紧密结合《刑法》《刑事诉讼法》的法律规定，从正反两方面深入、透彻地进行分析证据是否能“排除合理怀疑”“得出唯一结论”，才能得出正确的结论。

第十九讲 价格认定结论书是书证、鉴定意见，还是其他？

——徐某某被控销售假冒注册商标商品罪

按　语： 涉财类刑事案件中，经常会看到“价格认定结论书”的身影。其由价格认定机构做出，涵盖的范围极广，小到盗窃案中的小件物品如衣服、自行车等，大到价逾千万元的房屋等。涉及的范围极广，既涉及合法流通的物品，也包括限制、禁止交易的物品；既包括普罗大众熟悉的的生活必需品，也包括名人字画、玉器古玩等鉴赏品。其在案件中的意义非凡，不仅影响量刑，甚至决定罪与非罪。但是，在司法实践和学界，对其也存在争议，如其属于哪一种证据种类，是书证，还是鉴定意见，抑或其他？仍然意见不一。而且，有的价格认定结论书确实存在不客观、不严谨，走形式，随意性大等问题，如何对其审查、采信也迄需关注和研究。

关键词： 价格认定结论书　鉴定意见　书证　审查　采信

◆案情简介

徐某某因涉嫌销售假冒注册商标商品罪被起诉到广州某法院。检察机关认定其涉案数额为既遂96143元、未遂62676元；认定的主要证据是某价格认证中心出具的价格认定结论书。而该价格认定结论书不仅在认定基准日上和指控时间相矛盾，而且其认定的单价、总价与被害单位出具的价格说明数字一模一样。被害单位以种种理由，从侦查到一审拒绝提供出售同类产品的发票、合同。

2017年8月14日，一审法院第一次开庭，辩护人指出，本案的价格认定结论书存在严重问题，不能作为定罪依据；指控罪名属于数额犯，因指控数额无证据支持，应依法对徐某某取保候审，并宣告其无罪。2017年8月

25日法院对徐某某取保候审。后检察院申请补充侦查，同一价格认定机构作出了新价格认定结论书，与原结论书除基准日外其他内容一模一样。一审第二次开庭，公诉人未到庭，通过视频参与庭审；辩护人指出，价格认证中心的行为、一模一样的价格认定结论书、先起诉后取证等做法，再次说明徐某某无罪。法院经过审查、合议，鉴于徐某某认罪，判处其缓刑。

◆起诉书节录

2013年3月，被告人徐某某以广州亮五泵业有限公司名义向广东某建设有限公司销售8台假冒广州光五泵业有限公司（以下简称光五公司）水泵（3台65GDLF32-75型水泵，3台65GDLF32-110型水泵，1台40GDLF8-73型，1台40GDLF8-111型水泵，共价值人民币96143元），并安装在广州市大学城中五路某号物业使用。

2016年5月31日，民警在广州亮五泵业有限公司工厂内查获徐某某准备用于销售的6台假冒广州光五泵业有限公司水泵（3台GDDl50-32型水泵，1台GDD100-32B型水泵，1台GDD100-32型水泵，1台GD65-30型水泵，共价值人民币62676元）。

2016年9月20日，被告人徐某某被抓获。

本院认为，被告人徐某某无视国家法律，销售明知是假冒注册商标的商品，销售金额数额较大，其行为触犯了《刑法》第214条之规定，应当以销售假冒注册商标的商品罪追究其刑事责任。

◆辩护词节录

一、公诉机关指控的金额虚高，且依据的证据不当

公诉机关指控的金额严重虚高，依据的证据不当，与客观事实严重不

符，更不能排除合理怀疑，不能得出本案金额“达到定罪标准”的唯一结论，应本着“存疑有利于被告人原则”，作出被告人不构成“犯罪”的认定。

销售假冒注册商标的商品罪本质上是“数额犯”，不是行为犯，并不是说只要有销售行为就构成了犯罪，而是销售数额达到一定的金额后才构成犯罪。即销售金额决定着罪与非罪。根据相关的司法解释，已销售数额需达到 5 万元以上，或已销售金额和未销售金额达到 15 万元以上，方构成犯罪。尽管控方指控的金额为 95609 元 +62676 元，貌似达到了定罪数额，但正如我们在法庭调查阶段所说，其所依据的关键证据——价格认定结论书存在种种问题，“不真实，过于虚高，最少虚高一倍以上”，不能作为定罪依据。

（一）关于第一份价格认定结论书。

1. 价格认定结论明显过高，与实际市场价格不符，最少比实际价格虚高一倍以上。该结论已被“被害单位”出售给徐某某的同类产品发票等在案书证证明为虚假，而根据这些书证，价格认定结论书比实际市场价格高了一倍多。

2. 从认定过程而言，该认定是一种形式主义的价格认证，系基于“被害单位”光五公司提供的价格明细表而来，与其一分钱都不差，这明显违背中立原则。而且，该认定机构也坦承，“因光五公司为唯一销售渠道，所以根据其价格明细表认定”，其未进行调取、核实、审查光五公司的实际销售发票、合同等基础工作。

3. 从认定依据而言，光五公司提供的价格明细表明显不真实，不能作为认定依据。其一，光五公司提供的价格明细表与实际价格不符，最少虚高一倍以上，不真实。其二，光五公司拒不提供同时段同类产品的销售合同、销货单、发票底联等，价格明细表属于孤证。其三，该孤证系由利害关系方——“被害单位”出具，既无具办人员签名确认，也不客观，不能作为价格认定中心认证的依据，也不能作为指控涉案金额的依据。

4. 认定主体无鉴定资质。因为控方是将该价格认定结论书作为鉴定意见出示，但价格认证中心无鉴定资质。

5. 认定时间错位：起诉书指控的犯罪时间为 2013 年 3 月、2016 年 5 月 19 日，但价格认定结论书基准日为 2016 年 9 月 20 日和 5 月 31 日，明显错位。

6. 就证据形式而言，该价格认定结论书不是法定证据形式。

（二）关于退补后形成的第二份价格认定结论书。

1. 与第一份价格认定结论书存在同样的问题。具体内容不赘述。

2. 第一份和第二份价格认定结论书只是基准日不同，其他一模一样，已自证其毫无客观真实性可言，是无效证据。

3. 就证据种类而言，如果是鉴定意见，则原认定机构和人员应该回避，但其未回避，不合法，不能作为定罪证据。

4. 正常和正确的侦查指控逻辑是：先有证据，后有起诉书。但本案恰恰相反，起诉到法院甚至开了一次庭以后，才形成关键证据——第二份价格认定结论书。这样的事实既说明该证据不应采信，也说明指控不能成立。

（三）就法律而言，因价格认定结论书不能作为定罪依据，以致本案指控的销售金额不清，证据不确实、不充分，指控不成立。

根据《刑事诉讼法》第 55 条的规定，控方指控的“证据必须确实、充分”，“定罪量刑的事实都有证据证明，据以定案的证据均经法定程序查证属实；综合全案证据，对所认定事实已排除合理怀疑”，这样才能认定犯罪。正如前述，销售金额既属于定罪事实，又属于量刑事实，该金额必须确定、唯一，其指控证据要排除一切合理怀疑。否则，不能定罪。可是，控方证据远远达不到这一要求，甚至还有在案证据——销货单已经否定了指控金额。怎么办？当然，应本着“存疑有利于被告人原则”，不予认定“销售金额达到定罪标准”，应作出被告人不构成“犯罪”的认定。

二、控方指控的第二笔 6 台水泵，并未销售，属于犯罪预备

控方指控的第二笔 6 台水泵，并未销售，属于犯罪预备。该形态下的金额，也影响着罪与非罪，请合议庭予以充分的重视。至于该笔指控金额存在的问题，如前所述，不再赘述。

三、其他问题

本案还存在管辖不当，“2016 年 5 月 19 日所谓事发，但直到 9 月 20 日才对被告人采取强制措施”，相关证人作假证。所谓被害人故意不提供销售发票、合同，被害人做自己的法官，进行鉴定，“被害人和控方未尽到举证责任”等问题，辩护人不一一详述，请合议庭审查本案时也予以充分考量。

综上，基于本案的上述情况、特殊的案发背景，以及被告人已被羁押近 11 个月的客观前提，基于“本案证据有曲解，指控有误解，被告人有合理辩解，事实和法律须准确理解，对案件处理要正确”的事实、要求，被告人的行为显属“情节显著轻微，危害不大，不构成犯罪”，请合议庭根据《刑法》第 13 条“但书”之规定，宣告被告人无罪。

◆控辩交锋

控辩争议的根本点是罪与非罪，而罪与非罪的关键就是指控数额是否超过 15 万元，指控所依据的关键证据——价格认定结论书能否作为定罪依据。辩方从价格认定结论书的证据种类、结论、形成过程、依据等方面分析，认为其不真实、不客观，不能作为定罪依据。控方则坚持主体合法、程序合法、结论准确的意见。

◆判决书节录

经审理查明：

一、2013 年 3 月，被告人徐某某以广州亮五泵业有限公司名义向广东某建设有限公司销售 8 台假冒广州光五泵业有限公司水泵（3 台 65GDLF32-75 型水泵，3 台 65GDLF32-110 型水泵，1 台 40GDLF8-73 型，1 台 40GDLF8-111 型水泵，共价值人民币 96143 元），并安装在广州市大学城中五路 159 号大学小筑物业使用。上述事实，有公诉机关当庭出示并经控辩双方公开质证，本院查证属实予以确认的下列证据证实：

1. 书证、物证……

2. 鉴定意见。广州市某区价格认证中心出具的穗海价认定（2017）1414 号价格认定结论书，证实经鉴定，3 台假冒对应被侵权产品型号 65GDLF32–75 水泵的单价为人民币 12645 元，3 台假冒对应被侵权产品型号 65GDLF32–110 水泵的单价为人民币 15050 元，1 台假冒对应被侵权产品型号 40GDLF8–73 水泵的单价为人民币 5231 元，1 台假冒对应被侵权产品型号 40GDLF8–lll 水泵的单价为人民币 7827 元，共价值人民币 96143 元。

3. 证人证言……

二、2016 年 5 月 31 日，民警在广州亮五泵业有限公司位于本市番禺区西一村工业路 39 号之二工厂内查获徐某某准备用于销售的 6 台假冒广州光五泵业有限公司水泵（3 台 GDD150–32 型水泵，1 台 GDD100–32B 型水泵，1 台 GDDl00–32 型水泵，1 台 GD65–30 型水泵，共价值人民币 62676 元）。

2016 年 9 月 20 日，被告人徐某某被抓获。

上述事实，有公诉机关当庭出示并经控辩双方公开质证，本院查证属实予以确认的下列证据证实：

1. 书证、物证……

2. 鉴定意见。广州市某区价格认证中心出具的穗海价认定（2017）1413 号价格认定结论书，证实经鉴定，3 台假冒对应被侵权产品型号 GDD150–32 水泵的单价为人民币 13411 元，1 台假冒对应被侵权产品型号 GDDl00–32 水泵的单价为人民币 10189 元，1 台假冒对应被侵权产品型号 GDD100–32B 水泵的单价为人民币 9072 元，1 台假冒对应被侵权产品型号 GD65–30 水泵的单价为人民币 3182 元，共价值人民币 62676 元。

3. 证人证言……

4. 广州市某区价格认证中心出具的关于假冒注册商标水泵案涉案标的价格认定说明，证实由于提出方某分局经侦大队已在相关协助书中确认未查获相关价格单据，因此该案件涉案标的需以被侵权产品的市场中间价格计算。经市场调查及与广州光五泵业有限公司相关人员进行咨询访谈，了解到该公司为所有产品的唯一销售渠道，无授权其他经销商进行销售，因此该中心参考该公司出具的价格证明中对应被侵权产品的市场零售价格进行价格认定。

5. 证人高某某提供的委托书、价格表、证明，证实广州光五泵业有限公司委托高某某协助办案事宜。该公司出具证明称过往所销售的发票已经全部封存，无法提供相应型号的销售发票。

对于辩护人的辩护意见，本院综合评判如下：

1. 关于涉案产品价格认定结论书的证据能力分析。经查，根据证人高某某的证言、广州光五泵业有限公司出具的说明、广州市某区价格认证中心出具的关于假冒注册商标水泵案涉案标的价格认定说明，可以证实因广州光五泵业有限公司无法提供涉案产品的相关销售单据，故广州市某区价格认证中心通过市场调查及与广州光五泵业有限公司相关人员进行咨询访谈后，了解到该公司为所有产品的唯一销售渠道，无授权其他经销商进行销售，在参考广州光五泵业有限公司出具的价格证明中对应被侵权产品的市场零售价格进行了价格认定。广州市某区价格认证中心是法定的刑事涉案物价格鉴定部门，其接受广州市公安局某区分局的委托，根据鉴定基准日的公开市场价值，按照规定的标准、程序和方法，依法对涉案赃物进行了价格鉴定，其鉴定结论是综合委托方提供的标的物资料根据市场法并考虑折旧等因素作出的，鉴定主体、程序合法，结合证人高某某、谭某某的证言等证据，故本院采信广州市某区价格认证中心作出的涉案产品价格鉴定结论书。

2. 对于辩护人认为被告人徐某某在第二宗犯罪中属于犯罪预备的辩护意见，经查，根据证人姚某某、毕某某、刘某某、黄某某等人的证言及被告人徐某某的供述，结合相关销售合同等书证，可以证实被告人徐某某一直从事水泵的销售工作。公安机关在广州亮五泵业有限公司厂房内查获的被告人徐某某准备用于销售的涉案假冒水泵依法应认定为犯罪未遂。故辩护人的该项辩护意见依据不足，本院不予采纳。

本院认为，被告人徐某某无视国家法律，销售明知是假冒注册商标的商品，销售金额较大，其行为已构成销售假冒注册商标的商品罪，依法应予惩处。公诉机关指控被告人徐某某的犯罪事实清楚，证据确实、充分，罪名成立，本院予以支持。被告人徐某某当庭自愿认罪，酌情对其从轻处罚。公诉机关的量刑建议合理，本院予以采纳。根据被告人徐某某的犯罪情节和悔罪表现，对其适用缓刑确实不致再危害社会，依法可对其宣告缓刑。依照《刑法》第 214 条、第 72 条、第 73 条、第 64 条及《最高人民法院、最高人民检察院关于办理侵犯知识产权刑事案件具体应用法律若干问题的解释》第 2 条第 1 款和《最高人民法院、最高人民检察院关于办理侵犯知识产权刑事案件具体应用法律若干问题的解释（二）》第 4 条之规定，判决如下：

一、被告人徐某某犯销售假冒注册商标的商品罪，判处有期徒刑一年三个月，缓刑二年（缓刑考验期限从本判决确定之日起计算），并处罚金人民币九万元（罚金在本判决发生法律效力之次日内向本院缴纳）。

二、扣押的涉案水泵 6 台，均予以没收（由广州市公安局某区分局代为执行）。

◆辩护思路

一、辩护第一重点：价格认定结论书应否采信，指控数额是否达到追诉标准

销售假冒注册商标商品罪与常见的盗窃罪一样，是数额犯，不是行为犯，有一定的追诉标准。且本案存在既遂和未遂两种情形，必须考虑是否达到既遂的追诉标准和既未遂合并的追诉标准。

通过仔细阅卷，辩护人发现如下问题：

1. 控方据以认定数额的证据是价格认定结论书，而价格认定结论书直接照搬所谓被害单位的“价格表”；

2. 控方将其界定为鉴定意见，但其明显不符合鉴定意见的要求；

3. 价格认证中心认定的基准日与指控时间明显不符，过于随意；

4. 价格认定结论与辩方查询到的实际销售发票价格相差过半以上，不客观真实。

基于上述原因，辩护人将价格认定结论书应否采信，指控数额是否达到追诉标准作为辩护的第一重点。

二、辩护第二重点：涉案商品是否为假冒的注册商标商品

涉案商品是否为假冒的注册商标商品是本案的辩护重点，本案中存在被害单位自行充当“鉴定人”，称涉案商品是“假冒”，既是被害人又是鉴定人等问题，辩护人在法庭调查阶段也详细发表了质证意见。

经过第一次开庭，合议庭对辩护人提出的问题高度重视，很快对被告人变更羁押措施为取保候审。被告人本人认事认罪，且已被羁押了近 11 个月。因此，辩护人以“刑法第 13 条但书”为依据，做了无罪辩护。

◆结语

价格认定结论书属于证据的哪一种类，是书证还是鉴定意见，抑或其他，如何对进行审查和采信？其实，无论是对其归类，还是审查、采信都必须把握它的本质特征进行。有人认为它是鉴定意见，有人认为它是书证，而且是公文书证。但是细究起来，它两者都不是。

其一，司法鉴定是指鉴定人运用科学技术或者专门知识，对诉讼涉及的专门性问题进行鉴别和判断，并提供鉴定意见的活动，它一般涉及的是自然科学。全国人大常委会《关于司法鉴定管理问题的决定》把司法鉴定分为三类：法医类鉴定、物证类鉴定和声像资料鉴定。而价格认定结论书涉

及的是社会科学，不属于全国人大常委会规定的鉴定种类；价格认定机构不具备司法鉴定资质，不是适格的司法鉴定主体。

其二，尽管《价格认定规定》第2条规定，“本规定所称价格认定，是指经有关国家机关提出，价格认定机构对纪检监察、司法、行政工作中所涉及的，价格不明或者价格有争议的，实行市场调节价的有形产品、无形资产和各类有偿服务进行价格确认的行为”，但价格认定结论书仍然不属于书证，更不是公文书证。这个规定本身就存在问题，因为行政确认必须针对具体事项的行政行为，涉及行政相对人，而刑事诉讼中的价格认定很显然不是行政行为。而且，书证是指用文字、符号或图画所表达的思想内容来证明案件事实的证据材料，它一般形成在案发前或案发时，它是一种独立、客观的存在，是一种对事实的表述，不是评判意见。可是，价格认定结论书形成于案发后，是为了刑事诉讼，由案外人对价格事宜进行的一种评判意见。其和书证的本质特征不符。价格认定结论书的本质是，价格认定机构的专业工作人员，根据的自己专长，通过专业方法，对涉案物品的价格提出的评判性意见，本质上是专家证人以自述形式发表的意见，类似于鉴定意见，但又不是鉴定意见。

基于价格认定结论的本质特征，对其审查和采信应兼顾鉴定意见和证人证言的特点，参照、兼采对鉴定意见、证人证言的审查内容、重点、方式进行，尤其要特别关注其是否具备客观真实性，不能像本案一样，因为其系由价格认定机构做出就认为天然真实而予以采用。同时，为了解决价格认定中的形式主义、随意性大、不规范等问题，法律法规应明确规定，“价格认定人员必须在结论书中签名，在被告人和辩护人存有异议的案件中必须出庭作证，否则，价格认定结论书不得采信”，使价格认定机构和人员切实地负起责任，让价格认定结论书能够经得起检验，不枉不纵，成为和其价值、地位相匹配地“真正证据”。

第二十讲

辩方取证的正确姿势

——罗某某涉嫌玩忽职守案

按　语：辩护律师取证难、取证有风险是众所周知的事实。《刑法》第306条更是悬在律师头上的一把剑。因此，有的律师视取证为畏途，不敢取，久而久之，不会调取证据，不知如何调取证据。尽管，被告人不负有自证其罪的义务，指控犯罪是公诉方的义务，辩护人可以不取证，但是有的案件，为了支持辩护人的辩护观点，为了维护当事人的合法权益，为了查明案件事实，辩护人取证确实不可或缺，甚至能达到一证定案的效果。辩方如何取证，就成了辩护律师不得不研究、慎重考虑的问题。取证的方法因案而异、因证据种类而异、因时因地因人而异。本案主要结合案例，以辩方调取网络平台信息类电子数据为例，谈谈辩方取证的方式方法。

关键词：辩护律师　取证　网络平台　电子数据　公证

◆案情简介

2013年12月，某山市某区某镇政府（以下简称某镇政府）与广东宏泰国某房地产有限公司（以下简称国某公司）签订国有建设用地使用权出让合同。合同约定，某镇政府有权按3000元／平方米的价格购买套内建筑面积不超过30000平方米的住宅作为政府保障性住房（以下简称保障房）。保障房的规划设计方案须经某镇政府审批同意方可施行。2015年10月镇政府通过了房屋开发修建详细规划，没有对30000平方米保障房进行规划设计。

罗某某，2017年1月任某山市某区某镇党委书记期间，在主持的党政联席会议上，经由职能部门负责人汇报了“保障房在上届镇政府期间未设计，导致现在房屋面积超标，不符合保障房的要求；财政上也没有钱款；镇里保障房充足；不建议增购”，两委委员集体表决通过了“不以 3000 元每平方米的价格增购 300.00 平方米保障房”的决议。

广东省某山市某区人民检察院以明检公诉刑诉〔2018〕191 号起诉书指控被告人罗某某犯玩忽职守罪，于 2018 年 5 月 8 日提起公诉。指控思路是因为不增购，导致开发商赚取了 30000 平方米房屋按市场价出售与 3000 元每平方米之间的巨额差价，造成国家利益重大损失 2.3 亿元。

某区人民法院分别于 2018 年 6 月 5 日、2018 年 10 月 23 日公开开庭审理了本案。辩护人通过公证方式调取了区政府网站上镇党委镇政府相关领导的分工提交法庭，以证明“罗某某作为党委书记，不分管具体行政事务，对增购保障房事项无职责，不具备玩忽职守的客观前提”。公诉人对辩护人提交证据的真实性、合法性无异议。

2018 年 11 月 29 日某区人民法院做出一审判决，对辩护人提交的证据只字未提，认定罗某某造成损失 2.3 亿元，构成玩忽职守罪，判处有期徒刑一年。检察院未抗诉，被告人未上诉，判决已经发生法律效力。

◆起诉书节录

某区人民检察院指控：经审理查明：

2013 年 12 月，某镇政府与国某公司签订国有建设用地使用权出让合同。合同约定，某镇政府有权按 3000 元 / 平方米的价格购买套内建筑面积不超过 30000 平方米的住宅作为政府保障性住房。2014 年，国某公司派生分立出佛山顺德国某房地产有限公司后，在上述合同出让的宗地上开发建设“碧桂园印象花园”项目。

2017 年 1 月 18 日，时任某山市某区某镇党委书记，负责某镇全面工作的被告人罗某某，在某镇党政联席会议上，未能从国家利益的大局出发，在没有经过进一步核实，履行监督查实职责的情况下，轻信下属何某勇（另案处理）关于某镇政府无须增购“碧桂园印象花园”保障房的理由，草率决定，最终批准通过政府放弃以 3000 元 / 平方米的价格增购保障房 30000 平方米的决议。

2017 年 6 月，某镇政府撤销放弃增购保障房的决议，并委托某山市某区康投物业管理有限公司按照 3000 元 / 平方米的价格向国某公司购买了 12026 平方米住宅作为保障房。截至立案时，某镇政府仍无法按照保障房条款增购剩余的 17974 平方米的住宅作为保障房，造成国家利益损失约人民币 2.3 亿元。

本院认为，被告人罗某某无视国家法律，身为国家机关工作人员玩忽职守，致使国家利益遭受重大损失，情节特别严重，其行为已触犯《刑法》第 397 条第 1 款的规定，应以玩忽职守罪追究其刑事责任。

◆辩护词节录

一、被告人罗某某不负责某镇全面工作，没有对“保障房事项进一步核实、监督查实”的职责，不具备玩忽职守的客观前提

玩忽职守的前提是“有职可守”，无职责则无玩忽。而职责的有无，必须根据如宪法、法律、规章等规范性文件，或者国家机关内部决定和命令来确定，不能依据某一个人的说法来认定。回归到本案，控方没有提供关于“罗某某负责某镇全面工作”的任何书证，没有书证证实被告人罗某某负有“保障房事项进一步核实、监督查实”的职责。尽管何某勇证言曾提到“镇党委书记作为一把手，肯定是党政工作一把抓”，但这只是他个人的认识，得不到党委书记罗某某、镇长姜某国的印证，属于孤证，孤证不得定罪；而且，其说法也和辩护人提交的证据“某区镇街道领导工作分工的公证书”——证实书记主持党委全面工作，镇长主持镇政府全面工作的客观事实相矛盾。尤其需要注意的是，何某勇证言也证实是受“镇长指派跟进

保障房项目”，这足以说明问题。因此，被告人不具备玩忽职守的职责前提。公诉人所讲的“党委书记具有绝对权力”，无证据和事实依据。

二、不增购决议是所有参会人员根据土地出让合同当时的客观履行情况，依据相关规定集体研究、一致同意后形成，不是被告人个人决定或批准。被告人作为会议参与人，尽到了应尽的注意义务，客观上未实施玩忽职守的行为。不增购决议符合当时的客观情况、合同约定、法律法规

（一）2017 年 1 月 18 日作出的不增购决议是集体研究讨论、一致同意后形成，不是被告人个人决定或批准，不是“被告人最终批准”。

在案的会议记录、会议纪要、会议纪要传阅表、姜某国证言、何某勇证言、被告人口供和辩解充分证实，18 名全体镇领导均参会、研究，对何某勇代表具办局提出的“不增购建议”经过讨论，一致“同意”。该决定是集体研究、集体决策，是集体意志的体现，不是被告人个人决定或批准。

（二）被告人罗某某作为参会人，其尽到了应尽的注意义务，客观上未实施玩忽职守的行为，不存在严重不负责任、不认真履行、不正确履行职责的情况。

虽然，被告人罗某某不负责镇政府的全面工作，对保障房项目无审核的职责，但是作为会议主持人和参与人，尽到了其应尽的注意义务。会前，被告人听了专业人员、具办局领导何某勇的建议，了解了情况，同意提交联席会，和镇长姜某国进行了沟通；会中，被告人听取了何某勇的介绍、建议和理由，查看了何某勇代表国土城建和水利局提交《关于不增购碧桂园花园项目保障房的请示》、附件等材料，询问了廖某标和财政人员，了解了某镇保障房的真实情况、财政状况，听取了其他参会人“同意”的意见后，最后一个发表了“同意不增购”的意见；会后，被告人又传阅了会议纪要签名确认。从会前、会中、会后整个流程来看，被告人严格按照流程，认真研究材料后，才慎重发表了意见，尽到了应尽的注意义务，合情合理合规，不存在敷衍塞责，不认真不负责的行为。

（三）不增购符合当时的客观情况、合同约定、法律法规。控方指控“被告人轻信何某勇、草率决定”，无事实根据。

1. 起诉书指称“被告人轻信何某勇，草率决定”更是无从说起。一则，被告人不仅是听取了何某勇一人的理由。二则，何某勇是什么人，其是党委委员，兼任镇国土城建和水利局局长，分管土地储备中心、国土资源、房管、城市升级、城市建设、污水管网建设、规划、拆迁、土地征收、水利、三防工作，土地储备中心征收管理，负责跟进履行某镇政府在合同中的义务，监督合同相对方合同履行情况，代表镇政府主张合同权利，而且从 2014 年就参与了涉案土地出让合同的权利义务落实工作，参与了 2015 年保障房规划的审批，2017 年 2 月又受镇长姜某国指派跟进项目，正如镇长姜某国所说“何某勇是负责的镇领导，比较专业”；何某勇对项目最熟悉，又调查了保障房的户型和标准、某镇保障房现状、保障房政策，提出了三点不增购的理由。无论从专业角度，还是分管职责的角度，还是政府职能分工、提高效能、高效行政的角度，基于信赖原则，所有与会人员包括被告人都应该信赖、信任何某勇的汇报。信赖、信任何某勇的汇报是合法合规合理的，无可厚非。基于此，即便是具有管理职责的镇长、分管副镇长，也不需要把何某勇所做的调查再重复走一遍。否则，分设全面负责、主管、分管、具办还有何意义，下属具办局和人员设置的意义何在？

2. 何某勇与镇国土城建和水利局不增购的三点理由成立。

（1）理由之一：“某镇保障房充足”，有事实根据。对此，会议记录中廖某标的说法、某镇 2017—2010 年完成保障房任务的说明，甚至某镇国土城建和水利保障局的情况说明均能证实此节事实。甚至 2017 年印象花园移交的 11000 平方米 200 套保障房经过两次社会公告，至 2017 年 11 月 29 日仍剩余 35 套住房没有符合条件的人员承租。

（2）理由之二：“项目目前剩余未销售房型为 80—101 平方米的户型，与文件要求的建筑面积差距较大，不能纳入保障房体系”，有事实、合同、法规依据。

其一，合同依据：某山市国有建设用地使用权出让合同第 21 条第（9）项约定“保障房住房（含增购保障性住房）建设要求详见《某镇岗北伦桂路以东、国通大道以北地块保障性住房配建要求》”。而《某镇岗北伦桂路以东、国通大道以北地块保障性住房配建要求》第 2 条户型、面积的约定是，“户型 50 平方米（套内建筑面积，下同），户型 60 平方米”。

其二，法规依据：《某区住房保障实施办法》第 12 条第 2 款规定，“新建公租房应执行绿色建筑标准。成套建设的公租房，单套建筑面积控制在 60 平方米以内，以 40 平方米左右为主，鼓励发展低于 30 平方米的小户型”。其他法规亦有相同规定。

其三，事实依据：某镇政府咨询函显示，印象花园项目剩余两栋楼的套内面积分别为 65.71、77.12、81.98、155.98 平方米，注意是套内，远远高于 50 平方米、60 平方米，甚至高达 3 倍多。

当然辩护人注意到，为了证实保障房面积可以超过 60 平方米，卷宗里及庭审时公诉人罗列了诸如顺德国土城建和水利局（2017）138 号关于对某镇人民政府咨询保障房相关政策的复函、《某区限价商品房管理办法》、关于陈村印象花园项目回购保障房有关政策的说明，某区国土城建和水利局、李某春证言等材料，意图说明保障性住房包括限价房，限价房可以达到 90 平方米等。其实，这个问题无须争论，面积能不能超过 60 平方米，保障性住房是否包括限价房，应以当时的规范性文件和出让合同约定为准。

（3）理由之三：“项目在 2015 年 10 月办理修建详细规划，当时我镇无增购要求；致使该项目规划设计只考虑 11 号楼（21 层）用作保障房”，事实也的确如此。何某勇、杨某成、罗某裕等人证言和 2015 年 9 月会议纪要、规范方案、总平面方案等书证，充分证实此点。

综上可知，不增购决议符合客观情况、合同约定、法律法规，程序合法，无可指责。

三、控方对本案所谓危害后果的认定存在重大问题，其“造成国家利益损失 2.3 亿元”的指控不能成立

玩忽职守罪属于结果犯，“重大损失”的危害后果是其必要的构罪要件，无重大损失，则无玩忽职守罪。因此，本案是否存在所谓“造成国家利益损失 2.3 亿元”的事实，是我们必须慎重研判的问题。辩护人从指控认定的逻辑和标准、立案时点损失是否确实存在、证据三大方面进行分析和论证。

（一）起诉书关于“重大损失”的认定逻辑和标准错误。

起诉书认定“造成国家利益损失 2.3 亿元”的逻辑是，“3 万平方米保障房必须买，不买少买就是损失”；标准是“未买到的平方米数乘以当时的房价减去 3000 元的差额”。这个逻辑和标准乍一看，貌似有理，很具有迷惑性，实则谬误。

1. 在增购保障房事项上，某镇政府面临的是选择题，不是判断题。根据土地出让合同的约定，是否增购、增购多少，由某镇政府根据自身保障房充足与否、财政状况等具体情况自主决定，是某镇政府的民事权利。它可以增购，也可以不增购，可以增购 1 平方米，也可以增购 30000 平方米，不是“必须增购 30000 平方米”。控方的逻辑前提不成立。

2. “不买、少买就是损失”的逻辑不能成立。什么是损失，就是已有的财产、权利灭失、减毁，应该进项的未进入，不应该支出的支出了。增购 30000 平方米保障房，是要付出对价的，不是无偿获得的，在某镇政府未付款之前，房子是开发商的，因此，不增购不属于“已有的财产、权利灭失、减毁”。那是否属于“应该进项的未进入”？也不属于。其一，是否增购属于某镇政府的自由裁量权。应不应该增购由其决定。其二，进入的前提要付出对价，每平方米 3000 元，30000 平方米加上契税就是 1 亿元资金。想进项就得先付出，没有免费的午餐，巨额支出是前提。其三，前面已述，某镇保障房充足、财政实力不足，不存在“应该增购”的必要性和可行性。

3. 起诉书以“2017 年 2 月的商品房市场单价减去 3000 元 / 平的差额”

作为损失标准，与规范性文件、保障房的实际用途、土地出让合同、政府定位和功能存在根本性矛盾，不能成立。根据规范性文件、土地出让合同，30000 平方米保障房遵循只租不售原则，只能作为公租房提供给符合条件的本镇居民，不能变现，不能改变房屋用途。它只有居住功能，不是金融产品，不具有营利功能。哪怕市场上商品房价格飙升，保障房还是那个保障房，涨到天价对它毫无意义。况且镇政府作为住房保障的主责单位，是进行公共管理的国家机关，不是以营利为目的经济实体，房屋再有差价，镇政府也不能出售变现盈利。我们都知道，房住不炒是习近平主席、中央政府的一贯主张，个人都不允许炒房，何况政府呢。再试想，2017 年 1 月 18 日镇政府在保障房充足的情况下，拿出一个亿去购买 30000 平方米保障房，但因为没有符合条件的人承租，不得不放在那儿囤积闲置，这妥当吗？这和政府的定位和功能相符吗？这是不是与民争利？

4. 起诉书存在两个误区，必须澄清。

误区一："2017 年 6 月后，某镇政府突破户型、精装修的限制，增购了保障房，因此某镇政府不增购决议错误"。能否突破户型、精装修的限制，应什么时候说什么话，什么山上唱什么歌，应遵循当时当地原则，不能以 2017 年 6 月后的增购否定 2017 年 1 月的不增购。辩护人不评判后面增购行为是否合法合规，但当时的规范性文件、土地出让合同已经给了我们答案。

正如辩护人在质证时所讲：

其一，不增购决议是否得当，应以当时当地的合同约定、房屋建设的现状、关于保障房要求的法律法规、是否需要增购、增购有无能力等方面进行判断。

其二，根据控方补充的上述材料，恰恰印证当时的不增购决议是正确的。因为房屋面积全部超标，不符合保障房的约定；很多房屋在此之前已经卖出，客观上无法增购，否则，国某公司不会补钱了。

其三，现在的补偿协议已经超出土地出让合同的约定，也超越了保障房面积等方面的硬性法律规定，违背了保障房"只租不售"的基本原则，违背了契约原则，不是原《土地出让合同》的履行，而是新的合同、新的法律关系，不能作为判定 2017 年 1 月 18 日不增购决议错误的依据。不能以今天的补偿协议证明当时不增购决议不当，法律人也不能事后诸葛亮。

误区二："国某公司赚到了巨额利益，是某镇政府让渡的，等于（某镇政府）国家损失了"。这不是非此即彼的问题，国某公司赚到的是合同项下的利益，是经过其投资经营获得的风险利润，不是某镇政府让渡的。国某公司赚了，不等于政府损失了。很简单的道理，假如日常生活中，一个人说"我 2017 年 3000 元 / 平方米买了 1 套房子，当时房屋不限购，但是我没有钱、房子也够住就没买，现在房子涨到了 16000/ 平方米，我当时应该买 30000 平方米但没买，我把巨额利益几个亿让渡给了开发商，他多赚了的钱就是我的损失"，大家会对他的说法怎么看，无非认为无稽之谈，这是开玩笑，一笑置之罢了。生活中个人可以开这样的玩笑，但是，控方的指控可不能开这样的玩笑！

（二）即便按照指控的逻辑和标准，本案不存在"重大损失"。

1. 从法律角度而言，公共财产作为债权存在，只有当无法实现债权的，才可以认定造成了经济损失。2003 年 11 月 13 日全国法院审理经济犯罪案件工作座谈会纪要规定，"根据刑法规定，玩忽职守、滥用职权等渎职犯罪是以致使公共财产、国家和人民利益遭受重大损失为构成要件的。其中，公共财产的重大损失，通常是指渎职行为已经造成的重大经济损失。在司法实践中，有以下情形之一的，虽然公共财产作为债权存在，但已无法实现债权的，可以认定为行为人的渎职行为造成了经济损失：（1）债务人已经法定程序被宣告破产；（2）债务人潜逃，去向不明；（3）因行为人责任，致使超过诉讼时效；（4）有证据证明债权无法实现的其他情况"。

2. 从合同的角度而言，增购保障房属于合同债权。根据《民法总则》第 118 条规定，"债权是因合同、侵权行为、无因管理、不当得利以及法律的其他规定，权利人请求特定义务人为或者不为一定行为的权利"，债权分为合同之债、侵权之债、无因管理之债、不当得利之债。结合《土地出让合同》，增购 30000 平方米保障房属于合同债权。所谓的公共财产是作为债权存在的。

3. 从事实的角度而言，债权有着落，可以实现，已经实现。

其一，根据某镇政府《关于印象花园增购保障房事宜后续处理情况说明》，“至 2017 年 8 月 28 日，我镇与国某公司就 162 套（12026 平方米）保障房签订预售合同，162 套房产按出让合同约定销售给我镇指定接受单位；印象花园无法实现增购的剩余约 17974 平方米保障房以经济补偿或其他方式协商解决。国某公司接受上述整体处理思路。2017 年 8 月 28 日至 2018 年 2 月 13 日，就增购缺口的 17974 平方米保障房展开 17 轮谈判解封，现国某公司已认可按等价值原则异地选购物业抵顶的解决思路。将来，我方将继续深入研究，加紧谈判及采取措施，争取尽快达成可行的解决方案，依法保障政府合法权益”。据此，17974 平方米的合同债权已有着落，能够实现。

其二，控方补充的 2018 年 8 月的增购剩余面积保障房货币补偿协议书、某区非税收入缴款通知书 3 张及送达回证、电子票证 3 张等材料，再次证实本案不存在重大损失。

现在，所谓的剩余缺口已经补上，资金补偿已经到位。这些工作不是凭空来的，它是 2018 年 2 月 13 日之前工作的延续和履行，是整体工作的一个组成部分。它充分说明前期协商工作得到了落实，说明 17974 平方米保障房是可以实现的债权，债权得到了实现，说明立案时、起诉时就不存在重大损失，现在更不存在重大损失。

这是按照控方的指控逻辑进行分析得出的结论。何况控方思路存在错误呢？

四、“某镇政府仍无法按照保障房条款增购剩余的17974平方米的住宅作为保障房，或国家利益损失约人民币2.3亿元”，与被告人的行为、不增购决议不具备刑法意义上的因果关系

我们现在抛开17974平方米已经落实等方面不谈，假设无法增购17974平方米成立，假定国家利益损失2.3亿元，但是这个重大损失与被告人的行为无刑法意义上的因果关系，与不增购决议不存在刑法上的因果关系。

（一）刑法意义上的因果关系要求行为和危害后果之间，存在着客观的、内在的、必然的联系。行为是后果发生的充分条件，即“没有前者行为就不会有后者结果”，前者是后者的根源、原因力。如果不管有没有某个行为，结果都会发生，则两者之间不存在刑法意义上的因果关系。

（二）2015年九十月某镇政府通过“修建性详细规划”“地块规划总平面方案”“保障房建设方案”等，放弃增购，导致无法增购保障房。无法增购是其直接的、内在的、客观的、必然的结果。

1. 根据《土地出让合同》及其附件《某山市某区建设用地规划条件》《某镇北伦桂路以东国通大道以北地块项目建设协议书》《保障性住房配建要求》的约定、规定，某镇政府负有在审查规划方案时提出增购保障房的合同权利和义务。

其一，项目建设协议书二约定，“乙方必须按照（2012）367号建设用地规划条件和土地出让合同和本协议的约定进行建设，出让宗地项目建设方案须经甲方批准方可实施”，即某镇土地储备发展中心负有对所有房屋包括保障房和商品房建设方案批准的权利和义务。

其二，某区建设用地规划条件顺规条件（2012）367号第9条规定，“本地块要求进行审查，修建性详细规划上报前须征询某镇人民政府意见”。即某镇政府负有审核并对修建性详细规划提出意见的权利和义务。

其三，保障性住房配建要求第2条户型面积约定，户型50平方米（套内建筑面积，下同）100套，户型60平方米100套。第4条约定，“出让地

块规划总体设计方案以及配建保障房的建筑设计方案须经甲方认可后方能报规划部门审批。规划审批中调整的事项，由双方确认后，乙方再按照设计方案进行深化设计”。第 5 条约定，“配建保障性住房应优先建设：乙方应优先报建和建设，优先办理竣工及备案、优先支付，优先办理产权登记手续等。分期建设的，应优先完成配建保障性住房建设。即某镇政府在审核规划总平面方案、修建性详细规划时有义务和权利确保保障性住房（含增购的 30000 平方米）的户型、面积，总面积被优先规划、建设、完成”，即应确保保障房被优先规划、建设、完成。

其四，根据合同权利义务对等原则、公理、社会生活经验常识，当事方享有权利的同时必须履行应尽的合同义务。某镇增购 30000 平方米的权利建立在履行合同义务的基础上，其需按照前述 3 点履行了提出 30000 平方米保障房规划要求、审核、批准义务后，方能享有增购权利。而且，这些义务必须在规划上报前履行。30000 平方米保障房被规划、设计、建设了，才能谈得上进入增购的履行阶段。没有房子，谈何增购。那不是空中楼阁吗？因此，某镇政府负有在审查规划方案时提出增购保障房的合同权利和义务。

2. 2015 年九十月某镇政府开会讨论通过“修建性详细规划”“地块规划总平面方案”“保障房建设方案”，在区规划局公示期间没有提出异议，已经放弃了增购 30000 平方米保障房，已经将合同实际变更为“某镇政府不增购保障”。

在案的书证如会议记录、会议纪要、国某公司的申请及附件、文件呈批表，罗某裕等人证言证实，2015 年九十月某镇政府开会讨论通过“修建性详细规划”“地块规划总平面方案”“保障房建设方案”，在区规划局公示期间没有提出异议。法律不保护躺在权利上睡觉的人。镇政府的系列行为产生的法律效果就是放弃增购，将合同履行为“不增购保障房”了。正如杨某成所言，“提出增购 30000 平方米保障房问题，这是镇政府的注意义务，他们不提，就是不要了，我们不可能主动提出要送给他们。某镇政府在我们提交的整体规划图上盖章，没有提出30000平方米保障房的事宜，就是表示没有提出增购要求了。合同约定政府有权增购，不是一定增购，需要政府提出来增购，我们才规划，这和11000平方米不一样，11000平方米是必须配建。因此，问题的关键是镇政府没有提出增购规划，不是我们违约”。

3. 2015年9月某镇政府没有提出增购保障房的规划，放弃增购权利，实质上改变和影响了合同的约定和履行，客观上导致2017年1月无法增购保障房。这才是无法增购的“根源”和“原因力”。而此时，被告人罗某某还没有到某镇任职。

（三）2017年1月18日某镇政府集体同意“不增购”，不影响无法增购的实质结果，不是导致保障房无法增购的原因力、“根源”，两者之间不存在因果关系。

无房可购，保障房无法增购是2015年某镇政府放弃增购的行为造成的，虽然行为和结果两者之间存在时空上的间隔，但树高千尺有根，水流万里有源，追根溯源，2015年某镇政府放弃增购才是根源。2017年1月18日某镇政府集体同意“不增购”是2015年镇政府行为的必然结果，是一种无奈之举。无论2017年1月18日某镇政府是否增购，是否召开此次会议，都不能改变无房可购的结果。因此，保障房无法增购的锅不能让2017年1月的某镇不增购决议来背，它没有理由背，它也背不起。我们对因果关系的把握必须透过现象看本质，不能被假象所迷惑。

（四）回应控方的三个质疑。

1. 控方质疑一，“为什么不等到11000平方米移交时再做决定”。

不错，《土地出让合同》确实有这样的约定。但是，我们对合同条文的理解必须结合合同全文，探求合同本意，不能机械理解。请注意，根据前述出让合同和附件的约定，不增购是个时点，可以在任何时间行使。而增购是个持续过程，是一个时间段，不是一个时点，如果要增购，从规划批准时就应着手，而不是在2017年1月的会议时点上，也不是仅在200套保障房移交前这个时点上。如果之前没有提增购要求，客观无房可购，巧妇也难做无米之炊。镇政府也不能强人所难。规划时可以现要求规划 30000 平方米保障房，之后可以不增购。因此，对该条款的正确理解是，“不增购的权利可以保留到 11000 平方米保障房移交时”，而不是“增购的权利可以到 11000 平方米移交时再提出”。

况且，不增购决议延后或提前，均不能改变无房可购的必然结局。

此外，根据《土地出让合同》第 21 条第（8）项约定，学校主体建筑及配件保障房项目封顶并取得某镇土地储备中心书面认可后，受让人才可以办理出让宗地内其他商品房的预售、销售、确权等手续，由此所引起的一切责任和损失均由受让人自负。此时，项目已经办过两期预售证，也需要给国某公司作出答复了。

2. 控方的质疑二，“为什么不提交上级决定，为什么不积极反映，为什么不追究应该追究的责任”。

很简单，这不是他们的职责。合同明确授权某镇政府有权决定是否增购。即便被告人等没有这么做，也不构成玩忽职守罪。

3. 控方的质疑三，“2015 年的工作失误，不影响对本案的认定”。

这种说法使我想起了一个历史故事：“一个国王得了胃病，太医甲诊断后切除了国王的胃，但国王病情不仅没有好转，反而加重。之后，又找了太医乙医治，太医乙告诉国王，因胃被切除，病情不可逆转，您无药可治了。国王大怒，命人杀了太医乙，而未处理太医甲”。公诉人的逻辑不也是“不处理把病人治死的医生，反而对只是宣告病人死亡的医生定罪”吗？两者何其相似。

按照公诉人逻辑，如果 2015 年某镇政府行为是工作失误，那 2017 年 1 月 18 日的不增购决议连工作失误都谈不上。

五、被告人罗某某主观上无过失

被告人主观上是出于公心，也没有任何人私下找过他，其根据当时的实际情况，实事求是地表示同意不增购，主观上不存在过失，既不存在疏忽大意的过失，也没有过于轻信的过失。其更不可能预见到 2017 年 6 月“保障房可以突破户型面积限制，可以精装修”。法律不能强人所难，必须遵循当时当地原则，绝不允许以“2017 年 6 月后的增购行为”，认定其存在“过于轻信的过失或疏忽大意的过失”。

六、结论：被告人无罪

根据法律的规定，构成玩忽职守罪除客体外，需要具备三个要件：主体是具有工作职责的国家工作人员；客观方面要有不负责、不认真、不正确履责造成重大损失，损失和行为之间存在因果关系；主观方面行为人有过失。这三个要件缺一不可。但是，综合上述分析，玩忽职守罪所必备的三大要件在本案中均不存在，故被告人无罪。

◆控辩交锋

控方认为：1. 罗某某作为镇党委书记，对保障房增购事宜具有法定职责，因为党领导一切。2. 罗某某主持的党政联席会议，作出了“不增购决议”，所以房子没有增购。3. 因为没有增购，开发商将本应低价卖给政府的 30000 平方米房屋以商品房市场价卖出，获得了巨额利益。这个利益是镇政府让渡的，也是国家遭受的损失。4. 后来，经过工作，镇政府和开发商达成了增购部分房屋的协议，说明 2017 年 1 月 18 日的不增购决议错误。因此，罗某某构成玩忽职守罪。

辩方认为：1. 罗某某作为镇党委书记，主管党的工作，没有管理政府事务包括保障房增购事宜的职责。虽然其主持了会议，但不等于其具备了该项职责。辩方提供了证据，控方也未提出异议。2. 不增购决议是按照程序，集体研究决定的，所有人都表示不增购，不是罗某某个人决定的。3. 不增购决议是根据当时的客观情况做出的正确决定，因上届政府审批通过的规划方案中没有规划 30000 平方米保障房，导致无符合条件的保障房可购；

财政上不允许增购；镇政府现有保障房充足，还有不少闲置，没有增购的需求。4. 事后，镇政府增购了不符合保障房要求的部分房屋，不能反证之前的不增购决议错误。两者不具有可比性。5. 罗某某不构成玩忽职守罪。而且，保障房不能出售，控方指控的损失、数额均不成立。

◆判决书节录

经审理查明：

2013 年 12 月，某山市某区某镇政府与国某公司签订固有建设用地使用权出让合同。合同约定，国某公司必须在出让宗地配建套内建筑面积不少于 11000 平方米的保障性住房（套内建筑面积 50 平方米和 60 平方米各 100 套，设计方案须经某山市某区某镇政府认可后方能报规划部门审批）。此外，某镇人民政府有权按 3000 元／平方米的价格购买套内建筑面积不超过 30000 平方米的住宅作为政府保障性住房，最迟应在移交 11000 平方米配建保障房产权时提出并书面通知国某公司（需按照配建保障性住房的标准进行建设和装修）。2014 年国某公司在上述合同出让的宗地上开发建设“碧桂园印象花园”项目。

2015 年 9 月 25 日，国某公司向某镇人民政府提出申请，该申请写明“现将地块的规划总平面图方案、配建的保障性住房方案以及其他相关配件工程报送给贵政府审核。其中根据土地出让文件，保障性住房的建设位置需在东侧道路旁，后经我司与设计公司等多方面综合考虑建议保障性住房的建设位置调整到伦桂路旁”。2015 年 9 月 28 日，原某镇党委书记陈某贤主持召开镇委镇政府联席会议，时任某镇镇委委员、财政局局长、“三旧”改造办主任何某勇（另案处理）在会上汇报了国某公司将保障性住房位置调整至地块的西南侧请求及理由，最后会议同意国某公司将保障性住房位置调整至地块的西南侧。2015 年 9 月 29 日何某勇在国某公司 2015 年 9 月 25 日的《申请》上签“同意 2015.9.29”，在总平面与竖向规划图与 11 号楼的展开立面图、屋面平面图、1层、2层、3层至20层、21层平面图、立面图上签“同意方案2015.9.29”，并盖某山市某区某镇人民政府公章。2015年11月18日国某公司在涉案宗地动工开发建设碧桂园印象花园项目。

2015年12月至2017年1月，被告人罗某某任某镇党委书记、维稳及综治委主任。2017年1月12日，中共某山市某区委员会组织部同意姜某国任某镇党委书记、维稳及综治委主任，被告人罗某某不再担任该职务，并于2017年2月13日发文通知某镇党委。

2017年1月17日，某镇国土城建和水利局向某镇政府提出关于不增购“碧桂园印象花园”项目保障房的请示。2017年1月18日，被告人罗某某主持某山市某区某镇联席会议。会上，时任某镇镇委委员、某镇国土城建和水利局局长何某勇就该事项作说明（某镇国土城建和水利局建议不增购“碧桂园印象花园”保障房的理由，一是增购保障房的规划建议问题，“碧桂园印象花园”项目2015年10月办理了该项目的修建性详细规划，当时某镇没有对增购保障房提出要求，致使规划项目设计未作考虑；二是保障房户型标准问题，现时“碧桂园印象花园”剩余的户型为80平方米至101平方米，按《某区住房保障实施办法》相关规定成套建的公租房单套建筑面积控制在60平方米以内，以40平方米左右为主，鼓励发展低于30平方米的小户型，故现时剩余的户型与文件要求的建筑面积差距较大，不能纳入保障房体系；三是某镇共有保障房1360套，其中882套已纳入区保障房体系，其余478套可用于解决保障房的发展需求）。经集体讨论一致同意不增购“碧桂园印象花园”项目保障房。2017年2月21日某镇土地储备发展中心向国某公司发出《关于不增购碧桂园印象花园项目保障性住房的复函》，明确同意不增购碧桂园印象花园项目保障性住房。

2017年6月20日，某镇人民政府向国某公司发出《关于确认购买碧桂园印象花园项目部分住宅作为保障性住房的函》，明确撤销某镇土地储备中心于2017年2月21日作出的《关于不增购碧桂园印象花园项目保障性住房的复函》，同时正式提出以3000元／平方米的价格购买套内建筑面积

30000 平方米的住宅作为政府保障性住房。2017 年 8 月 18 日，某镇政府指定由某山市某区康投物业管理有限公司（以下简称康投公司）以 3000 元 / 平方米的价格向国某公司增购 162 套（总套内面积约 12026 平方米）商品房，三方已签订商品房买卖协议。对碧桂园印象花园项目无法实现增购的剩余约 17974 平方米保障房，经某镇政府经与国某公司谈判，国某公司接受以经济补偿或其他方式协商履行的思路解决。2018 年 6 月 29 日国某公司将增购的 162 套（套内建筑面积 11949.51 平方米）保障房移交给康投公司。2018 年 7 月 17 日，某镇政府与国某公司签订《增购剩余面积保障房货币补偿协议书》，约定除某镇政府已增购的 162 套（套内建筑面积 11949.51 平方米）保障房外，套内建筑面积 18050.49 平方米由国某公司补偿货币总额人民币 245725652.49 元给某镇政府。2018 年 8 月 15 日，国某公司已将人民币 245725652.49 元补偿给某镇政府。上述事实，由公诉机关提供，并经法庭质证、认证的下列证据证实。

（一）书证。

1. 保障房系列政策文件 1 组，证实：成套建设的公租房，单套建筑面积控制在 60 平方米以内，以 40 平方米左右为主，鼓励发展低于 30 平方米的小户型。以集体宿舍形式建设的公租房，人均住房建筑面积不低于 5 平方米。

2. 碧桂园印象花园 B 区 C 区住宅签约情况 1 组。证实：碧桂园印象花园 B 区 C 区住宅套内面积在 65.61 平方米至 149.32 平方米，套内面积价格为 1.3 万元 / 平方米至 2.4 万元 / 平方米。

3. 碧桂园印象花园地块的出让方案、公告和合同 1 组，规定了某镇人民政府有权按 3000 元 / 平方米的价格购买套内建筑面积不超过 30000 平方米的住宅作为政府保障性住房。某镇政府最迟应在竞得人移交 11000 平方米配建保障房产权时提出并书面通知竞得人。竞得人须按照配建保障性住房的标准进行建设和装修后，于出让合同约定的竣工期限之日起 6 个月内将增购保障房产权移交给某镇人民政府或其指定接收单位，除约定的房价和交易契税外，某镇人民政府不另行支付或承担任何费用。

《出让合同》规定了出让宗地项目建设方案需经某镇土地储备发展中心批准方可实施。

……

5. 国某公司申请调整保障性住房位置的上会资料 1 组，证实：2015 年 9 月 25 日国某公司向某镇政府申请将保障性住房的建设位置调整。而当天某区某镇土地储备发展中心制作“规划请示”，并通过 OA 系统将请示内容发送至何某勇等人。2015 年 9 月 28 日上会讨论，会议记录及纪要均反映只针对保障房建设位置的调整作了讨论，何某勇、姜某国、梁某开、陈某贤均有发言，讨论结果同意保障性住房位置调整。2015 年 9 月 29 日“规划请示”呈批，何某勇、姜某国、陈某贤相继批示同意。

6. 关于国某房地产有限公司碧桂园印象花城修建性详细规划方案审核的批前公示 1 组。证实：方案审核批前公示时间 2015 年 9 月 30 日至 2015 年 10 月 9 日，公示期内未收到有关该项目的异议与投诉。

7. 碧桂园印象花城“地块的规划总平面方案”（即总平面与竖向规划图，堂张）、“保障房的建设方案（染张图纸，包括平面图、立面图）”1 组。证实：上述 8 张规划图都盖有某镇政府的印章，图纸上有写有“同意方案”，落款时间都是 2015 年 9 月 29 日。

8. 不增购印象花园项目保障房的上会资料 1 组。证实：2017 年 2 月 14 日，国某公司向某区某镇土储中心发出减免增购的申请。2017 年 1 月 17 日，卢某江签发“不增购请示”。2017 年 1 月 18 日开会讨论，何某勇阐述不增购的理由：（1）项目规划时没有提出增购要求，致使规划未对增购保障房部分进行考虑；（2）现有该项目剩余的户型为 80—101 平方米，不符合保障房的要求；（3）某镇保障房存量已足够，故建议不增购。讨论结果一致同意不增购。2017 年 1 月 20 日“不增购请示”呈批，何某勇、欧某荣、姜某国、罗某某相继批示同意。2017 年 2 月 21 日，某镇土储发展中心回复国某公司同意不增购碧桂园印象花园项目保障性住房。

9. 某镇保障房情况 1 组，证实：某镇保障房建设及使用情况，2016 年度、

2017 年度已按考核完成分配入住任务。

10. 印象花园增购保障房事宜后续处理情况 1 组，证实：经协商，2017 年 8 月 18 日，某镇政府指定康投公司向国某公司增购 162 套（总套内面积约 12026 平方米）商品房，三方已签订商品房买卖协议。同年 8 月 22 日，康投公司将 80% 的购房款 28864176 元支付给国某公司。同年 8 月 28 日，康投公司与国某公司已完成商品房的网签。对印象花园无法实现增购的剩余约 17974 平方米保障房，某镇将要求国某公司以经济补偿或其他方式协商履行。2018 年 7 月 17 日，某镇政府与国某公司签订协议，双方约定，除某镇政府已增购的 162 套保障房外，增购缺。套内面积由国某公司补偿货币总额人民币 245725652.49 元给某镇政府。

11. 关于在印象花园地块出让设置增购保障房条款的情况说明 1 组，证实涉案土地挂牌出让前，从 2012 年年中至提交土地交易监督组会议讨论后的 2013 年 9 月 13 日，历经不断修订完善的过程后，才设置了增加 30000 平方米保障性住房的条件。

……

（二）证人证言。

1. 证人何某勇的证言。主要内容：2016 年 12 月底，杨某成找到我，说他们最后一批住宅房的预售证，据说是超过了 30000 平方米，被区国土城建和水利局卡住不批，需要某镇确定这 30000 平方米保障房要不要增购。因为我当时不再分管土储出让工作，让他找分管的副镇长，杨某成说想让我帮他跟进这件事。之后，杨某成就去找了时任镇长的姜某国，姜某国打电话让我跟进，姜某国说杨某成开发方急着办预售，让我抓紧时间办，但他当时没有就是否增购给我意见。在姜某国交代我跟进印象花园的事后，梁某开也打过电话给我说，我们镇已经有 700 套保障房要移交了，够用了，而且印象花园剩下的房子户型不适合于作保障房，建议我提议不增购，提交镇党政联席会议讨论。收到任务后我就着手做了，了解保障房的标准、类型，发现印象花园所剩房源面积已不符合保障房的要求，而上级交给某镇保障房任务当时已完成，并考虑到保障房政策，购进保障房后，就不能再出售，认为花 9000 万元购进 30000 平方米不划算。于是，根据掌握的情况，我认为某镇政府应作出不增购保障房的决定，理由有以下几点：（1）国某公司于 2015 年 10 月办理项目修建性详细规划，其实某镇没有对增购保障房提出要求，致使该项目规划中只考虑了 11 号楼用作保障房；（2）印象花园剩下户型不符合保障房标准；（3）某镇目前保障性住房充足。基于上述三点理由，我于 2017 年 1 月 18 日向某镇党政联席会议提交了《关于不增购碧桂园印象花园项目保障房的请示》的议题。

2. 证人姜某国的证言。主要内容：2017 年 1 月，当时何某勇担任某镇政府党委委员，分管国土局以及土地储备工作的征收部分，不再分管出让部分，但由于“碧桂园印象花园”的保障房问题一直都是何某勇负责跟进的，所以“碧桂园印象花园”的保障房的后续仍然由何某勇负责跟进，而那时候某镇政府镇委书记是罗某某。我记得有一次，国某公司方面曾经找过我，我忘记了当时有没有谈过关于某镇政府是否增购保障房的问题，就算有找我谈这方面的问题，我都会叫他找分管的领导谈。之后没过多久，何某勇就将国某公司向某镇政府申请减免增购保障房的问题，请示到我们镇委镇政府联席会议进行讨论。在会议上，何某勇提出了该议题，建议不增购保障房，并提出了三个不增购的理由：第一，国某公司之前办理项目修建性详细规划时，某镇没有提出增购要求；第二，印象花园剩下户型不符合保障房标准；第三，某镇目前保障房住房充足。我记得当时罗某某主持了这次会议，何某勇提出议题后，由分管社保方面的党委委员廖某标发表了意见，大概是说某镇保障房目前已经充足了。当时罗某某好像比较同意何某勇不增购的意见，其他人也没有什么意见，最后会议一致通过，同意不增购“碧桂园印象花园”的保障房。

……

6. 证人罗某裕（某区发规统局北部规划管理局建设规划股科员）的证言。主要内容：陈村“碧桂园印象花园项目”的规划手续审批是由我进行初审的。在审批时，发现开发商提交的资料中，没有建设用地规划条件中第 9 条规定的“修建性详细规划上报前须征询某镇人民政府意见”。后来，开发商补交“地块的规划总平面方案”（即总平面与竖向规划图章张）“申请”“保障房的建设方案（柴张图纸，包括平面图、立面图）”，这三份资料都盖有某镇政府的印章，图纸上写有“同意方案”，申请书上有“同意”，落款时间都是 2015 年 9 月 29 日。也就是说，某镇政府同意盖章后，开发商当日就提交了上述资料。之后，就按程序走了设计方案审核和规划许可证批复，印象花园都顺利通过了审批，没有异常情况。对于保障房的方案意见，我当时只注意到配建 11000 平方米保障房的规划意见，没有注意到合同中有权增购 30000 平方米保障房的条款。2017 年 9 月，顺德纪委部门找我谈话时，我才发现保障房的方案意见应该包括增购 30000 平方米保障房的规划意见，这是我工作的失误。因为我们规划部门审核时主要关注的是用地规划条件，保障房问题我们认为是由某镇政府去把关的，就没有发现有疑点，认为某镇政府都通过了审核，就没有直接跟某镇政府核实。我初审后，再交股长（刘某潮）复审、分管领导（黄某分局副局长）终审。从岗位职责上说，他们都要进行全面审查，因为是全部整套资料都转交给复审、终审一齐核查。但具体执行上，领导不可能审查得那么细，我们当时全都没发现有权增购 30000 平方米保障房的规划问题。没有人向我提过有关 30000 平方米保障房的问题，我们都认为这是某镇政府负责把关的。

……

（四）鉴定意见。

某山市某房地产土地估价有限公司出具的关于某山市某区某镇石洲村委会国通大道东 8 号碧桂园印象花园 11 号楼 1101 的房地产估价报告。证实：估价对象某山市某区某镇石洲村委会国通大道东 8 号碧桂园印象花园 11 号楼 1101 之住宅用房地产；价值类型是重置价值；估价方法是成本重置法；估价对象建筑面积 77.86 町，套内建筑面积 61.44m^2；住宅总价 975221 元，其中室内装修重置价值 43280 元。

关于被告人罗某某及其辩护人提出认为罗某某的行为不构成玩忽职守罪的辩护意见。经查，2017 年 1 月 18 日，时任某山市某区某镇党委书记的罗某某，主持召开某镇党政联席会议，并在党政联席会议上讨论通过不增购“碧桂园印象花园”保障房的决议。被告人罗某某作为某镇的镇委书记，在处理是否增购“碧桂园印象花园”保障房问题上，没有认真履行职责，亦未积极寻求合理的处理方案，在党政联席会议上讨论通过政府放弃以 3000 元 / 平方米的价格增购保障房 30000 平方米的决议，因作出的该放弃增购的决议，致使截至立案时，某镇政府仍无法按照保障房条款增购约 17974 平方米的住宅作为保障房，被告人罗某某的行为符合玩忽职守罪的构成要件。被告人罗某某及其辩护人提出的上述辩护意见理由不充分，本院不予采纳。

本院认为，被告人罗某某无视国家法律，身为国家机关工作人员，在工作中不认真履行自己的职责，致使国家和人民的利益遭受重大损失，情节特别严重，其行为已构成玩忽职守罪。被告人罗某某在被采取强制措施前，主动到某山市纪律检查委员会投案，并如实交代犯罪事实，虽辩解其行为不构成玩忽职守罪，但属于对其行为性质的辩解，不影响对其自首的认定。被告人罗某某有自首情节，结合就玩忽职守方面相关损失已全部挽回，故本院就玩忽职守罪对被告人罗某某予以减轻处罚。对辩护人提出的关于罗某某有自首的辩护意见予以采纳。依照《刑法》第 397 条第 1 款，第 67 条第 1 款之规定，判决如下：被告人罗某某犯玩忽职守罪，判处有期徒刑一年。

◆辩护思路

一、辩护第一重点：被告人是否具有相应的法定职责

玩忽职守罪要求被告人必须具有法定职责，否则不存在玩忽的前提。但是，控方没有这方面的证据，被告人实际工作中也不负责政务工作。相

反，辩护人经过查找某区政府网站，在政务公开栏下的机构职能——镇街领导项下的某镇，发现镇党委书记负责党委的全面工作和社会综治工作，不负责某镇全面工作。镇长负责镇的全面工作。辩护人将此网站内容做了公证，并提交了法庭。因此，辩护人遂将被告人不具有法定职责作为第一辩点。

二、辩护第二重点：不增购决议是否符合当时的客观情况、法律法规，即不增购决议是否正确；不增购是集体行为，还是个人行为

辩护人经过反复阅卷、会见被告人，仔细分析了广东省关于保障房的规定，发现：

1.《出让合同》所指的保障房其实仅指公租房，只能租不能售；保障房有着面积、装修方面的特定要求，不允许超标。

2. 增购具有或然性，不是确定的。是否增购，由镇政府根据情况自行决定。

3. 增购的前提是先有规划设计和建设，规划设计由某镇政府审批。但某镇政府 2015 年审批时，没有规划 30000 平方米保障房，也就不存在建设了。这既导致之后无保障房可购，也是以实际行为表明不增购了。而审批之事，与罗某某无关。

4. 2017 年 1 月某镇政府财政无 9000 万元支持增购；而且当时该镇保障房充足。

5. 2017 年 1 月 18 日所有参会人意见一致，集体一致决定不增购，不是罗某某个人决定。而且，不增购符合当时的客观实际和法律法规，合法正确。

因此，辩护第二重点呼之欲出。

三、辩护第三重点：本案是否存在 2.3 亿元的巨额损失

1. 分析指控逻辑不成立。指控“造成国家利益损失 2.3 亿元”的逻辑是，“30000 平方米保障房必须买，不买少买就是损失”，“开发公司多赚了，国

家就是损失了”；标准是“未买到的平方米数乘以当时的房价减去3000元的差额”。可实际上，保障房是只租不售，政府也不能通过出售保障房赚取利差。因此不增购本身不等于损失。

2. 结合司法解释，说明即便按照指控逻辑，不存在重大损失。立案时，某镇政府和开发商一直在磋商补购事宜，而且已经达成协议，先增购部分房屋，余下的17900余平方米由开发商调配其他房屋增购，或者提供货币补偿，即便按照指控逻辑，17974余平方米合同债权可以实现，不属于无法实现的范畴。根据2003年11月13日全国法院审理经济犯罪案件工作座谈会纪要关于渎职罪（一）渎职犯罪行为造成的公共财产重大损失的规定，不属于损失。

而且，2018年7月17日，某镇政府与国某公司签订协议，双方约定，除某镇政府已增购的162套保障房外，增购缺口套内面积由国某公司补偿货币给某镇政府。该协议已经履行完毕，17974余平方米的合同债权已经落实。即便按照指控的逻辑和标准，本案不存在“重大损失”，这也反证本案指控不成立，就不应该对罗某某立案侦查。

3. 强调指出不能“以后来的增购行为，否定不增购决议的正确”，避免法官被控方带入逻辑的误区。后期的增购、货币补偿超出了保障房的硬性指标、违反了保障房只租不售的原则，而且把某镇政府2015年规划审批上的责任推给了开发商。双方的纠纷即便从民事诉讼的角度分析，镇政府不可能胜诉。因此，不能以后期不合法的增购、补偿，否定不增购决议。

四、辩护第四重点：按照指控逻辑，即便存在重大损失，但和2017年1月18日的不增购决议无刑法上的因果关系

不增购决议是2015年某镇政府未规划审批30000平方米保障房造成的必然结果；如果存在2.3亿元损失的果，其因是2015年某镇政府的规划审批行为，不是不增购决议，与后者不存在刑法上的因果关系。

◆结语

诚如按语所述，辩方取证有风险，但有时又非常必要。如何既能防范风险，又达到取证的最佳效果，一直是辩护律师不断探索的业务领域。笔者以为，风险和效果既与所取证据的种类、形态、特点有关，也和其真实性、合法性、关联性息息相关。因此，笔者建议：

1. 辩方取证，应指向对案件事实、定性、量刑能起到直接证明作用的关键证据材料，即关联性强的证据材料。

2. 辩方取证，应针对不同证据的种类、形态、特点，结合案件的具体情况，根据被调取材料持有人、被调查人与案件的关系、性格等，灵活运用不同的方式方法。比如，对证人证言，可以让其自书，可以给其做询问笔录，可以录音录像固定证言内容。比如，对于书证，尽可能调取原件，如有困难，可以拍照并彩色打印后请持有人签字确认复印件与原件一致。对于鉴定意见，可以采取申请专家证人出庭的方式，也可以委托鉴定人出具鉴定意见，等等。

3. 检察院、法院围绕真实性、合法性、关联性审查证据，而关联性审查方面，控辩审各方一向比较容易存在争议，而辩方取证风险恰恰来自所取证据的真实性、合法性上，取证效果如何更是建立在所取证据具备真实性、合法性的基础之上。因此，辩方取证尽可能运用能最大可能地减小真实性、合法性疑点，能最大限度地提升真实性、合法性地方式方法。比如，如果调取的是视听资料，可以采用让持有人直接实名发送电子邮件的方式。

4. 辩方取证最好是充分利用公信力高、社会普遍认可、法律允许的，以中立的第三方中介地位提供的经营服务方式进行，避免取证的不必要风险和争议。比如，通过公证的方式取证。

5. 当然，要注意辩方取证和侦控审等公权力机关取证存在主体、影响、难易等不同，对辩方证据合法性的判断标准不能直接套用对公权力机关证据合法性的审查标准，对前者宜宽，对后者应严。尤其是非法证据排除的相关规定不能套用于辩方证据。

6. 综合考量案件、所取证据的具体情况，选择最佳的取证方式，以达到最好效果。比如，本案指控罪名是玩忽职守罪，被告人对保障房增购事宜是否具有法定职责是罪与非罪的界限，镇党委书记的工作职责对事实、定罪具有直接关键作用。笔者经查找政府网站，发现了镇党委书记的工作职责仅是负责党委和社会综治工作，保障房增购事宜属于政府主要领导的工作范围。鉴于根据最高人民法院、最高人民检察院、公安部2016年9月9日《关于办理刑事案件收集提取和审查判断电子数据若干问题的规定》第1条规定，“电子数据是案件发生过程中形成的，以数字化形式存储、处理、传输的，能够证明案件事实的数据。电子数据包括但不限于下列信息、电子文件：（一）网页、博客、微博客、朋友圈、贴吧、网盘等网络平台发布的信息……”政府网站发布的信息属于电子证据，而人民检察院、人民法院应当围绕真实性、合法性、关联性审查判断电子数据。真实性、合法性是辩方取证应首要考虑的要素，如何让控审方对它们不存疑虑呢？笔者决定通过公证的方式进行证据保全，将登录网站、点开不同栏目项下内容的全过程，复制、打印的全过程，网页内容、打印内容全部进行了公证，形成公证书。之后，笔者将公证书提交法庭证明被告人不具备玩忽职守的职责，不构成犯罪，公诉人质证时称，“对真实性、合法性无异议，关于关联性的意见等辩论时再发表”，但辩论时，公诉人对关联性一字未提，可见以公证方式保全证据的方式达到了最佳效果。只是，很遗憾，一审判决书对辩方举证的名称、内容、评判、采信与否，进行了屏蔽、回避！